KEIN ERBE OHNE TOD

AGATHA VAN WYSN

Zum Inhalt:

Frankfurter Südfriedhof. Ein Toter wird auf einem Grab gefunden, das Gesicht zerschlagen, keine Schuhe, die Füße in einem Karton, jedoch liebevoll aufgebahrt.

Irgendeinem scheint der Tote wichtig gewesen zu sein.

Kommissar Michael Oders Chef ist anderer Meinung, denn der Fall verspricht keine Schlagzeile, mit der er glänzen kann. So gewährt er Oder nur eine Woche, bevor der Fall zu den Akten soll.

Aber das Umfeld des Toten schweigt. Um Antworten zu bekommen, mischt er sich unter die Gefährten des Toten, die Ausgestoßenen der Gesellschaft, und bald schon fragt er sich:

Wer ist hier die bessere Gesellschaft?

KOLLEGEN KÖNNEN SO WUNDERBAR SEIN!

Diese Widmung ist ein Dank an alle meine tollen
ehemaligen Kollegen, deren ich mehr habe,
als hier aufzuzählen Platz wäre,

stellvertretend

an Matthias, das Finanzgenie,

(Siehst Du, ich halte meine Versprechen!)

aber nicht an Aurelia.

(Sie tötete meinen vorletzten Nerv.)

IMMER EINE INSPIRATION FÜR KREATIVE.

Inhaltsverzeichnis

KEIN ERBE OHNE TOD

AGATHA van WYSN

Krimi

JustTales Verlag

Ausführliche Information über unsere
Autoren und Bücher erhalten Sie unter
www.JustTales.de

Krimi
von Agatha von Wysn
1. Auflage Januar 2019
Ungekürzte Taschenbuchausgabe
Januar 2019

JustTales Verlag, Bremen
Geschäftsführer Andreas Eisermann

An diesem Buch haben viele mitgewirkt,
insbesondere:

Lektorat: Britta-Chr. Engel
Schlusskorrektorat/Buchsatz: André Piotrowski
Einbandgestaltung: Hannah Böving
Druck & Bindung: Europa

Paperback (ISBN 978-3-947221-34-9)
Auch erhältlich als
E-Book (ISBN 978-3-947221-35-6)

Agatha von Wysn

Die bekennende Exil-Hessin zog es einst der Liebe wegen in den Norden. Zwar fehlen ihr noch immer schmerzhaft die sanften hessischen Hügel, aber bereut hat sie es dennoch nicht. Wer weiß, ob es ohne dieses Umfeld je ein Buch von ihr zu lesen gegeben hätte?

Nun sind es schon zwei Krimis rund um Kommissar Michael Oder. Nach *Morgenmuffel* (11/2017) ist *Kein Erbe ohne Tod* (01/2019) eine in sich geschlossene Fortsetzung und nächste Ideen spuken schon in ihrem Kopf. Denn der liebevollen Originale ihrer Heimat gibt es noch viele, die ihr Inspirationen zu Geschichten liefern und nach ihrem trockenen Humor verlangen.

Lieber Leser!

Der JustTales Verlag dankt für den Kauf dieses Print-Exemplars.

In Zeiten der Digitalisierung fällt es kleinen Sortimentsbuchhandlungen immer schwerer, Ihnen eine Vielfalt an Büchern zu präsentieren. Daher freuen wir uns, dass Sie mit dem Kauf eines Print-Exemplars den deutschen Buchhandel unterstützt haben, und wünschen Ihnen ebenso viel Freude beim Lesen, wie wir hatten beim Erstellen des Buches.

Ihr Team vom JustTales Verlag

Schwarzer Freitag

1. Abschied

Sie waren ihr ein bisschen zu groß, aber das machte nichts. Mit etwas Zeitungspapier vorne bei den Zehen würde es schon gehen. Paule hatte ja glücklicherweise für einen Mann recht kleine Füße gehabt. Schuhgröße 40. Ihr Glück, sein Pech, denn gebrauchte Herrenschuhe in Größe 40 gab es im Altklamottencontainer nicht oft. Und bei der Heilsarmee oder den anderen Stellen, wo man Kleidung bekam, auch nicht.

Evchen zog Paule den linken Schuh aus und stopfte ihn aus. Liebevoll strich sie noch einmal über das Leder, dann zog sie ihn an. Er war schon kalt geworden, Paules Wärme verflogen.

Sie seufzte.

Es half ja nichts. Ihm würden sie nichts mehr nützen und er hatte sie ihr versprochen.

„Evchen, wenn ich mal nicht mehr sein sollte, dann nimm dir meine Schuhe. Damit es dir gut geht. Versprich mir das, ja? Es sind feine Schuhe. Du wirst es nicht bereuen“, hatte er immer wieder gesagt.

Und nun war er tot.

Sie seufzte erneut. Er würde ihr fehlen. Die Gespräche würden ihr fehlen. Paule hatte was auf dem Kasten gehabt, nicht wie die anderen Penner, die sich mit ihnen den Platz unter der Brücke im Sommer und das verfallene Lagerhaus im Winter teilten. Gerne wären sie auch im Sommer hier geblieben, aber die Arbeiter des benachbarten Kieswerks scheuchten sie immer weg. Im Winter, wenn die Bauarbeiten allgemein weniger wurden, lagen die Arbeiten brach, da interessierte sich keiner für die Penner. Penner wie sie.

Evchen griff zum rechten Schuh und wiederholte die Prozedur des Ausstopfens. Dann zog sie auch diesen an. Die selbst gebastelte Sohle von Paul, bestehend aus einigen Lagen Papier, umwickelt mit einer Plastikfolie, ließ sie drin. Leder war langlebig, aber schützte nur bedingt vor der Kälte des Pflasters. Vermutlich hatte Paule deshalb sich ein Polster in die Schuhe gelegt. Und die Plastikfolie, damit das Papier nicht gleich verschliss, wenn er die Schuhe tagtäglich anhatte.

Ihre eigenen Schuhe hatten ihre besten Zeiten hinter sich. Bei Regen kroch Wasser immer von unten durch die Schuhe wie kalte Würmer. Als wollten sie daran erinnern, dass sie schon auf Evchen warteten. Sie hasste diesen Moment mehr als alles andere. Er machte ihr bewusst, dass dies nicht das Leben war, das sie hatte führen wollen. Nein, gewiss nicht.

Eva Dapberg, wie sie wirklich hieß, war einst eine Schönheit gewesen, der die Welt zu Füßen lag. Jürgen und sie waren der Mittelpunkt einer elitären Jetset-Clique, die jede Woche in irgendeiner Yellow Press zu finden war. Sie hatten einen großen Freundeskreis, bestehend aus lauter gut situierten Leuten mit hervorragenden Aufstiegschancen oder zumindest einem großen Portemonnaie des Vaters. Unter einem erfolgreichen Model als Freundin ließ sich keiner der Männer sehen. Ehen jedoch waren eher selten. Geheiratet wurde, was der Familie nutzte. Basta! Und der nutzte es leider nicht, dass Eva irgendwann Jürgen hatte sagen müssen, sie sei schwanger von ihm.

„Was soll ich mit einem Kind? Mein Leben fängt gerade erst an. Und was wird meine Familie dazu sagen? Das hast du doch mit Absicht gemacht. Ich will noch kein Vater werden."

Jedes seiner Worte war wie ein Schlag in die Magengrube gewesen.

Ja, was sollte er mit einem Kind, er war doch selber noch grün hinter den Ohren; das hatte sie verstanden.

War das noch derselbe Mann, den sie zu lieben geglaubt hatte?

Die schöne, heile, immer fröhliche Welt hatte sie geblendet. Sie war ein hübsches Anhängsel, das in absehbarer Zeit nicht mehr ganz so vorzeigbar sein würde.

Schwanger! In Zeiten von Leihmutterschaften ruinierte man sich doch nicht mehr die Figur. Sie konnte heute noch die hämischen Bemerkungen hören und die schmerzhaften Gedanken waren über die Jahre nicht weniger geworden. Zeit heilte eben doch nicht jede Wunde.

Sie seufzte bei dem Gedanken an damals.

Zwei bis drei Monate würden ihr bestimmt noch bleiben, bis man es ihr ansah, hatte sie sich gedacht. Insgeheim hatte sie gehofft, er würde es sich noch anders überlegen, würde ihr gemeinsames Kind, seinen Nachkommen, doch noch akzeptieren und mit der

Zeit sogar lieben ... aber dem war leider nicht so. Wie sollte es auch anders sein? Er hätte teilen müssen und das hatte er nie gelernt.

Jürgen hatte sie nicht gleich rausgeworfen, aber er war deutlich auf Distanz gegangen. Wenn sie miteinander schliefen, dann nur noch mit Kondom. Völlig krank, hatte sie gedacht, denn was hätte noch passieren können? Sie war doch schon schwanger, mehr schwanger ging nicht.

Erst Jahre später kam ihr der Gedanke, dass es wohl eine letzte, unbewusst rücksichtsvolle Geste ihres Exgeliebten gewesen war, denn er musste zu dem Zeitpunkt schon anderweitig versorgt worden sein. Und von dieser neuen Gespielin war wohl nur der nötige AIDS-Test noch nicht eingetroffen.

Die Kühle in der Beziehung, die Tatsache, dass er es nicht seiner Familie erzählte: All das hatte sie dann veranlasst, sich eine eigene Wohnung zu suchen. Klein hatte sie sein müssen, denn mit einem dicken Bauch bekam man keine Modelaufträge mehr. Zumindest nicht so viele. Jürgen war so erleichtert gewesen, als sie endlich die Koffer packte, dass er sogar einen Briefumschlag bereithielt, als sie mit den Koffern in der Tür stand.

„Für die Einrichtung. Du hast da ja nichts." Mit gerümpfter Nase wegen der ‚Absteige', aber gleichzeitig einer sichtbaren Zufriedenheit, sie endlich aus dem Haus zu wissen, ohne einen Gedanken, dass er als Vater mit einer Unterhaltsklage zu rechnen hatte, schob er sie aus der Tür. Getreu dem Motto: „Was man nicht sieht, ist auch nicht da", würde er sie beide wohl vergessen haben, noch ehe die Woche rum war.

„Dein Taxi wartet schon. Dann mach es gut. Und wenn was ist ..."

... nicht anrufen, ich werde nicht rangehen. Meine Änderung der Telefonnummer ist schon beantragt, hatte sie in Gedanken ergänzt und sich davongemacht. Im Taxi öffnete sie den Umschlag. 10 000 € war sie ihm wert gewesen. Ihm, der die ersten beiden Millionen von Papa erhalten hatte, als er gerade 18 geworden war. Und mittlerweile musste das Konto im mittleren zweistelligen Millionenbereich liegen.

„Geld verdirbt den Charakter", hatte schon ihre Mutter gesagt. Es musste stimmen. Jürgen war der lebende Beweis.

Mit Jürgen verlor sie allerdings nicht nur die Wohnung, nein, der gesamte Freundeskreis hatte sich abgewandt. Auf Anrufe wurden nicht zurückgerufen, ihre beste Freundin empfahl ihr eine Abtreibungsklinik, und als sie den Zettel mit der Adresse zurück über den Tisch geschoben hatte, waren ein verständnisloses Kopfschütteln und ein schneller Aufbruch gefolgt. „Wir sehen uns dann!" Eine fromme Lüge, nichts weiter.

Nur einmal hatte sie eine ehrliche Antwort zu ihrem Stellenwert bekommen, wenn auch erst auf hartnäckige Nachfrage. „Evchen, du musst das verstehen."

Ach ja, musste sie das?

„Wir sind länger mit Jürgen befreundet als mit dir. Wir sind mehr seine Freunde als deine. Er kommt heute Abend mit seiner neuen Freundin, da können wir dich doch nicht einladen. Das würde ihn verletzen." Als wenn Jürgen etwas verletzen könnte. Er musste Aktien des Teflon-Konzerns haben, so wie alles an ihm abglitt. Eine seelische Antihaftbeschichtung. – Zumindest erhielt sie so die Bestätigung, dass er sie schnell ausgetauscht hatte.

Es lief auch weiterhin gut für ihn, weniger für sie.

Die kleine Wohnung war schnell eingerichtet. Von Jürgens Geld hatte sie ein Babybettchen, eine Wickelkommode und die Erstausstattung gekauft. Für sich nur eine Schlafcouch. Jeden Tag hatte sie mit ihrem Kind gesprochen, den Bauch gestreichelt, ihm Lieder vorgesungen. Jeden Tag – bis zu dem schrecklichen Tag im November, als der Arzt ihr gesagt hatte, dass ihr Christkindl schon bei den Engeln war und sie eine Geburt einleiten mussten, weil sie sonst von dem abgestorbenen Fötus eine Blutvergiftung bekommen würde.

Evchen liefen still die Tränen herunter, ohne dass sie es merkte.

Eine Woche später stand sie hier am Friedhof und begrub ihr totgeborenes Kind und mit ihm ihr Leben.

Hier, wo sie auch Paule fand. Paule, dessen erste Frau ganz in der Nähe lag. Gemeinsam saßen sie eines sonnigen Tages nebeneinander auf der Bank, die der Friedhof für seine Besucher aufgestellt hatte, und blickten über das Gräberfeld.

Sie waren ins Gespräch gekommen. Paule und sie. Immer öfter.

Und nun war er auch tot. Irgendein Schwein hatte ihm das Gesicht zerschlagen und, an einen Stuhl gefesselt, liegen gelassen. Mitten im Schutt des halb verfallenen Lagerhauses.

2. Ruhe sanft

„Was für eine Saukälte", meckerte Stefan Weber, Kommissar Oders neuer Kollege. „Konnte der nicht im U-Bahnhof krepieren wie jeder anständige Penner auch? Die warmen Plätze waren wohl schon alle belegt, was?"

„Weber!" Oder funkelte ihn an. „Halt dein loses Mundwerk in Zaum! Oder willst du, dass irgendwann mal einer so über dich redet? Die Gefahr ist groß. Kriminaler sterben nicht immer zu Hause im Bett."

„Nääh", meckerte Weber. „So was passiert mir bestimmt nicht. Im Betrugsdezernat ist ein Büroposten frei. Ich hab meinen Schwiegervater schon drauf angesetzt. Das hier ist nur ein durchlaufender Posten. Glaubst du echt, ich hab Bock auf so eine Scheiße? Ich kann mir was Besseres vorstellen, als mir hier meine Zehen abzufrieren. Jetzt mit einem schönen, heißen Espresso im Büro mein Mandelhörnchen mampfen ..." Er verdrehte die Augen.

Michael Oder ließ ihn weiter träumen.

Das sind mir die Richtigen, fluchte er innerlich, während er sich der Fundstelle näherte. Hinter sich hörte er Weber weiter lamentieren.

Durchzug, Oder, einfach die Lauscher auf Durchzug, kommandierte er sich selbst und keuchte den Friedhofshügel hinauf.

Wann ist noch mal dieser Drecks-Fitnesstest? Irgendwann nächsten Monat, aber wann genau? Er sollte doch noch einige Einheiten im Sportstudio absolvieren. Letztes Mal hatte der Prüfer ihn so scharf angesehen, dass ihm etwas flau in den Knien geworden war. Konnte aber auch vom Sport gewesen sein. Er ging lieber in die Kneipe zu Manni auf ein Bierchen, als in einer Sporthalle zu schwitzen. Da hatte er wenigstens immer Unterhaltung; bessere zumindest, als den Muskelprotzen mit ihren Aufbaushakes in der Hand zuzusehen, wie sie die arroganten Klappspaten von Gymnastikmäusen anbaggerten. Falls die es überhaupt noch brachten und nicht von den vielen Anabolika schon …

Egal. Deren Bier. Oder eben nicht Bier. Hehe.

Er blieb kurz stehen, um durchzuschnaufen. Knapp vierzig Jahre gutes Essen und die Bierchen bei Manni fingen an, sich unangenehm bemerkbar zu machen. Aber Sport? Vielleicht reichte es auch, wenn er den Aufzug im Kommissariat links liegen ließ und öfter die Treppe nahm. Einen Versuch wäre es wert.

Sein Atem bildete kleine weiße Wolken um die Nase. Michael Oder drehte sich einmal um die eigene Achse und ließ die Landschaft auf ihn wirken.

Schönes Fleckchen für eine letzte Ruhestätte. Keine Bäume, die die Aussicht versperrten. Die kamen erst oben auf dem Hügelkamm, weiß von Raureif und bizarr die kahlen Äste in den Himmel streckend. So knapp unter der Hügelkuppe hatte man einen weiten Blick und er konnte sich vorstellen, bei Sonnenuntergang musste es bezaubernd sein. Nur wer würde seine Freundin mit auf den Friedhof nehmen für ein Stelldichein, es sei denn, er wäre ein Gothikfreak?

Bänke hätte es hier genug gegeben. Alle paar Reihen war eine.

Endlich mal praktisch gedacht, stellte Oder fest.

Wer hier lag, hatte meist sein Leben hinter sich – und dessen Angehörigen in den meisten Fällen wohl auch. Da war eine Bank für die (des Lebens) müden Füße angesagt.

Hmm, das Wortspiel muss ich mir für Teichi merken.

Noch zwei Gräberreihen weiter; dort musste er sein, der Fundort. Er konnte schon von Weitem den Aufmarsch sehen. Die ganze Truppe wuselte um ein Grab herum und zertrampelte gnadenlos die benachbarten Gräber. Von der Leiche konnte er noch nichts sehen. Die Kollegen verstellten die Sicht.

„Toter Obdachloser auf dem Friedhof", hatte es in der Meldung geheißen.

Kommissar Oder vermutete Erfrieren, nicht unüblich bei den Temperaturen. Kam immer wieder vor und würde es bis in alle Ewigkeit geben. Umso besser, wenn dem so war. Er wollte es nicht offen zugeben, aber auch ihm war saukalt. Der Wind pfiff eisig auf dem Hügel und riss noch die letzte Wärme mit sich.

Oder krempelte den Mantelkragen hoch und näherte sich der Truppe.

„Morgen allesamt!"

Vielstimmiges, gemurmeltes „Morgen!" kam als Antwort auf Oders Gruß aus dem Mund der Umstehenden und ein Ring an Kondenswölkchen erhob sich in die Luft und verwehte.

„Ah, Oder. Auch schon da?", grinste Fritz Teichmeyer, der diensthabende Rechtsmediziner.

„Was heißt hier: ‚Auch schon da?'! Ist nicht mal acht Uhr und mir fehlt mein Kaffee. Hatte erst zwei Tassen. – Sag mir lieber, was du da hast, du alter Quacksalber." Oder pflaumte zurück, wohl wissend, bei wem es ankam.

Fritz erhob sich, zog die Latexhandschuhe aus und packte seine Tasche zusammen. Er war etwas älter als Oder, seine ursprünglich schwarze Haarfarbe hatte bereits ein Straßenköter-Grau angenommen. Wie häufig in seinem Beruf pflegte er einen bissigen Humor, den nicht jeder verkraftete. Aber Oder und er hatten sich auf Anhieb verstanden, als Oder das erste Mal in die Rechtsmedizin gekommen war. Vermutlich, weil Oder doch selber ‚anthrazitfarben-humorig' unterwegs war.

Nach dem ersten, gemeinsam gelösten Fall hatte ‚Teichi', wie nur wenige ihn nennen durften, in seinen Schreibtisch gegriffen und eine Flasche Irish Whiskey hervorgeholt.

„Für Notfälle und andere Gelegenheiten", war sein Spruch, als er Oder ein Glas hinhielt und das Du anbot. Was ein Notfall war, konnte sehr weit gefasst sein. Ein kniffliger Fall oder auch eine Belohnung nach einem solchen ... wer würde da richten?

Fritz Teichmeyer wies ruckartig mit dem Kopf in eine Richtung und bot Kommissar Oder an: „Kannst gerne zugreifen. Da hinten liegt mein Rucksack. Da ist meine Thermosflasche drin. Ein Schluck sollte noch drin sein für Notfälle."

„Ne, danke, aber lass mal. So schlimm, dass ich

deinen Pralinenkaffee brauche, kann es mir gar nicht gehen. – Der fällt in Brocken in die Tasse und den kann man lutschen.“ Oder grinste schief über seinen eigenen Witz, dann fuhr er fort.

„Dein Gebräu weckt Tote auf ... na ja, den hier vielleicht nicht, aber zumindest Halbtote, und so schlimm ist es auch nicht. – Hatte nur wenig Schlaf ... Lass uns schnell machen, damit wir wieder aus der Kälte kommen. Erfrierung, oder? Das Übliche!“

Teichi schüttelte den Kopf.

„Diesmal nicht. Komm mal rüber. Das musst du dir ansehen, Oder!“

„Alle Fußspuren schon gesichert?“

„Klar! Komm endlich. Du willst doch wieder ins Warme.“

Kommissar Oder zwängte sich auf dem schmalen Plattenweg zwischen den Gräbern in Richtung Leiche.

Ein schlanker älterer Mann lag dort auf einer Seite eines Familiengrabs, als hätte man ihn kurz abgelegt, um zu messen, ob er in das Grab auch reinpasste. Seine Kleidung war alt und abgetragen. Und für die Jahreszeit zu dünn, vermutlich ein Obdachloser. Eine Angabe zum Alter konnte auf Anhieb keiner geben, denn das Gesicht war bis zur Unkenntlichkeit zerschlagen. Jemand musste sich hier mit unbändiger Wut ausgelassen haben. Erstaunlich jedoch, dass die Lider geschlossen waren und das Blut im Gesicht wie mit einem Lappen weggewischt war. Die Haare gekämmt, die Hände auf dem Bauch gefaltet, gestützt von Tannenzweigen, damit sie bei Nachlassen der Leichenstarre nicht am Körper herunterrutschen würden. Einige Erikastängel, teilweise noch mit Wurzel dran, und eine gelbe Papierchrysantheme waren zwischen die Hände gesteckt. Über allem lag ein Hauch von Reif, der die Blumen glitzern ließ.

Wie liebevoll aufgebahrt, schoss es Oder durch den Kopf.

Nur der Karton passte nicht dazu. Jemand hatte die Füße des Toten in einen Karton gesteckt.

„Hat jemand was an der Leiche verändert?" Oder sah in die Runde, aber es kam nur kollektives Kopfschütteln.

„Nein, er wurde so von dem Friedhofsgärtner gefunden."

„Also war der Karton schon so?"

„Ja."

„Merkwürdig."

„Wird noch merkwürdiger. Der Penner hat keine Schuhe mehr an." Weber hatte aufgeschlossen und mit spitzen Fingern den Karton etwas gekippt. Die Schuhe fehlten, stattdessen war der Karton mit Zeitungspapier gefüllt, das man sorgfältig um die Füße gewickelt hatte.

Oder trat dichter an Weber heran und zischte ihm zu: „Weber! Das Wort ‚Penner' will ich nicht hören! Und latsch mir nicht über die Gräber! Wohl mit dem Düsenjäger durch die Kinderstube, oder was? Was denkst du wohl, wofür die Platten sind? Bestimmt nicht als Radweg gedacht."

Reiß dich zusammen, Oder! Nicht vor anderen den letzten Respekt vor der Abteilung riskieren! Müssen die aus der Gerichtsmedizin ja nicht unbedingt mitbekommen, was für Armleuchter jetzt für die Kripo arbeiten.

Lauter fuhr er fort. „Und ...wieso merkwürdiger? Das macht die Sache doch eher rund."

Webers Gesicht war das personifizierte Unverständnis.

Oder seufzte genervt. *Was zum Teufel hat man denen auf der Polizeischule beigebracht?*

„Lernt ihr denn nichts mehr? Schuhe sind ein wertvolles Gut unter Obdachlosen. Gute Schuhe sind überlebenswichtig. Aber hier wollte jemand zwar die Schuhe, jedoch nicht, dass der Tote friert. Jemand hat sich um ihn gesorgt."

„Pfff!" Weber spuckte abwertend Luft aus, drehte gelangweilt die Augen nach oben, verkniff sich aber weitere Bemerkungen. Wenn er noch die Stelle beim Betrug haben wollte, konnte er sich keine negativen Beurteilungen durch Oder leisten. So sicher war das noch nicht, auch wenn sein Schwiegervater einigen Einfluss hatte. Er brauchte eine gute Beurteilung, also verkniff er sich eine Entgegnung.

Oder schnüffelte derweil am Toten wie ein Spürhund. Über das Gesicht des Toten gebeugt, drehte er den Kopf leicht zu Fritz Teichmeyer und sah in fragend an.

„Ja, ist mir auch aufgefallen. Auf den ersten Blick kein Alkohol. Aber Genaueres kann ich dir erst sagen, wenn ich ihn im Labor untersucht habe."

„Macht mir noch einer ein Bild von dem Grabstein?"

„Haben wir schon, Oder. Sind doch keine Anfänger. – Na dann wollen wir mal. Ab mit ihm in die Gerichtsmedizin."

Montag

3. Besprechungen

Referatsbesprechung mit Polizeirat Impe.

Konnte es etwas Nervigeres geben?

Polizeirat Impe, von den Kollegen auch gerne ‚Seine Impertinenz' genannt, war der Vorgesetzte von Kommissar Michael Oder. Ein Ehrgeizling und Selbstdarsteller. Nie in Jeans, immer Maßanzug und Lederschuhe. Im Kreis der Kollegen wirkte er damit wie ein Fremdkörper.

Statt der üblichen Polizeilaufbahn hatte er nur ein Praktikum absolvieren müssen, die Stelle verdankte er allein seinem Studium. Dass die Praxis fehlte, war leider immer wieder spürbar und trug nicht zur Beliebtheit bei seinen Untergebenen bei. Sein Ziel, eine Stelle im Innenministerium schneller als der jetzige Amtsinhaber zu erreichen, hatte er immer noch nicht geschafft. Langsam wurde seine Zeit knapp.

Oder hatte sich eine große Eintracht-Tasse mitgebracht, an der er gelangweilt nippte. Er hasste diese lästige Pflichtveranstaltung, eine Bühne, auf der Impe bestand, auch wenn es außer ihn keinen interessierte. Das Referat konnte über Arbeit nicht klagen und jede Minute am Schreibtisch wäre sinnvoller gewesen. Gerade jetzt, montagmorgens, wenn die Meldungen des Wochenendes hereinkamen, konnte keiner über Arbeitsmangel klagen.

Oder war mit seiner Meinung nicht allein. Er brauchte nur in die Runde zu gucken. Außer Weber, dem Speichellecker von Impes Gnaden, kümmerte sich keiner um das Gesabbel. Peters kritzelte auf seinem Block am Rand die Kästchen voll. Wolbinger hatte den Sportteil der Zeitung zusammengefaltet unter seinem Block und verglich seinen Tipp-Kick mit den Zahlen. Engelbrecht sah durch Impe hindurch aus dem Fenster, als wären die Meisen im Baum das Wichtigste der Welt. Lamentowski war krank – hatte er zumindest ausrichten lassen. Oder wusste aber, dass er eine neue Freundin hatte, 15 Jahre jünger. Er schätzte, ‚chronische Montag-igitt-is' würde es eher treffen. Verdenken konnte er es ihm nicht.

Was sollte Impe schon zu erzählen haben? Nicht von ungefähr kursierte in der Abteilung der Spruch: „Wichtiges kommt per E-Mail, Unwichtiges von Impe."

Oder musste wieder an den Toten auf dem Friedhof denken. Ob der auch so einen Chef gehabt hatte, dass er die subjektive Freiheit einem geregelten Leben mit Frau und Kindern vorgezogen hatte? Hinter jedem Obdachlosen steht eine Geschichte und nicht immer ist sie traurig, hatte man ihm in der Ausbildung beigebracht. Nur meistens.

Unbewusst krakelte Michael Oder einige Worte auf seinen Block und versuchte nebenbei, ein interessiertes Gesicht beizubehalten. In seinem Büro lag der vorläufige Obduktionsbericht von Teichmeyer und wartete auf eine Sichtung.

„Was ist mit dem Toten auf dem Friedhof? Kann der Fall endlich zu den Akten?“ Impes Stimme drang an Michaels Ohr. Zwei Sekunden – mehr brauchte er nicht, um zu registrieren, dass er gemeint war, aber das reichte Weber für einen Kommentar.

„Schlägerei im Pennermilieu. Wir haben schon rumgefragt, aber da ist nichts rauszukriegen. Das Pack hält dicht.“

Kommissar Oder funkelte Weber an, aber der sah bewusst nicht zu ihm. Seine langen Haxen waren auch zu weit von Oders Schuhen entfernt. Für einen Tritt hätte er aufstehen müssen. Mist!

„Na dann schließt das Ding endlich. Mit so einem Fall kann man keinen Blumentopf gewinnen.“

Er war auf einen Schlag hellwach. Das ging ja gar nicht. Die wollten seinen Fall dichtmachen. „Moment mal. Ich muss da noch was überprüfen. Mein Bauch meldet mir, da stimmt was nicht. Das ist noch nicht alles“, meldete sich Oder.

„Ach Sie mal wieder mit ihrem legendären Bauchgefühl. Wir werden von anständigen Bürgern bezahlt, die ein Anrecht darauf haben, dass wir uns um die wichtigen Fälle kümmern. Und kommen Sie mir nicht mit dem Argument ‚Mord bleibt Mord‘. – ‚Schlägerei bleibt Schlägerei‘, sage ich und die passiert nun mal laufend unter alkoholisierten Obdachlosen. Kommen Sie zum Ende, oder haben Sie sonst keine Arbeit? ... Unsere Kriminalstatistik ist diese Woche gekommen. Wir liegen wieder nur im Mittelfeld. So geht das nicht, Kameraden. Ich will hier eine mustergültige Arbeit sehen.“

„Aber ...“

„Kein Aber. Wenn Sie nicht ausgelastet sind, kann ich gerne von Lamentowski noch einige Fälle abziehen. Wo ist der eigentlich wieder?"

„Hat sich krankgemeldet!" Weber. Immer zur Stelle, wenn er nicht gebraucht wurde.

„Schon wieder? – Okay, Oder. Haben wir uns verstanden? Nächste Woche will ich hören, dass der Fall abgeschlossen ist, sonst ... Lamentowski freut sich bestimmt."

Was bildete sich dieser Impe denn ein? Hatte nicht mal die Akte aufgeschlagen und maßte sich ein Urteil an. Aber er konnte sich schon denken, woher der Wind pfiff. Er hatte munkeln hören, Impes Beförderung wäre abgelehnt worden. Nix mit ‚jüngster Staatsrat' von Hessen. Kein Wunder also, dass er es nun über die Statistik versuchte. Ehrgeizling. Passte zu Weber wie Arsch auf Eimer.

Apropos Weber, komm du mir nachher nicht unter die Finger!

Michael Oder zog die Augenbrauen zusammen und hielt die Klappe. Impe jetzt gegen sich aufzubringen, konnte nur die Ermittlungen behindern. Und er würde ermitteln. Das, oder er würde wieder nächtelang nicht schlafen können. Wie lautete noch mal der Spruch der Models? Kein Schlaf ist auch keine Lösung.

Und schon schweiften die Gedanken von Kommissar Oder wieder ab und er kritzelte weiter auf seinem Block, als würde er mitschreiben. In Wirklichkeit konnte er nicht ferner sein. Er war auf dem Friedhof bei dem Karton.

- Warum?
- Warum dort?
- Warum nicht auf einer Bank mit Aussicht?
- Und wer hatte das Gesicht sauber gewischt und die Füße eingepackt?

Es musste jemanden geben, der den Toten kannte. Derjenige hatte ihn zur letzten Ruhestätte gebettet, gemäß dem Spruch: ‚Tote gehören auf den Friedhof.'

Zumindest, nachdem unser Leichenfledderer aus der Gerichtsmedizin sie freigegeben hat.

Michael Oder beschloss, lieber selbst bei Fritz vorbeizusehen, als sich durch den Bericht zu quälen.

Für seine Zurückhaltung eben bei Impe hatte er sich eine Belohnung verdient. Die würde er sich jetzt bei Fritz abholen.

❧

„Fritz, bist du da?"

„Mom, komme gleich. Nur noch kurz verstauen. Pack mal mit an, dann geht es leichter." Fritz Teichmeyer legte noch schnell einige Innereien eines Toten in eine Schüssel und stellte diese zwischen die Beine des Obduzierten.

„Willst du das nicht noch zumachen?"

„Nee, muss ich nicht. Macht gleich Andrea, wenn sie aus der Pause zurück ist."

„Andrea? Neue Karbolmaus?"

„Nein, ausgebildete Ärztin. Hat sich auf Rechtsmedizin spezialisiert und heute hier angefangen. Sie übernimmt nach der Einarbeitung die Stelle vom

Thomas. Der ist ja nun in Ruhestand und allein schaff ich es hier nicht. Ein Glück, dass sie so schnell anfangen konnte. Normalerweise sitzen die Personaler das ja aus, aber ich habe denen gedroht, wenn ich nicht bald eine Hilfe bekomme, lass ich einige Leichen draußen stehen. Meine Schränke sind voll, es wäre mir ein Leichtes, die auf dem Flur zu parken. Hättest mal sehen sollen, wie schnell die sich auf einmal bewegt haben. Ein stinkendes Leichenschauhaus vor dem Bürozimmer wollte dann doch keiner." Er lachte meckernd.

Oder fiel in das Gelächter ein. Es tat gut, herzhaft zu lachen. Wie schnell konnte das vorüber sein? Was ihn wieder auf den Zweck seines Besuches brachte.

„Sag mal, Teichi, was hast du über den Toten vom Friedhof rausbekommen?"

„Hast du nicht die Akte bekommen? Die müsste doch längst bei dir sein."

„Schon, aber Impe hatte wieder seine wöchentliche Beweihräucherung. Bin noch nicht dazu gekommen und könnte eine Belohnung gebrauchen, dass ich ihm nicht den Hals umgedreht habe ... und Weber, diesem Arschkriecher, gleich mit."

„So schlimm ...?" Fritz Teichmeyer griff sich im Vorbeigehen aus einem Regal zwei Glasbecher, die zum Anrühren von Flüssigkeiten gedacht waren, und strebte zu seinem Schreibtisch. Dort griff er zur bewährten Stelle, zog eine halb volle Flasche heraus und füllte die beiden Becher großzügig.

„Schlimmer. Die wollen den Fall zu den Akten legen, nur weil es sich um einen Obdachlosen handelt. Damit kann Impe keine Blumen gewinnen, also lässt er den ein zweites Mal sterben. – Hast du gehört: Seine Bewerbung haben sie wohl abgelehnt. – Oh Mann, muss der sauer gewesen sein! All das Geschleime für nichts." Ein leichtes Lächeln umspielte seinen Mund und brachte den männlichen Dreitagebart interessant zur Geltung.

Michael Oder nahm einen Schluck und ließ ihn genießerisch auf der Zunge zergehen. Langsam fiel der Frust von ihm ab.

„Tja, Impe. Bin ich froh, hier mein eigener Herr zu sein. – Aber zu dem Toten: schätzungsweise Ende 50, Tod kam durch eine gerissene Bauchschlagader infolge von stumpfem Trauma. Da muss einer mit einem Schlagring mit voller Wucht zugeschlagen haben. Der Mann ist schlichtweg verblutet. Vermutlich hat er nicht lange leiden müssen. Die Kopfwunden waren schwer, aber nicht tödlich. Der Blutverlust durch den Bauchschlag dagegen so heftig, dass er schnell bewusstlos geworden sein muss."

„Schlagring? Seit wann benutzen Obdachlose unter sich einen Schlagring?"

„Werden keine gewesen sein. Ich habe Fesselspuren an den Hand- und Fußgelenken festgestellt. Von der Form und Größe tippe ich auf Kabelbinder. Der Mann wurde definitiv gefesselt, bevor man ihn zu Brei schlug. Außerdem habe ich das hier gefunden." Teichmeyer hielt ein Tütchen mit weißgrauem Staub und kleinen Steinchen hoch.

„Was ist das?"

„Mörtel und Beton, einige Holzsplitter. War tief in den Wunden auf der einen Seite. – Wenn ich vermuten darf: Der wurde auf einer Baustelle oder einem

Abbruchhaus festgehalten. Als er bewusstlos wurde, ist er umgekippt und in den Dreck gefallen. Bring mir entsprechenden Dreck und ich sag dir, ob es ein möglicher Tatort sein kann, aber momentan ist nicht mehr drin."

„Könntest recht haben. Obdachlose schlafen oft in solchen Häusern. Nur wer schlägt einen so zusammen, dass das Gesicht nicht mehr zu erkennen ist?" Oder wurde immer leiser, während er seine Überlegungen vor sich hin murmelte.

Er nahm noch einen tiefen Schluck aus dem Glas und reichte es Teichmeyer.

„Noch einen?"

„Nein danke. Ich muss noch klar denken können."

Oder wandte sich nachdenklich zur Tür. Er hatte die Klinke schon in der Hand, als Teichmeyers Stimme ihn stoppen ließ.

„Ich sag dir dann den Namen, sobald ich die Meldung kriege."

„Welche Meldung?"

„Na die Meldung von dem Hersteller. Sag bloß, du hast das auch nicht gelesen. Mensch, Michi, du lässt nach. – Der hatte doch ein künstliches Kniegelenk. Da stand eine Seriennummer drauf und die habe ich angefragt."

„Und das sagst du mir erst jetzt?" Oder wurde vor Aufregung laut.

Gerichtsmediziner Teichmeyer kratzte das nicht. Er kannte das schon von Michael Oder. Der war eben mit Leib und Seele Kriminalist.

„Ich dachte, du wüsstest das", entgegnete er nur lakonisch mit einem Achselzucken.

„Sah sehr teuer aus. Da hast du mal echt einen Nobel-Wohnsitzlosen. Der hat auch noch nicht lange auf der Straße gelebt, möchte ich schätzen. Dazu war er noch zu gepflegt. Selbst seine Fingernägel waren gefeilt. Und die Kleidung war mal teuer. So was findest du nicht bei der Heilsarmee."

Oder nickte nachdenklich.

„Was ich immer sage: Jeder Obdachlose hat seine Geschichte. Gibt nur wenige, die bereit sind zuzuhören."

Erneut strebte Oder der Tür zu, diesmal, ohne aufgehalten zu werden. Er hatte viel zu tun und wenig Zeit. Eine Woche hatte Impe ihm gegeben. Eine Woche, in der dieser ihm nicht auf den Zeiger gehen würde. Die galt es zu nutzen.

4. Auf der Straße

Oder wickelte die Daunenjacke dichter um seinen Körper und vergrub die Nase in einem dicken Schal. Es hatte ihn im Kommissariat nicht länger gehalten.

Mochte Weber auch die Akten von dem einen Schreibtischende auf das andere schieben, ohne auch nur den Ansatz zu machen, etwas darin zu bearbeiten.

Oder hatte das schon öfter beobachtet. Wenn Arbeit drohte, verteilte er erst auf jeder Ecke einige Akten, wobei er sie immer leicht quer zur jeweils darunterliegenden legte, damit es nach mehr aussah, dann stellte er seine Kaffeetasse mit dem Logo eines teuren Golfclubs der näheren Umgebung dazwischen, eingekreist von mindestens drei weiteren Aktendeckeln und einem Ordner mit Arbeitsanweisungen, den er so aufklappte, dass er dahinter abtauchen konnte. Als Nächstes holte er einen Bleistiftspitzer, schärfte alle Bleistifte und verteilte sie zwischen den Aktendeckeln. Dann seufzte er mehrfach herzergreifend, sah sich anschließend um, ob auch wenigstens einer sein Seufzen gehört hatte, reinigte hinter dem Aktenordner seine Fingernägel und ... schlug die Zeitung mit den vier großen Buchstaben auf, um das Kreuzworträtsel zu lösen.

Wäre es das Rätsel aus der ‚Zeit' oder der ‚Welt' oder irgendeiner anerkannt intelligenten oder auch nur halbintelligenten Zeitung gewesen, er hätte vielleicht noch einen Hauch Achtung gehabt, aber so ...

Er wünschte ihm Glück mit der angestrebten Stelle, auf dass er endlich weg wäre.

Als Oder wieder nach seinem Besuch bei Teichmeyer ins Büro gekommen war, hatte sich Weber schnellstens verpisst. Angeblich wollte er Ablage machen.

Lächerlich! Der kann ja nicht mal das Alphabet.

Oder schnaufte empört, ließ es aber sofort wieder bleiben. Der Atem kühlte an der Luft umgehend ab, kondensierte im Schal und legte sich als feuchter Belag auf die Nase. Ekelig.

Mittlerweile hatte er die Akte des Toten gelesen, viel mehr allerdings nicht herausbekommen. Das Wichtigste hatte Fritz ihm schon erzählt.

Oder hatte sich aber einiger Kontakte zu ehemaligen Polizeischülern erinnert, die bei ihm Praktikum gemacht hatten. Einer davon, Georg, war ein aufgewecktes Bürschchen, der nahe dem Bahnhof in der Wache 4 Dienst tat, zu deren Einzugsbereich der Hauptbahnhof und mit ihm eine Vielzahl an Obdachlosen gehörte. Ein Anruf hatte genügt; jetzt war er auf dem Weg, um Georg zu treffen. Gemeinsam wollten sie die Quartiere abfahren und nach Informanten suchen. Kommissar Oder hoffte auf die guten Kontakte, die Georg ihm zugesichert hatte.

An der Ecke Weserstraße/Kaiserstraße stand sich Georg die Beine in den Bauch, als jemand ihm auf die Schulter tippte.

„Hallo, Herr Kommissar! Kalt, was?"

Oder nickte nur und brummte einen unverständlichen Gruß in seinen Schal, während er Georg eine behandschuhte Hand zum Gruß hinhielt.

„Na dann wollen wir mal. Immerhin liegt wenigstens kein Schnee; da trifft man größere Gruppen. Ich habe mal eine Liste gemacht, damit Sie notfalls auch alleine losziehen können."

Er zog ein DIN-A4-Blatt aus seiner schwarzen gepolsterten Lederjacke, vorne und hinten dicht beschrieben.

Oder warf einen kurzen Blick auf die Angaben und stöhnte. Das würde eine echt blöde Woche werden.

Und er sollte recht behalten.

Die Kälte hielt die Stadt fest in ihrem Griff. Für die Suche sicher praktisch, denn an den wenigen warmen Plätzen fanden sich mehr Obdachlose ein, aber mittlerweile war es Mittwoch und Oder war keinen Schritt weiter als zuvor. Georg hatte sich einen ganzen Tag Zeit genommen, um Oder einzuführen und ihm einiges beizubringen, was man als Polizist so von den Obdachlosen erfuhr, aber dann musste er wieder seinen Schichtdienst antreten und konnte nicht weiter helfen.

Von den Männern, die sich um die Wagen der Obdachlosenhilfe scharten, um eine warme Suppe oder einen Becher Kaffee zu bekommen, erfuhr Oder nichts. Schweigen, wo immer er hinkam. Kurze Blicke verrieten ihm, dass da mehr sein musste, aber keiner wollte reden.

Einzig von einem Sozialarbeiter konnte er in Erfahrung bringen, dass der Tote vermutlich ‚Paul' oder ‚Paule' hieß. Das war es aber auch schon. Kein Nachname. Der Sozialarbeiter klärte Oder auf.

„Wissen Sie, Nachnamen gehören zum alten Leben, mit dem die meisten abgeschlossen haben. Mit Nachnamen war man noch wer. Hatte eine Arbeit, eine Familie, eine Zukunft."

Oder nickte. So hatte er das noch nie betrachtet, aber es war einleuchtend.

„Was nützt einem ein großer Name, wenn man jeden Tag um eine Übernachtung kämpfen muss und diese Nacht die letzte sein kann? Herr Kommissar, glauben Sie, es sind nur Hilfsschüler und Abbrecher auf der Straße? Bei Weitem nicht. Vom Ingenieur bis zum Handwerker, von der Putzfrau über die Künstlerin bis zur Frau Doktor. Die Not macht nicht vor einer Mahagonietür halt. Jeder hat seine Geschichte und nicht jedem stand an der Wiege geschrieben, dass er mal auf der Straße landen würde. Sehen Sie die Dame da hinten?“

Der Sozialarbeiter wies mit seinem Kopf in eine Richtung.

„Das war mal eine tolle Opernsängerin, bis sie ihre Stimme verlor. Im sogenannten ‚normalen Leben', einem Bürojob, fand sie sich nicht mehr zurecht nach den langen Jahren des Herumziehens von Bühne zu Bühne.“

Michael Oders Blick folgte der Richtung, in die der Sozialarbeiter mit seinem Kopf deutete. Eine ältere Frau, mit Abertausend Runzeln im Gesicht, saß dort und aß ein Stück Gewürzkuchen. Auffällig waren der verfilzte Pelzmantel und die vielen Schals um den Hals, die sie auch in der gut geheizten Stube des Wohlfahrtsvereins nicht ablegte. Als müsse sie immer noch ihren Hals gut einpacken, um die Stimme zu schonen.

Oder nickte bedächtig.

Als er ging, öffnete er sein Portemonnaie und holte einen Hunderter heraus. Den hielt er dem Sozialarbeiter hin.

„Für Kaffee!“, murmelte er und schloss sorgfältig hinter sich die Tür, damit die Kälte nicht in den Raum zog.

Mittwoch

5. Neue Wege

Die Erzählung des Sozialarbeiters gab Kommissar Oder mächtig zu denken. Grübelnd entschied er, Teichi aufzusuchen. Er brauchte jemanden, der seine Sprache führte. Im Büro Kollege Weber beim Aktensortieren zuzusehen und seine blöden Sprüche zu hören, würde ihn nur zu etwas hinreißen, was er später bereuen würde.

Er organisierte noch einen 15 Jahre alten Whiskey, einen ‚Dalwhinnie', in der Ringeltaube, dem Laden am Flughafen. Nicht günstig mit knapp 35 € für eine Flasche, und das im Sonderangebot, aber Teichi hatte Geburtstag und er hoffte, mit dieser Eintrittskarte sich seinen Frust von der Seele reden zu können.

„Morgen! Ist es erlaubt einzutreten in deine heiligen Hallen?", schmetterte er, als er in der Rechtsmedizin ankam. Zu seinem Erstaunen antwortete eine weibliche Stimme.

„Klar, auch wenn die Hallen hier alles andere als heilig sind."

Neugierig ließ Oder seinen Blick schweifen, woher die Stimme wohl kam, denn der Raum war leer.

„Kommen Sie ruhig rein, ich bin gleich da. Ich muss mir nur kurz das Blut von den Armen waschen. Unser Praktikant war etwas ungeschickt, als er seinen ersten Schnitt setzen sollte."

Die Stimme kicherte.

Für eine Frau eine unerwartet tiefe, leicht rauchige Stimme, aber ungemein sexy. Ein ansteckendes Kichern wohnte ihr bei, fand Oder.

Eine Stimme zum Verlieben. Hoffentlich passt der Rest dazu, schoss es ihm durch den Kopf. Das war ja leider nicht immer der Fall. Viel zu häufig war man enttäuscht, wenn nach vielversprechendem Erstkontakt am Telefon einen beim ersten Treffen die raue Realität überfiel. Er erwischte sich dabei, wie er in der Manteltasche den Daumen seiner freien Hand drückte. Irritiert zog er die rechte Hand aus der Tasche und wechselte den Griff an der Flasche, um sich durch diese banale Handlung wieder in den Griff zu kriegen.

„Wo ist denn Teichi?"

„Herr Teichmeyer ist zu Hause. Er hat doch heute Geburtstag. Da durfte er schon mittags heimgehen."

Oder konsultierte überrascht seine Armbanduhr und musste feststellen, dass der Morgen doch schneller herumgegangen war, als er es gedacht hatte. Es war schon 13 Uhr.

Mist!

An die Regelung, am Geburtstag einen halben Tag freizubekommen, hatte er nicht mehr gedacht.

„Zu blöd. Ich hatte extra noch eine Flasche für seine Notapotheke besorgt", rief er in den benachbarten Raum.

Die Tür zum Nachbarraum öffnete sich vollends und eine große, gut gebaute Frau kam händereibend auf ihn zu. Ein Hauch von Desinfektionsmittel umgab sie wie ein Parfüm.

„Ach, seinen Whiskeyvorrat? Keine Sorge, ich bin eingeweiht." Sie grinste Kommissar Oder an und die Sonne ging auf.

Sprichwörtlich.

Kurze rötliche Locken umrahmten das Gesicht wie ein Heiligenschein und brannten sich in sein Gedächtnis. Ein Rauschgoldengel in der Rechtsmedizin? Wo sonst ...

Irritiert trat Oder einen Schritt nach hinten. Der Standortwechsel klärte den Effekt auf. Der ‚Heiligenschein' war nur eine Sinnestäuschung, hervorgerufen durch eine Schreibtischlampe, die im Nachbarraum brannte. Ihr Kopf hatte die Hauptquelle abgeschirmt, wodurch die Korona die Locken so dramatisch in Szene setzte, dass es selbst einem alten Hasen wie ihm kurz die Sprache verschlagen hatte.

Mit Verspätung konzentrierte er sich auf ihr Gesicht. Ein puppenhaftes Gesicht – wie in dem Film *Curly Sue*, nur als Erwachsene, dachte er sich. Alles an ihr war pures Leben. Ihr Lächeln entwaffnend, die Mundwinkel besuchten fast die kleinen Ohren mit den goldenen Steckern. Ihre grün-grauen Augen funkelten lebhaft, einige Sommersprossen tanzten auf ihrer Nasenspitze und schienen die Bestätigung, dass die schulterlangen, kastanienroten Haare, die sie im Nacken zu einem Pferdeschwanz zusammengebunden hatte, nicht aus einer Tube kamen. Etwas anderes als echt konnte er sich bei ihr auch nicht vorstellen.

Die Flasche wechselte erneut zurück und Oder ergriff die hingehaltene Hand zum Gruß.

„Willkommen! Ich bin Kommissar Michael Oder, ein alter Freund von Teichi. Und Sie sind seine neue Unterstützung?"

„Ja. Andrea Mars, frisch geprüfte Forensikerin. Sie können mich Andrea nennen. Kann ich Ihnen als Ausgleich einen Kaffee anbieten?"

„Oh ja, das wäre klasse! Ich bin etwas durchgefroren. Aber meinetwegen müssen Sie jetzt nicht extra einen brühen."

„Das geht schon in Ordnung. Ich wollte selbst gerade eine kleine Pause machen. Und ohne Kaffee läuft der Motor nur auf Sparflamme", lachte Andrea.

Dem konnte Michael Oder nur zustimmen. Auch sein Motor lief besser mit Kaffee. Er machte es sich auf dem Besucherstuhl von Teichi so bequem, wie es irgend ging, und beobachtete Andreas Bewegungen, wie sie durch den Raum huschte, um die Zutaten für den Kaffee zusammenzutragen.

Andrea war ungefähr 1,75 Meter groß, schlank, aber nicht von der ausgemergelten Sorte. Eher von der, mit der man ohne Probleme in eine Pizzeria gehen konnte und Salat nur die Beilage blieb.

Ihre Löckchen mussten echt sein, sie wippten anmutig bei jeder Bewegung. Einzelne Locken standen eher wirr vom Kopf ab. Vielleicht war das beim Abziehen der Schutzkleidung passiert, aber es wirkte, als wäre Andrea sich mit der Hand durch die Frisur gefahren, ohne auf den korrekten Sitz derselben zu achten.

Sehr sympathisch.

„Milch und Zucker?“, riss sie ihn aus seinen Betrachtungen.

„Nur Milch. Ich muss auf meine Linie achten“, feixte Oder. „Ich habe demnächst wieder den Check-up.“

Sie grinste. „Kenn ich, musste ich bei der Einstellung auch durch.“ Andrea hielt ihm eine Tasse hin, mit der anderen griff sie nach einem Tetrapak 3,5%iger H-Milch.

„Kondensmilch haben wir keine, aber die hier trink ich viel lieber“, meinte sie und ließ sich auf Teichis Sessel nieder.

„Find ich auch besser. Danke.“ Oder griff zu und für die nächsten Momente war andächtiges Schweigen im Raum, während jeder an seiner Tasse nippte. Oder seufzte.

„Na das klang aber, als hätten Sie eine schwere Last zu tragen.“

„Schwer? Na wie man's nimmt. Ich suche die Nadel im Heuhaufen und habe nur noch eine halbe Woche Zeit, bevor mein Fall zwangsweise geschlossen wird.“

„Oh, das klingt ja nicht gut. Was genau suchen Sie denn?“

„Sie können mich ruhig duzen. Ich bin Michael!“ Oder reichte ihr die Hand über den Schreibtisch. Ihr Händedruck war kräftig zupackend, aber nicht zu stark.

„Andrea!“, antwortete sie. „Was suchen Sie ... suchst du denn?“

„Einen Obdachlosen.“

Andrea nickte verstehend. „Ah, der Tote mit dem eingeschlagenen Gesicht. – Dann versteh ich dich.

Das liegt in der Natur der Sache, dass man sie nur schwer findet. Viele wollen nicht gefunden werden."

„Oh ja", nickte Oder, „... und wenn du sie nicht sehen willst, sind sie überall, aber suchst du einen, findest du keinen. Zumindest keinen, der reden will. Nicht mal für Geld. Ich hab's versucht. Seit drei Tagen lauf ich ihnen hinterher, aber keiner will auch nur ein bisschen rausrücken. Dabei geht es doch um einen der Ihren."

Oder griff frustriert nach seiner Tasse und leerte sie auf einmal aus. Andrea goss, ohne mit der Wimper zu zucken, nach und erntete ein dankbares Lächeln.

„Ich kann sie schon verstehen", überlegte Andrea. „Viele von ihnen sind auf der Straße gelandet, weil sie Schulden haben, oder sie haben einige Diebstähle auf dem Kerbholz und befürchten, ihre Freiheit zu verlieren. Auf der Straße ist man sich selbst der Nächste, sonst kann die nächste Nacht die letzte sein."

Oder nickte. Seine Füße fingen an zu kribbeln und erinnerten ihn an die Kälte dort draußen. Er würde sich gleich um ein paar gefütterte Einlegesohlen bemühen. – Um wie viel mehr musste ein Obdachloser frieren, der keinen Kaffee in der Rechtsmedizin zum Aufwärmen hatte ...

Beide schwiegen, tranken ihren Kaffee und hingen ihren Gedanken nach; es war kein unangenehmes Schweigen.

„Michael", brach Andrea als Erste die Stille, „hast du mal darüber nachgedacht, dich selbst unter sie zu mischen?"

„Wie meinst du das?"

„Na, dich wie sie anziehen, benehmen, die Plätze aufsuchen, einer von ihnen werden." Sie machte eine kleine Pause, und als Oder sie nur irritiert ansah, fuhr sie fort: „Ich weiß, das klingt verrückt, aber Lotti aus meiner WG ist Schauspielerin und probt öfter Verkleidungen, um sich in eine Rolle einzufühlen. – Als ich gestern heimkam, habe ich sie fast nicht erkannt. Sie lungerte in unserem Hauseingang herum, um die Reaktion der Leute auf eine Obdachlose zu testen. Ich habe schon in meinem Portemonnaie gekramt, als sie sich zu erkennen gab. Nachher haben wir darüber gesprochen. Schon krass, wie sich die Leute auf einmal von dir abwenden, wenn du nicht mehr der ‚Norm' entsprichst." Bei dem Wort ‚Norm' hob sie beide Hände und knickte zur Bekräftigung ihrer Aussage Zeige- und Mittelfinger zu imaginären Anführungszeichen.

Oder grübelte und Andrea ließ ihre Worte erst einmal sacken.

„Die Idee ist nicht schlecht, aber woher kriege ich die Verkleidung und das Make-up? Verkleiden ist nicht so mein Ding", gab Oder zu bedenken.

Er war kein Rheinländer, Fasching oder Karneval hieß für ihn nur Zusatzschichten und Besoffene. Auf Befehl und Datum lustig sein fand er schon immer suspekt, aber er wollte Andrea auch nicht vor den Kopf stoßen und ihre Idee gleich verwerfen. Außerdem ... was für einen Plan B hatte er denn noch? So, wie die Lage momentan aussah, würde er in absehbarer Zeit nicht zu einem Ergebnis kommen.

„Falls du das wirklich in Erwägung ziehst, kriegen wir das schon hin. Lotti ist momentan nicht im Engagement, müsste also heute Abend zu Hause sein. Warte, ich schreib dir schnell meine Adresse auf, dann kommst du gegen 18 Uhr vorbei und wir sehen, was wir aus dir machen. Bring aber alte Schuhe mit, denn passende Schuhe werden wir kaum haben. Wir sind eine reine Mädels-WG. Der Rest findet sich."

Andrea angelte sich einen Zettel von Teichis Schreibtisch und schrieb in gut lesbarer Druckschrift ihre Adresse auf. Den Zettel reichte sie Oder, der ihn genau studierte. Man konnte sehen, wie es hinter seiner Stirn rotierte.

„Weißt du, wo das ist, oder soll ich dir einen kurzen Plan mitgeben?"

„Nein danke, ich kenn die Ecke. – Vielen Dank. Ich glaube, ich mach das. Einen Versuch ist es wert. Mir rennt die Zeit davon und alle anderen Versuche habe ich durch. Irgendwie muss ich die Obdachlosen zum Reden bringen. Der Tote kann nicht mehr für sich sprechen."

Andrea stutzte, dann hielt sie ihre rechte Hand kurz in die Höhe, als wollte sie Oder stoppen, sprang auf und begann hektisch in einem Aktenschrank mit Hängeregistratur zu wühlen. Dabei brummte sie Satzfetzen wie „Da war doch ..." und „Verdammt, wo ist das noch mal ...", um schließlich triumphierend eine Akte hervorzuziehen. Sie blätterte hektisch in einem Stapel Fotos, um schließlich eins hervorzuziehen. Das reichte sie Kommissar Oder mit den Worten: „So, da ist es. Guck dir mal das Bild an und sag, ob dir was auffällt."

Kommissar Oder griff nach dem Bild. Es war das eingeschlagene Gesicht des Toten vom Friedhof. Eine grauenvolle Masse Fleisch. Unfassbar, was Menschen anderen Menschen antun konnten. Er schüttelte verständnislos den Kopf. Dann reichte er Andrea das Bild wieder. „Ich weiß nicht, was du meinst!"

Andrea wehrte seine Hand ab.

„Aber schau doch, siehst du das nicht? Tote sprechen sehr wohl, man muss nur die Sprache lesen können." Andrea deutete auf eine Stelle an der Wange des Toten.

Das Bild musste in der Gerichtsmedizin entstanden sein, einige Zeit nachdem sie ihn eingeliefert hatten. Rund um die offenen Wunden hatten sich hellrote Flecken gebildet.

„Das meiste, was du siehst, sind Ansammlungen von Blut, das der Schwerkraft folgt, die sogenannten ‚Totenflecke'. Hellrot sind sie, weil der Tote in der Kälte lag. Wäre er im Warmen gestorben, hätten sie dunkler sein müssen. – Er muss nach Eintritt des Todes eine Weile auf der Seite gelegen haben, daher haben sich Flecke auf der rechten Gesichtshälfte gebildet. Vermutlich lag er so um die vier bis sechs Stunden, bevor man ihn dort hingelegt hat, wo er gefunden wurde. Die Totenflecke haben sich noch nach hinten verlagert, aber nicht ganz."

„Dass da noch jemand dran war, weiß ich. Er lag wie aufgebahrt auf dem Grab. Das hätte er allein nicht gekonnt. Worauf willst du hinaus?"

Fragend blickte Oder von dem Bild in Andreas Gesicht.

Andrea zeigte auf eine bestimmte Stelle auf der rechten Wange.

„Ich meine genau dies hier. Die Totenflecke haben es überlagert, aber jetzt, nach mehr als 48 Stunden, gehen sie langsam zurück. Das Bild habe ich vorhin gemacht. Teichi hat es noch nicht gesehen, aber ich halte es für den Abdruck eines Schlagrings. Das ist aber nicht das Entscheidende." Sie blickte von dem Bild auf, um Oders Reaktion zu sehen.

Kommissar Oder hatte die Stirn gerunzelt und schien in das Bild förmlich hineinzukrabbeln.

Sie fuhr fort: „Derjenige, der das Gesicht so nett ‚umdekoriert' hat, muss einen speziell angefertigten Schlagring getragen haben. Sieh, der Ring hat an einer Stelle ein deutlich sichtbares Hämatom hervorgerufen, das von den Totenflecken überdeckt wurde. Jetzt wurde es wieder sichtbar. So verrückt es klingt, aber für mich sieht es aus wie ein Buchstabe. Vielleicht hilft dir das bei deinen Ermittlungen."

Oders Kopf zuckte kurz hoch. Über sein Gesicht huschte ein ungläubiger Ausdruck, dann kontrollierte er das Bild noch einmal. Jetzt, wo er wusste, auf was er zu achten hatte, konnte er den Abdruck deutlich sehen.

„Du bist ein Schatz. Kann ich das mitnehmen? Ich weiß zwar noch nicht, wie ich es einzuordnen habe, aber jedes bisschen Hilfe ist willkommen. Vielen Dank. Wir sehen uns heute Abend. Wenn ich eine Nachtschicht einlegen will, dann schlaf ich besser noch eine Runde."

„Mach das, ich habe noch weitere Abzüge. Wir sehen uns dann später. Schlaf gut, bis nachher."

Beschwingt verließ Kommissar Michael Oder die Rechtsmedizin. Ob es an der neuen Erkenntnis lag oder an der Person, die sie ihm mitgeteilt hatte, wollte er nicht ausloten. Es reichte ihm, dass er sich besser fühlte.

6. Geldsorgen

Aurelia Holofernes-Müller hielt Hof.

Besser gesagt, sie hatte zu einer Soiree geladen. Die Werners, die Hauschilds, die Webknecht-Hüttingers und die Lüders: Alle waren sie gekommen, um sich den Bauch vollzuschlagen. Gleich würde sie die Tafel aufheben und sich mit den Damen zum Bridge zurückziehen, damit die Herren in Ruhe ihre Pfeife oder Zigarre rauchen konnten.

Vor den Gesprächen graute ihr etwas, vor allem vor den Fragen nach ihrem Ehemann. Es musste aufgefallen sein, dass er schon länger nicht mehr an ihren Abendveranstaltungen teilnahm. Aber wollte sie dazugehören, blieb ihr nichts anderes übrig, als es auszusitzen.

Sie seufzte unhörbar und strich sich ein imaginäres Haar zurück. Imaginär, weil sich kein Haar trauen würde, ungestraft aus der Hochfrisur von Aurelia herauszufallen. Zudem war eine halbe Flasche Haarspray dabei draufgegangen, die blonde Mähne hin zu einer kunstvollen Hochfrisur zu zementieren. Wenigstens ihre Friseuse ließ sich noch vertrösten. Wenn sie aber am Ende des Monats nicht die ausstehende Rechnung bezahlte, wäre auch dieser Service beendet.

Geistesabwesend stocherte sie in dem hervorragend gebratenen Lachsfilet und verursachte ein Massaker auf ihrem Teller. Sie führte die Gabel zum Mund, aber sie schmeckte nichts. Dabei war der so teuer gewesen. Was der Lachs gekostet hatte, wollte sie lieber nicht wissen, aber dem vorwurfsvollen Blick von Maria, der Köchin, nach musste er immens teuer gewesen sein. Was sollte es? Der Schein musste unbedingt gewahrt bleiben. Nie wieder wollte sie im Supermarkt anstehen müssen. Nie wieder. Sie gehörte da nicht hin, hatte es nie. Durch die Ehe mit dem Fabrikbesitzer Müller war er ihr gelungen, der Schritt in die bessere Gesellschaft. Zu dumm nur, dass ...

Sie seufzte erneut. Diesmal merkte sie an der hochgezogenen Augenbraue ihres Nachbarn, dass der Seufzer zu hören gewesen war.

Oh Gott, wie peinlich! Schnell ablenken ...

„Meine Damen, bitte folgen Sie mir in den Blauen Salon. Der Bridgetisch ist schon aufgebaut. Für die Herren wird der Cognac in der Bibliothek serviert. Sie kennen sich ja aus." Ihrem liebenswürdigen, unverbindlichen Lächeln waren keine der düsteren Gedanken anzusehen.

Die Gesellschaft trennte sich, das Miet-Mädchen, das sie von einer Agentur angefordert hatte, weil Matthias ihr die Zofe gestrichen hatte, bot den Damen eine Auswahl an erlesenen Likören an, die gerne genommen wurde. Dann setzte man sich mit den Gläschen an den Bridgetisch und begann zu spielen. Da sie zu fünft waren, setzte reihum immer eine der Damen aus. Als es an Aurelia kam auszusetzen, hing sie weiter ihren trüben Gedanken nach.

Maria, ihre Köchin, hatte angekündigt, wenn sie nicht mehr Geld bekam, würde sie zum Monatsende kündigen. Das wäre ein schwerer Schlag, zumal sie ihrer Zofe schon kündigen musste, da das Geld immer nur bis zum zwanzigsten eines Monats reichte. Das Geld, das Matthias ihr gab für den Unterhalt des Anwesens, das reichte hinten und vorne nicht für ihre Ansprüche.

Matthias ... die Geißel ihres Lebens.

Matthias war der Sohn ihres Mannes aus dessen erster Ehe. Er verwaltete die Gelder und teilte ihr während dessen Abwesenheit den Betrag zu, den er für angemessen hielt. Natürlich viel zu wenig. Wie sie es hasste, jedes Mal wieder bettelnd – so empfand sie es – bei Matthias vorstellig zu werden.

Morgen war es wieder so weit. Sie musste ihn irgendwie dazu bringen, mehr Geld für den Unterhalt des Anwesens lockerzumachen. Es ging schließlich um ihren Ruf. Und somit auch um den seinen und desgleichen den der Firma. Das musste er doch verstehen!

Aurelia verstand bis heute nicht, warum ihr Mann ihr nach der Eheschließung nur die Verwaltung über Haus und Hof gegeben hatte. Dazu kam der Nießbrauch auf das Anwesen, jedoch weder Zugriff auf die privaten noch auf die Firmengelder.

Trotz des Streites zwischen Vater und Sohn, den sie bewusst gefördert hatte, änderte ihr Mann, sehr zu Aurelias Leidwesen, nichts daran. Dabei hatte sie mit ihrem teuersten Negligé punkten wollen, aber ihm war es nicht einmal aufgefallen. Die Niederlage schmerzte immer noch.

„Die Firma habe ich mit den Geldern von Matthias' Mutter aufgebaut. Sie ist Teil seines Erbes und er ist mein Haupterbe. Es wird dir an nichts fehlen, Du kannst dich neu einrichten und wirst die Oberhand über alles hier im Haus haben, aber die Firma und der Grundbesitz bleiben in seiner und meiner Hand."

Seine erste Frau. Pff! Die erste Maßnahme im neuen Heim war, dass sie das große Bild von ihr aus der Halle entfernte. Sie hatte es auf den Dachboden verschwinden lassen, aber Matthias hatte es bemerkt und Randale gemacht. Nur mit Mühe konnte sie ihren Mann beruhigen, der irritiert wirkte. Sie ließ sich dazu überreden, das Bild in einem kleinen unbenutzten Zimmer am Ende des Ganges im ersten Stock zu verbannen, dem Nähzimmer, in dem seit ewigen Zeiten keiner mehr genäht hatte. Ihr Zugeständnis hatte ihren Mann allerdings eine nette Perlenkette mit echten Perlen gekostet. Die teuerste, die der Juwelier vor Ort in der Auslage hatte. Strafe musste sein.

Ein abwertendes Lächeln umspielte ihre schmalen Lippen. Sie ließ sich noch einen Likör reichen, nippte daran und konzentrierte sich wieder auf das Spiel.

Morgen war früh genug, um sich zu ärgern.

Einige Kilometer Luftlinie entfernt, aber gesellschaftlich auf einem anderen Kontinent, quälte sich Joe Bryan aus seinem Kleinwagen. Er hatte die Schnauze gestrichen voll von dem ‚Hasenkasten', in dem er wie eine Ölsardine saß, aber für Beobachtungen war er viel besser und unauffälliger als ein Cadillac, der ihm seiner Ansicht nach eher zu Gesicht gestanden hätte.

Aber noch war an so ein Gefährt nicht zu denken. Er hatte schon Schwierigkeiten, für den Kleinwagen die Steuer und die laufenden Kosten aufzubringen. Aber mal abgesehen davon, dass sich Joe niemals den Cadillac würde leisten können, träumen war doch wohl erlaubt. *Irgendwann ...*, dachte er sich, *irgendwann.*

Apropos Rechnungen: Sein Briefkasten quoll über von Rechnungen und kostenlosen Zeitungen. Joe gönnte ihm nur einen genervten Seitenblick, dann stieg er die Treppe zu seinem Büro im ersten Stock des alten Hauses im Hafengebiet hinauf. Unter seinem Gewicht ächzte jede Stufe um Erbarmen, als wolle sie gleich brechen. Er beachtete die gequälten Stufen nicht, es half ja nichts. Ein Büro im Erdgeschoss war zu teuer, selbst hier in der abgeranzten Gegend. Die Geschäfte liefen eher mäßig, wenn nicht schon ‚schlecht' das bessere Wort war. Die Miete war auch schon wieder überfällig.

Erst mal Kaffee, dachte er. *Scheißkälte! Scheißjob! Scheißleben!*

Shorty, das Wiesel, war an allem schuld. Ohne ihn wäre er nie auf die Schnapsidee gekommen, sich mit einer Privatdetektei selbstständig zu machen.

„Mensch, Joe", hatte Shorty ihn angesprochen, „Du kannst doch mit Knarren umgehen. Und wenn dir einer blöd kommt, hauste ihm einfach einen Schwinger um die Ohren und gut is. Gemütlich im Auto hocken, Kaffee saufen und notgeilen Ehemännern hinterher-

spionuckeln und dafür die Mörderkohle abgreifen – ist doch verschärft. Besser zumindest, als sich hier als Türsteher den Arsch abzufrieren." Joe konnte sich der Argumentation nicht entziehen.

Privatdetektiv Joe Bryan.

Das hatte doch einen guten Klang. Das zog. Privatdetektive mussten einen amerikanischen Namen haben. Davon war er fest überzeugt. Sein eigener wäre dazu auch nicht geeignet gewesen.

Und so geschah es. Für einen ehemaligen Boxer mit lausigem Hauptschulabschluss waren die Stellen nicht üppig gesät. Joachim Bienek, wie er wirklich hieß, war noch nie die hellste Kerze auf der Torte. Hatte ihn aber auch nicht gestört. Wenn ihn einer schräg anmachte, besonders wenn er Joe mit seinem Nachnamen aufzog und ihn ‚Bienchen' nannte, gab's eine aufs Maul, dann passte das. Sein ‚Stachel' hatte ihm mehrere Besuche beim Direx eingebracht, aber keine Änderung in seinem Verhalten.

„Ey, ich muss mich schließlich verteidigen", war seine Überzeugung, gegen die keiner ankam. Seinen Eltern war das sowieso egal. Da flog der Brief von der Schule ungelesen in den Müll. Die hatten andere Sorgen als ein empörtes Kollegium. Zum Beispiel, woher man den nächsten Schnaps bekam. – Irgendwann gab man ihn schulseitig auf und die Besuche beim Direx wurden weniger. Man riet den Opfern, Joe besser aus dem Weg – noch besser in eine andere Schule – zu gehen, und so kehrte auch wieder eine relative Ruhe ein. Bis zum nächsten Vorfall ...

Irgendwann war sein Ruf gefestigt und man machte einen Bogen um ihn. In der Vierten war er einmal sitzen geblieben, das gab einen ordentlichen Größenvorteil, den er gnadenlos ausnutzte. Zu Hause gab es maximal eine Mahlzeit, die restlichen, also Frühstück und Mittag, zog er aus seinen Klassenkameraden. Joe hatte schnell gelernt, wie er überleben konnte.

So kam er auch leichter an die Hausaufgaben, die er zum Bestehen des Klassenziels brauchte.

Die Lehrer waren froh, ihn loszuwerden, daher hatten sie sämtliche Augen (und alle Hühneraugen zusätzlich) zugedrückt. Dass er nichts draufhatte, konnten sie nur mit einem ‚ausreichend' im Notenschnitt ausdrücken. Sie schoben ihn regelrecht von Klasse zu Klasse. Was er nicht wusste: In der Lehrerkonferenz hatten sie Lose gezogen, wer ihm das jährlich einzige ‚nicht ausreichend' verpassen durfte. Mehr als eins durfte es nämlich nicht sein, sonst hätte es seinen Aufenthalt in diesem Bildungsinstitut um ein Jahr verlängert und das wollte keiner riskieren.

Die Hauptschule hatte er mit Ach und Krach abgeschlossen, aber eine Lehrstelle bei dem Notendurchschnitt zu kriegen, war unmöglich. Wie gut, dass er schon früh mit dem Boxen angefangen hatte. Da interessierte es keinen.

Ein versonnenes Lächeln umspielte seine schmalen Lippen. Das Boxen – das hatte er geliebt.

Die mörderisch gurgelnde Kaffeemaschine riss ihn wieder in die Realität. Entkalken wäre mal nötig gewesen, aber solange noch etwas Trinkbares aus der Maschine kam ... Er suchte in dem Dreckhaufen, der die Spüle bevölkerte, nach einer halbwegs sauberen Tasse. Der Wasserhahn war zugestellt mit Geschirr und nicht zu erreichen, also verzichtete Joe auf eine oberflächliche Reinigung. War sowieso der Job einer Sekretärin, nur die konnte er sich nicht leisten. Noch nicht.

Wenn der Deal mit der alten Schnepfe klappte, dann wäre er saniert. Zu dumm, dass der Penner krepiert war, aber tot war er fast noch nützlicher. Er hatte schon einen Plan.

Mit der gefüllten Kaffeetasse stieß er die Tür zu seinem Büro auf. Die Klinke knallte mit Schwung gegen die Wand und er glaubte, den Putz rieseln zu hören. Weniger, weil er es tatsächlich vernahm, er wusste es einfach. Auf seinem linken Ohr hörte er nicht mehr viel. Folgen seiner Boxerlaufbahn. Ja, er wusste einfach, dass hinter der Tür ein Häufchen Putzreste lag. Es kümmerte ihn aber nicht. Wozu sollte er es wegräumen, kamen doch jeden Tag neue Brocken dazu.

Ächzend ließ er sich in seinen Ledersessel fallen, lehnte sich zurück, hob die Beine auf den Schreibtisch, nippte kurz am Kaffee und stellte dann die Tasse auf seiner Brust ab. Ganz dem Bild eines Humphrey Bogart entsprechend, fehlte nur noch ein passender Hut, aber Joes Quadratschädel hätte eine Sonderanfertigung benötigt. Die normalen Hüte passten nicht, wirkten wie Karnevalshütchen.

„Bandanas sind sowieso viel cooler“, murmelte er. Außer bei Kundengesprächen trug er sie auch fast immer. So konnte er die langsam dünner werdenden Strähnen verstecken, die er immer schön schwarz färbte und mit Haargel am Kopf festklebte. Etwas Eitelkeit war ihm eigen, das konnte man nicht abstreiten.

Ein letzter Schluck, dann stellte er die Kaffeetasse auf den Schreibtisch, nahm die Füße vom Tisch und richtete sich auf. Seufzend griff er nach dem Telefon.

Je länger er wartete, umso länger würde es dauern, bis er an sein Geld kam.

7. Metamorphose

Andrea wohnte in einem Hinterhaus in Bornheim. Eins dieser alten Gebäude mit hohen Decken und Stuck an den Wänden, die vom Straßenlärm wenig mitbekamen, trotzdem voller Leben waren. Kinder konnten im Innenhof spielen und die Anwohner kamen oft zu kleinen Kaffeerunden zusammen. Es war ein Miteinander von Alt und Jung, wie man es schon kannte, als noch keiner an ein ‚Mehrgenerationenhaus' dachte.

Kommissar Oder kannte die Hoffeste, die hier gefeiert wurden. Freunde von ihm hatten während ihrer Studentenzeit in so einem Haus gewohnt und ihn öfter eingeladen. Die Abende hatten sich häufig bis in den Morgen gezogen und der Heimweg war teilweise deutlich länger gewesen als vorher, da er beide Straßenseiten gleichermaßen mitgenommen hatte. Oder grinste bei der Erinnerung.

Jetzt war es schon dunkel. Winter eben. Nur eine schwache Funzel über der Tür wies ihm den Weg zum Hintereingang. Er strebte darauf zu und hoffte, nicht über vergessene Kinderfahrräder oder Ähnliches zu stolpern.

Andreas WG residierte in der obersten Etage. Ein Blick auf die Klingel hatte es Oder verraten. Er stöhnte. So schnell hatte er nicht mit seinen Sporteinheiten beginnen wollen und der Döner von eben lag tonnenschwer im Magen. Aber da half nichts. Ohne Hilfe würde er nicht weiterkommen, und hier bestand zumindest die Chance, etwas aus den Kollegen des Toten herauszubekommen.

„Also los, hilft ja nichts!", knurrte er in seinen Schal. Den legte er jedoch zwischen dem zweiten und dritten Stock ab, da ihm heiß wurde und er nicht völlig verschwitzt und außer Atem ankommen wollte. Eine halbe Treppe unterhalb des vierten Stocks, die Wohnungstür schon im Blick, hielt er schnaufend und mit wild pochendem Puls an. Kommissar Michael Oder überlegte noch einmal, ob er das wirklich durchziehen wollte. Er kam nicht weit. Die Treppenstufen hatten ihn geschafft. Rote Wellen pulsten durch seine Gedanken von der Anstrengung. Oder zuckte mit der Achsel, fuhr sich noch einmal mit der Hand durch die Haare, um sie zu glätten, was aber eher das Gegenteil bewirkte, und gab sich einen Ruck.

„Gut, einmal probier ich's. Aber wenn das nicht klappt ..." Mit diesen geknurrten Worten stapfte er die restlichen Stufen hoch.

Oben angekommen, musste er nicht lange suchen. Neben der rechten Tür hingen vier handgetöpferte Namensschilder, auf der linken Seite nur ein Messingschild mit einem einzelnen Namen.

Oder checkte sicherheitshalber kurz die Tonschilder, dann hob er die Hand zum Klopfen, schlug zweimal gegen die Tür und trat einen Schritt zurück, um einen besseren Blick auf die Person zu haben, die ihm öffnen würde.

Es krachte, als hätte er die Tür eintreten wollen. Diese alten Holztüren absorbierten ganz anders die Schallwellen, als es die Presspappentüren der Neuzeit taten.

Peinlich berührt, atmete er einmal tief durch und spürte, wie er sanft rot anlief.

Na das geht ja gut los.

Die Tür wurde ruckartig aufgerissen, und Andrea stand vor ihm.

Sie lächelte, und jede ihrer Locken schien ein Eigenleben zu haben, so wie sie sich bewegten. Sie hatte die Haare zu einem Miniatur-Pferdeschwanz im Nacken zusammengefasst, aber die Naturlöckchen ließen sich nur unvollständig bändigen und standen wie winzige Antennen ab.

Oder blieb der Gruß in der Kehle stecken. Ohne den Laborkittel kam ihre frauliche Figur voll zur Geltung. Das Tour-T-Shirt einer lokalen Band spannte leicht auf Brusthöhe, die Jeans saß wie angegossen und setzte Oders Ameisen in Gang. Daran konnten auch die dicken bunten Ringelsocken nichts ändern, die sie an den Füßen trug. Er schluckte.

„Ah, da bist du ja. Komm rein!" Sie öffnete die Tür und ging vor. Oder folgte ihr in den halbdunklen Flur, von dem mehrere Türen abgingen.

„Hast du leicht hergefunden?"

„Ja. Ich kenn die Gegend. War früher öfter hier." Glücklicherweise ließ ihn seine Stimme nicht länger in Stich, auch wenn sie dunkler als sonst klang.

Vor einer Tür hielt sie an und machte eine einladende Bewegung. Oder trat ein – es war die WG-Küche.

„Setz dich. Kaffee?"

Oders Blick folgte ihrer Hand. Sie deutete zu einem riesigen Eichentisch, an dem sechs hölzerne Küchenstühle standen; jeder mit einem anderen Muster verziert. Auf allen Stühlen lagen kribbelbunte Kissen, auch hier keines dem anderen gleich, aber sie wirkten unheimlich bequem. Oder setzte sich auf den nächstbesten und fühlte sich wie früher, heimelig und angekommen. Die Anspannung fiel langsam von ihm ab.

„Sehr gerne, mit Milch."

„Wir haben nur laktosefreie. Ich hoffe, das macht dir nichts aus. Jenny verträgt keine andere und immer zwei Sorten zu kaufen, ist zu umständlich."

„Das macht nichts. Hauptsache, weiß." Oder verfolgte ihre geschmeidigen Bewegungen fasziniert. Nur mit Mühe konnte er sich losreißen.

„Jetzt sag mal, wie stellst du dir das jetzt vor? Ich habe nicht mehr viel Zeit. Unsere ‚Hoheit Impertinenz' sitzt mir im Genick. Der will den Fall schnellstens schließen. Und leider ist Weber, mein Kollege, genauso blind wie oberflächlich und hechelt nach Impes Speichel. Für den ist es ein Mord im Pennermilleu und basta. Dass die Umstände mehr als fragwürdig sind, interessiert ihn nicht die Bohne. Er will nur seinen Posten im Innendienst, wo die größte Aufregung ist, wenn ein Bleistift abbricht."

„Solche findest du immer wieder. Besser, man findet sich damit ab und sucht sich seinen eigenen Weg.

Du gibst doch nicht auf, auch wenn dein Polizeirat die Sache blockiert?“

„Ich werde es müssen. Wenn der Fall erst mal geschlossen wurde, wird es schwer, den noch mal zu aktivieren.“ Oder seufzte.

„Nun lass mal den Kopf nicht hängen“, tröstete Andrea. Ein Geräusch ließ sie den Kopf schräg legen. „Oh, Lotti kommt“, sie drehte den Kopf zur Tür. „Wir sind hier!“

Die Tür, die wieder zum Rahmen zurückgeschwungen war, öffnete sich erneut und eine zierliche Blondine im übergroßen Parka wurde sichtbar.

„Hallo, allesamt!“, grüßte sie und wandte sich dann an Andrea. „Ist das dein Kommissar? Der sieht ja gar nicht so streng aus.“

Oder fühlte sich intensiv taxiert. Was hatte Andrea nur erzählt?

„Das wird ein Kinderspiel“, freute sich Lotti.

Nervös strich Michael Oder sich erneut durch die Haare.

Lotti protestiere. „Nicht doch. So verwuschelt mit dem Dreitagebart kommt das echt gut. Noch eine Pudelmütze, mehr brauchen wir nicht. – Machst du mir bitte einen Kräutertee, dann geh ich schnell mich umziehen.“

Andrea hatte schon den Wasserkocher in der Hand. Kurz danach zog ein merkwürdiger Geruch durch die Küche, der Michael Oder entfernt an eine Asia-Boutique erinnerte, in der früher seine Klassenkameradinnen immer einfielen, um Duftöl zu kaufen. Bevorzugt griffen sie immer das, bei dem sich sein Magen umdrehte. Patschuli oder so hieß das Zeug. Er erinnerte sich schwach, dass es hieß, davon würden Männer wild. Oder nickte bestätigend. Wild wurden die Männer wohl, aber sie rannten eher weg als hin. Das Zeug war einfach widerlich. Kein Wunder, wurde es doch häufig als Totenöl benutzt.

„Hier, zieh das mal an", riss ihn Lotti aus seinen Gedanken.

Lotti hielt einen abgetragenen Mantel im Arm, der irgendwann mal braun gewesen sein musste. Jetzt hatte er jede Menge dunkle Flecken und wirkte ausgewaschen. Unter dem Mantel blitzte ein kariertes Flanellhemd Marke Holzfäller. Oders Blick schweifte im Bestreben, einen Ort zu finden, wo er sich umziehen konnte, ohne vor den Frauen ‚blank zu ziehen'.

Lotti deutete seinen Blick richtig. „Einfach drüberziehen. Lagenlook ist in Obdachlosenkreisen derzeit der letzte Schrei." Sie grinste mit Andrea um die Wette, die sich entspannt an den Kühlschrank lehnte.

Während Oder sich die Sachen anzog, eine weite Cordhose befand sich ebenfalls darunter, deren Saum schon heruntergetreten war, verschwand Lotti kurz, um mit einem riesigen Schminkkasten wiederzukommen.

„Setz dich hier auf den Stuhl, da ist das Licht besser. Na dann wollen wir mal. Augen zu und stillhalten." Lotti hatte die Situation voll im Griff.

Ohne zu murren, setzte sich Kommissar Oder und schloss die Augen. Geheuer war es ihm nicht, zumal die Kleider muffig rochen, aber da musste er jetzt durch. Er wollte nicht vor Andrea einen Rückzieher machen.

Es dauerte ewig. Zumindest kam es Oder so vor. Tatsächlich war es nicht mal eine halbe Stunde, dann trat Lotti einen Schritt zurück und betrachtete ihr Werk.

„Das sollte gehen. Wie findest du das?“, wandte sie sich an Andrea.

„Perfekt. Die unreine Haut ist das i-Tüpfelchen. Du bist echt ein Meister. Komm mit, Michael, im Flur ist ein großer Spiegel. Komm und sieh es dir an.“

Mühselig erhob sich Oder und folgte ihr. Sie betätigte einen Schalter, den Oder vorher nicht bemerkt hatte, und er musste die Augen zusammenkneifen. Andrea griff seinen Oberarm und führte ihn zu einem Ende, dann drehte sie ihn zur Wand. Oder musste mehrmals blinzeln, bis sich seine Augen an die Helligkeit gewöhnt hatten.

Erstaunt trat er einen kleinen Schritt zurück, um gleich darauf fast in den Spiegel hineinzukrabbeln.

Der Mann, der ihm da aus dem Spiegel entgegenblickte, kam ihm bekannt vor, aber nur entfernt.

„Uff! Krass!“ Mehr bekam er nicht raus, so verblüfft war er. Er drehte den Kopf abwechselnd nach beiden Seiten.

Die beiden Frauen stellten sich rechts und links von ihm auf und gemeinsam starrten sie in den Spiegel.

Tiefe Falten durchzogen Kommissar Oders Gesicht. Er sah mindestens 20 Jahre älter aus, um die Augen tiefe Falten. Seine Nase war rot und rund und hatte jede Menge große Poren. Als hätte er die letzten

10 Jahre jeden Tag mit einer Flasche Lambrusco den Abend eingeläutet.

„An deinem Gang müssen wir noch etwas feilen. So aufrecht wird das nichts. Lass die Schultern mal etwas hängen und dann lauf mal den Flur hoch und runter."

Kommissar Oder kam sich vor wie auf dem Laufsteg, aber er gab sich Mühe. Die beiden Frauen betrachteten ihn kritisch und schüttelten den Kopf.

„Das ist noch zu gerade. Das muss krummer werden", meinte Lotti.

Oder stöhnte, dann versuchte er erneut sein Glück. Auf dem Rückweg sah er schon das Kopfschütteln.

„Moment mal, ich habe eine Idee", rief Andrea und verschwand hinter einer Zimmertür. Gleich darauf kam sie wieder.

„Zieh mal deinen rechten Schuh aus", befahl sie.

Oder tat wie geheißen. Andrea nestelte kurz an dem Schuh, dann befahl sie: „So, jetzt zieh den wieder an."

„Hey, da ist was drin!" Oder schüttelte den Schuh und es fiel ein Glückspfennig auf einem flachen Stein heraus.

„Den leih ich dir. Lass den drin, das wird schon gehen. Und nach der Aktion will ich den wiederhaben. Probier jetzt mal deinen Gang."

Oder runzelte die Stirn. Bei jedem Schritt spürte er den Druck. „Das drückt", beschwerte er sich.

„Soll es ja auch", bestätigte Andrea. „Jetzt erinnert dich der Stein bei jedem Schritt an deine Haltung. Und er simuliert eine Blase. Nicht selten bei Obdachlosen. Damit wird deine Haltung authentisch."

Das leuchtete Oder ein. Er versuchte noch einmal den Gang, und schon bei dem Rückweg sah er das Nicken der Frauen. Er hatte die Prüfung bestanden.

Oder schnaufte. „Na wenn das nichts wird, weiß ich auch nicht mehr."

8. Wo bist du?

Wieder nichts. Matthias konnte es nicht fassen. Das war nun schon die dritte Nacht, in der er ihn nicht fand. Langsam machte er sich Sorgen. Auf seinen Vater war in der Regel Verlass.

Bis auf das eine Mal. Das Mal, als er verschwand. Ohne Ansage, einfach weg.

Er hatte erst später von Maria erfahren, was geschehen war, wenn er auch nicht den Grund erfuhr. Maria war keine Tratschtante, die mit Gläsern an der Tür vom Leben der Herrschaft lebte wie ein Vampir.

Aber Interesse an der Herrschaft, der sie nun schon Jahrzehnte die Treue hielt, die hatte sie. Und außerdem war das Geschreie und Geheule nicht zu überhören. Auch die knallenden Türen nicht.

So hatte er durch sie von dem Streit zwischen seinem Vater und Aurelia erfahren. Er wohnte ja Aurelias wegen nicht mehr im Haus. Von seinem Vater hatte er nur eine kurze Notiz erhalten. Er erinnerte sich wie heute an die Worte, die in der markanten Handschrift seines Vaters auf dem Papier standen.

Verzeih mir, ich habe Dir unrecht getan. Du hattest ja so recht.

Aber jetzt brauche ich erst mal etwas Abstand.

Ich muss mir über viele Dinge klar werden.

Die Verwaltung aller Kosten, speziell des Hauses, unterliegen ab sofort Deinen Händen.

Du wirst es zu richten wissen.

Such nicht nach mir, Du wirst mich nicht finden.

Wenn die Zeit gekommen ist, wirst Du verstehen.

In Liebe, Dein Vater.

Nein, er hatte es nicht verstanden. Wie auch?

Er konnte es immer noch nicht fassen, wie sich die Dinge entwickelt hatten.

Wie hatten sie zulassen können, dass sich Aurelia so in die Familie hacken konnte, dass die Familie nun nicht mehr wirklich existierte.

Er gab nicht seinem Vater die Schuld an dem Zerwürfnis. Er war schuld daran. Er ganz allein. Deshalb musste auch er sie loswerden, damit sein Vater ohne Sorgen zurückkommen konnte. Das war er ihm schuldig. Das war er allen schuldig, die unter Aurelia litten.

Matthias bestellte sich noch einen Kaffee. Eine halbe Stunde würde er noch in dem Café warten können, dann schloss sich für diese Nacht dessen Pforte. Um diese Uhrzeit kamen keine Besucher mehr auf den Friedhof und sie waren die Haupteinnahmequelle des Cafés.

Es war der Friedhof, auf dem seine Mutter beerdigt lag. Matthias besuchte regelmäßig ihr Grab. Seit sein Vater verschwunden war, sogar noch häufiger.

Und so hatten sie sich wiedergesehen.

Als er eines Tages eine Stunde zwischen zwei Terminen freihatte, nutzte er die Zeit und besuchte wie üblich seine Mutter. Schon von fern sah er einen Mann an ihrem Grab stehen, der ihn an jemanden erinnerte. Aber wer, außer der Familie, würde sie besuchen kommen?

Die Trauer der meisten hielt sich in Grenzen, selbst bei einem so geliebten Menschen wie seiner Mutter. Sie war nun schon einige Jahre tot. Und mit jedem Tag, den das Leben, der Alltag, nach den Trauernden griff, wurden die Besuche weniger, bis sie schließlich aufhörten.

Er nahm es ihnen nicht übel, ging er schließlich auch nicht mehr so oft auf den Friedhof, wenn auch seine Gründe anders lagen. – Er wollte sich seine Mutter lebend in Gedanken erhalten. Der Friedhof erinnerte ihn, wie schmerzhaft der Verlust gewesen war, und riss die Wunde immer wieder auf.

Erst als Aurelia im Herrenhaus Einzug hielt, das bis dahin ein Zuhause gewesen war, wurden seine Besuche wieder häufiger. Er erzählte dem Grab seinen Kummer, als würde er hier eine Antwort finden, wie der wachsenden Machtübernahme Einhalt zu gebieten wäre.

Allein – das Grab blieb still.

Und nun dieser Besucher ...

Als Matthias den Berg hinaufkam, warf der Mann einen kurzen Blick über die Schulter und verschwand schnell im Gebüsch. Vom Aufstieg etwas außer Atem, konnte er ihm nicht so schnell folgen, und als er am Grab angekommen war, fehlte jede Spur. Nur frische Blumen lagen auf dem Grab.

Drei Tage hatte es gedauert, bis er den Mann stellen konnte. Es hatte ihm keine Ruhe gelassen, wer ein solches Interesse an seiner Mutter hatte, also versuchte er auf gut Glück, die gleiche Uhrzeit zu erwischen. Eine Woche hatte er sich Zeit gegeben. Drei Tage hatte es gedauert.

Wie unendlich groß sein Erstaunen, als er den Mann dann wiedersah. Fast hätte er ihn nicht erkannt.

Ein Obdachloser, hatte er gedacht. *Was sucht ein Obdachloser am Grab meiner Mutter?*

Aber es war kein gewöhnlicher Obdachloser.

Es war sein Vater.

Im Café unten am Fuß des Friedhofs hatten sie dann gesessen und sich ausgesprochen.

Matthias war entsetzt, sein Vater versicherte ihm jedoch glaubhaft, dass es sein ehrlicher Wunsch war, so zu leben.

„Junge, hier findet mich Aurelia nie. Es gibt keinen Ort, wo ich sicherer sein könnte. Obdachlose existieren nicht für sie. Da wird sie nie suchen."

„Aber warum? Du kannst doch zu mir ziehen. Gemeinsam werden wir sie schon los. Einige meiner Freunde sind hervorragende Scheidungsanwälte geworden. Sie wird keinen Cent bekommen."

„Es geht mir nicht ums Geld, Junge. Es geht um mein Leben. – Ich habe jetzt viel Zeit zum Nachdenken über die wahren Werte im Leben ... die hatte ich in meinem alten Leben nie. Oder habe sie mir zumindest zu selten genommen, wie mir vorkommt. Lass mir noch ein wenig die Auszeit. Ich komme wieder, sicher. Aber nicht gleich. Und dann regeln wir das mit Aurelia. Außerdem musst du dir keine Sorgen machen. Ich habe hier Freunde gefunden. Wahre Freunde."

Der Ansprache folgte ein schwerer Seufzer. Egal wie sehr Matthias es auch versuchte, mehr war aus seinem alten Herrn nicht herauszukriegen.

Immerhin konnte Matthias ihn dazu überreden, sich regelmäßig in dem Café mit ihm zu treffen. Allein schon, um zu erfahren, dass alles gut war und er noch lebte. Zu mehr jedoch war der alte Herr nicht bereit. Auch eine weitere Verfolgung lehnte er strikt ab. Matthias hatte ihm in die Hand versprechen müssen, dass er keiner Menschenseele von ihrem Treffen berichten würde. Im Gegenzug würde ihn sein Vater zweimal pro Woche treffen. Hier, in dem Café zur Abendstunde, wenn keine Gefahr bestand, dass jemand sie sah.

Er hatte sich damit zufriedengegeben in der Hoffnung, sobald er Aurelia weggeekelt hatte, käme sein Vater zurück. Doch nun kam er gar nicht und das machte Matthias Sorgen.

Es war tatsächlich nicht eine seiner Sternstunden, als er Aurelia traf.

Er hatte sie auf einer Studentenfete seiner alten Alma Mater kennengelernt. Ein Verbindungsbruder, der mit ihr liiert war, hatte sie mitgebracht.

Lebenslustig, nein, lebenshungrig war sie, aber schon damals berechnender als eine Registrierkasse. Wobei das merkwürdig war, konnte sie doch kein Geld zusammenhalten. Sie lebte von Gelegenheitsjobs und ihren jeweiligen Freunden, immer bestrebt, die gesellschaftliche Leiter höher und höher zu schweben. – Ein Student der Betriebswirtschaftslehre war schon gut. Noch besser war einer mit einer Firma im Hintergrund. Seine Firma – beziehungsweise die seines Vaters.

So wechselte sie nach nur einer Woche intensivster Anbagger-Manöver ihre Karten. Matthias erzählte sie unter Tränen, ihr Freund hätte sie geschlagen, und hetzte so die Kameraden gegeneinander auf. Völlig blind für ihre Ränke, hatte er, sich wie ein Held und Retter fühlend, sie erst mal aufgenommen. Bereits am ersten Abend landeten sie im Bett.

Der Sex war super, Aurelia sehr gelenkig, experimentierfreudig und immer willig ... die Beziehung hielt, bis er anlässlich seines bestandenen Diploms seinen Vater besuchte und sie mitnahm. Irritiert hatte Matthias miterleben müssen, wie nun er den Laufpass bekam.

Der Wechsel fing schleichend an. Ein Rundgang durch die Ställe, ein tief ausgeschnittenes Kleid, in dem ihre Kurven üppig zur Geltung kamen, ein Schlummertrunk in der Bibliothek, wenn er schon ins Bett gegangen war.

Als er misstrauisch wurde und Aurelia zur Rede stellte, stritt sie alles ab.

„Ach Matti, wie süß. Mein kleiner Junge ist eifersüchtig." Sie kicherte perlend und er kam sich wie ein Idiot vor. Das Wort ‚Junge' hätte ihn warnen sollen, aber er bemerkte es nicht. Das Gefühl, dass sich irgendwas zusammenbraute, hatte er weggedrückt.

Er hatte auch zu viel um die Ohren gehabt. Sein Vater hatte ihm endlich eine verantwortungsvolle Stelle in der Firma gegeben, und er musste sich einarbeiten. Als Sohn vom Chef hieß das: vor den anderen kommen und nach ihnen gehen. – Aurelia langweilte sich in der Zeit und suchte neue Betätigung.

Sie hatte ihnen erzählt, sie wäre Innenarchitektin, und beide waren ihr auf den Leim gegangen. Tatsächlich putzte sie nur in dem Architekturbüro und durfte halbtags das Telefon bedienen, wenn der Architekt Kunden besuchte. Das hatte Matthias aber erst erfahren, als es schon längst zu spät gewesen war.

Seinem Vater hatte sie eingeredet, das Haus benötige eine weibliche Hand und hätte eine Renovierung dringend nötig. Sie machte das so geschickt, dass er ihr ‚freie Hand' ließ und ein Haushaltsbudget einrichtete, aus dem sie sich bedienen durfte.

Matthias hatte viel zu tun, sein Vater war ebenfalls noch in der Firma eingespannt und Aurelia residierte im Haus, als wäre es bereits ihres, und kommandierte das Personal zu ihrer eigenen Befriedigung. Und das gefiel ihr.

Morgens schlief sie mindestens bis zehn Uhr, dann ein üppiges Frühstück und sie zog sich um für eine Shoppingtour. – Shopping war eindeutig ihre liebste Beschäftigung – natürlich vorwiegend für sich selbst, aber zur Not tat es auch das Haus eines einsamen Witwers mit erwachsenem Sohn. Und meist fand sich nach einem Einkaufsbummel auch eine kleine Tasche eines sehr teuren Unterwäschegeschäftes unter den Paketen, die bestimmt nicht zur ‚Dekoration des Hauses', sondern eher der ‚Dekoration der Dame des Hauses' diente. Aurelias ‚Investition in eine sorgenfreie Zukunft'.

Zug um Zug verwandelte sich das Haus. Die vielen gemütlichen Ecken, die seine Mutter eingerichtet hatte, die Bilder, die sie gemalt oder gekauft hatte, all die Kleinigkeiten, die ihn an sie erinnerten, verschwanden. Als aber das Porträt seiner Mutter über dem Kamin, das sie kurz nach ihrer Heirat zeigte, einem wirren Druck von Kandinsky weichen musste, begehrte er auf.

„Was fällt dir ein? Wo ist das Bild meiner Mutter?"

„Weg!" Sie lächelte maliziös.

„Schaff das wieder bei."

„Der Schinken passt hier nicht mehr her, der Kandinsky bleibt."

Matthias sah sich um. Sie hatte recht. Viele Möbelstücke waren mittlerweile ausgetauscht für hässliche Glastische und schwarz-weiße unbequeme Sessel. Das warme Lächeln seiner Mutter hätte wie ein Anachronismus in dieser kalten Welt ausgesehen.

„Wo hast du es hin? Wie kannst du es wagen!"

„Führ dich hier nicht wie ein Wilder auf. Dein Vater hat mir die Erlaubnis gegeben. Ich kann hier tun und lassen, was immer ICH will. – Geh doch wieder Steine schaufeln." Sie rümpfte angewidert die Nase. „Wie du wieder aussiehst."

Er hatte sie an den Schultern gepackt und geschüttelt. So lange, bis ihre perfekt ondulierten, blonden Haare wild um ihr Gesicht flogen.

„Schaff es bei!"

„Nein!"

„Sofort!"

„Nur über meine Leiche!"

„Das lässt sich machen, wenn du das Bild nicht wieder aufhängst."

Er war fuchsteufelswild. Voll konzentriert auf ihr Gesicht, bekam er das leise Geräusch nicht mit, das die schwere Tür in der Halle machte, als sie ins Schloss fiel. Aurelia dagegen schon.

„Hilfe, Hilfe ... Du tust mir weh ..."

Aurelia riss sich von ihm los, legte zwei Schritte Distanz zwischen sie beide und griff sich ins Dekolleté. Bevor Matthias ahnen konnte, was sie vorhatte, zerriss sie sich die Bluse, dass die Knöpfe im hohen Bogen davonflogen. Ein schneller Griff an den linken Ärmel, und auch hier gab die Naht nach.

Matthias sah noch schnell ein verächtliches Funkeln in ihren Augen, dann trat sein Vater durch die Tür, und Aurelia flüchtete schluchzend in dessen Arme.

Nach der Aktion mit der zerrissenen Bluse hatte sein Vater ihn des Hauses verwiesen. Erklärungen wollte er nicht hören, er wies nur mit der Hand auf die Tür und ging in die Bibliothek. Dort schloss er sich ein und kam nicht wieder, bevor Matthias das Haus verlassen hatte. In einem Brief an sein Büro in der Firma bat er Matthias, sich eine neue Bleibe zu suchen, der Matthias umgehend nachkam. Auch er hatte keine Lust mehr auf ein Zusammenleben mit Aurelia.

Nach der ersten Empörung wurde Matthias ruhiger. Er trug die Entscheidung seinem Vater nicht nach. Ja mehr noch, er konnte ihn sogar verstehen.

Seine Mutter war noch vor seinem Abitur verstorben, der Vater seit dem in Trauer, kannte nur noch die Arbeit. Attraktive junge Damen kreuzten nie seinen Weg, und Goldgräberinnen kannte er nicht.

Er war eine sehr leichte Beute.

9. Nächtliche Umtriebe

Kommissar Michael Oder beschloss, nachdem er schon perfekt für seinen Einsatz geschminkt war, diese Nacht auch nutzen. Da es schon spät geworden war, luden Lotti und Andrea ihn ein, doch zum Abendessen zu bleiben. Um zu Hause etwas zu essen und zurückzukommen, fehlte ihm die Zeit, und mit der Maskerade konnte er schwerlich in ein Lokal gehen. Also nahm er das Angebot gerne an. Außerdem fühlte er sich sauwohl bei den beiden Frauen. Und, was auch nicht zu verachten war: Er konnte sich nebenbei so an die ungewohnte Kleidung gewöhnen.

Während die Frauen den Tisch deckten, bastelten sie an einer Geschichte, die er erzählen konnte, falls er gefragt werden würde.

„Schulden geht immer", meinte Andrea.

„Alkoholproblem", schlug Lotti vor. „Ich habe noch einen kleinen Zerstäuber, den kann ich mit Schnaps füllen als Eau de Mief", kicherte sie.

„Nein, lass mal, ich muss hinterher ja wieder ins Kommissariat. Da kann ich mir eine Alkoholfahne nicht leisten. Impe hat mich sowieso schon auf dem Kieker."

„Impe?" Lotti zog fragend die Augenbrauen hoch.

„Mein Chef, Polizeirat Impe, für den tote Obdachlose nur Ballast sind."

Ungläubig blickte Lotti zu Andrea, als wollte sie sich dort die Bestätigung einholen. Andrea nickte.

„Ich habe ihn selbst noch nicht kennengelernt, aber die Geschichten, die die Runde gemacht haben in den wenigen Tagen, die ich jetzt dort arbeite, die reichen mir. Kein Bedarf."

„Alkohol fällt flach, Schulden wäre möglich. Scheidung geht immer, die hat in den meisten Fällen die Schulden gleich mit im Gepäck. Ich kann auf einen reichen Schatz an fiesen Geschichten zurückgreifen. Meine Kollegen versorgen mich regelmäßig damit. Polizeidienst ist beziehungsschädlich."

Lotti und Andrea nickten. Danach beschlossen sie, dass Kommissar Oder den Rest der Woche jeden Abend um 18 Uhr zur Maske bei Lotti erscheinen solle. Zum Abschminken brauchte er keinen.

Andrea hatte noch ein altes Fahrrad im Keller, das sie mit allerhand Utensilien beluden, damit das Auftreten glaubwürdiger wäre und sich Oder zur Not aufstützen konnte, falls der Stein im Schuh doch zu sehr schmerzen würde. Das Rad sollte er nach seinen Ausflügen im Hof hinter die Mülltonnen stellen. Andrea würde es dann bis zum nächsten Einsatz wieder wegpacken.

Und so wurde es beschlossen.

Kommissar Oder warf einen Blick auf die Küchenuhr, die schon eine vorgerückte Stunde anzeigte. Es wurde höchste Zeit.

So verabschiedete er sich rasch, dankte noch einmal für die Mühe und schob sein Fahrrad in die Kälte.

Von Georg hatte er erfahren, wo die nächste Obdachlosenunterkunft zu finden war. Würzburger Straße 3 war am dichtesten zur Berger Straße. Die steuerte er an, ohne viel Hoffnung, denn die Verkleidungsaktion hatte doch länger gedauert, als er eingeplant hatte. Dafür war sie aber auch perfekt gelungen.

Der Berufsverkehr hatte eingesetzt, und die Leute hasteten an ihm vorbei, immer bedacht, einen möglichst großen Bogen um ihn zu schlagen.

Als hätte ich die Pest oder eine Horde Flöhe würden überspringen, registrierte er interessiert.

Der Stein von Andrea drückte, aber er biss die Zähne zusammen und rückte dichter an die Schaufenster, als gäben sie ihm Wärme und einen Schutz. Den Schutz, in diese Welt zurückzukehren, wann immer er wollte? Möglich. Genau wollte er es lieber nicht ausloten. Zumindest nicht jetzt.

Nach einiger Zeit spürte er die Kälte wie Nadelstiche durch die Kleidung ziehen.

Was würde jetzt ein Obdachloser machen?

Oder bog um die nächste Ecke, als ihn ein heftiger Wind fast von den Füßen riss. Er sank in sich zusammen, um dem eisigen Gevatter möglichst wenig Angriffsfläche zu bieten. Er beschleunigte seine Schritte.

Noch zwei Querstraßen ... Noch eine ... Nur noch um die Ecke ... Jetzt ... Oh!

Seine Hoffnung, aus der Eiseskälte herauszukommen, schwand wie eine Pfütze an einem heißen Sommertag. Schon von Weitem konnte er vor dem Haus ungefähr zehn Menschen sehen, die darauf warteten, eingelassen zu werden. Ein großer Mann um die fünfzig trat aus dem Hausflur. Der Wind trug seine Worte bis zu Michael Oder, den ‚Teilzeit-Penner'.

„Leute, es ist voll. Versteht doch. Ich kann euch nicht reinlassen. Kommt morgen wieder."

Er war zu spät – oder doch nicht?

10. Kontakt

Die Männer murrten, drehten sich dann jedoch um und zogen ihres Weges. Weiter zur nächsten Unterkunft. Half ja nichts ... dicht ist dicht.

Kommissar Michael Oder schloss unauffällig auf, nur wenige Schritte hinter dem Hauptpulk.

Test ... Test ..., dachte er. *Wenn sie mich jetzt nicht erkennen, dann hat das wenigstens etwas Gutes.*

Sein Fuß tat von dem Stein mittlerweile so weh, dass er ihn nicht mehr gebraucht hätte, um einen Humpelnden zu spielen. Den jetzt aber zu entfernen, hätte ihn den Anschluss gekostet, also ließ er den Stein, wo er war, und folgte den Männern bis zur nächsten Straßenecke. Er hoffte, sie würden ihn zu der nächsten Unterkunft führen, aber an der Ecke teilten sie sich auf, und jeder suchte sein Heil in einer anderen Ecke. Grübelnd blieb Oder stehen.

Was nun?

Ein kalter Windstoß riss ihn fast um. Durch die Schluchten der Großstadt konnten selbst an windstillen Tagen an bestimmten Ecken über 100 km/h schnelle Winde entstehen. Und es war nicht windstill. Einzelne Schneeflocken, mehr schon Eisgraupel, mischten sich unter den Wind.

Oder fröstelte. Er blickte sich nach ein wenig Schutz um und entdeckte die Zeichen einer U-Bahn-Station.

Nur ein wenig aus dem Wind. Etwas aufwärmen.

Seine Schritte lenkten ihn automatisch zu dem wärmenden Loch, das in der eisigen Kälte etwas dampfte.

Vielleicht kommen noch mehr auf die Idee, überzeugte er sich selbst. *Dann kann ich auch hier Anschluss suchen.*

Viel zu schnell für einen Obdachlosen, stürmte er nahezu auf den Eingang dem unterirdischen Wärmepool zu.

Nur raus aus der Kälte.

Die Treppen gestalteten sich schwierig mit dem bepackten Fahrrad. Morgen würde er sein Geraffel auf einen ‚Hackenporsche', also eine Einkaufstasche zum Ziehen, umladen. So ließ sich der Kram besser kontrollieren als auf dem Fahrrad.

Die Bahnhofsuhr zeigte ihm an, dass die Läden mittlerweile alle geschlossen sein mussten. Er konnte es auch an den Menschen sehen, die an ihm vorbeihasteten. Es wurden weniger, die Blicke abwesender. Man wollte nur noch nach Hause. Oder konnte es ihnen nicht verdenken. Da wollte er auch hin, aber das ging nicht.

Er setzte sich auf eine Bank auf den Bahnsteigen.

Nur kurz ausruhen.

Schnaufend nahm er in den Schalensitzen Platz. Die Stege rechts und links drückten Oder und erinnerten ihn daran, dass er etwas aus dem Leim zu gehen schien.

Für diese Sitze hat man wohl ein 50-kg-Modell genommen zum Anpassen.

Er legte sich probehalber auf drei Sitze gleichzeitig, wie er es meinte, öfter bei Obdachlosen gesehen zu haben, aber schnell kam er wieder hoch. Die Seitenränder der gebogenen Sitzschalen stachen so hart durch seine Kleidung, dass an ein Übernachten auf ihnen nur mit deutlich über 2,0 Promille möglich sein konnte.

Das ist wohl auch so gedacht, um das Herumlungern in U-Bahnhöfen zu reduzieren, überlegte er. *Wie seltsam,* schoss es ihm durch den Kopf. Über die Form der Sitze hatte er sich vor seinem Experiment nie Gedanken gemacht. Ab jetzt würde er die Sitze nie wieder so sehen wie vor dieser Aktion als Freizeit-Penner.

Er seufzte.

Mühsam wegen der vielen Schichten Kleidung, die leider doch nicht so dicht hielten wie erwartet, bückte er sich, um wenigstens den Stein aus seinem Schuh zu entfernen. Wegwerfen würde er ihn nicht, es war ja Andreas, aber er spürte bereits eine Blase. Die würde ihn daran erinnern, dass er humpeln müsste.

Wie er so gebückt an seinem Schuh nestelte, fiel ihm eine Frau mit ebensolch einem ‚Hackenporsche' auf, über den er gerade noch nachgedacht hatte. Also einer Einkaufstasche auf einem Gestell mit Rädern, auf der weitere Taschen aufgeschnallt waren. Sie hatte, wie er, auf einer der Sitzbänke Platz genommen und schien sich auszuruhen. Ihr Kopf sank auf die Brust, als würde sie einschlafen. Dass dem nicht so war, konnte er feststellen, als ein Passant achtlos eine Flasche in einen Papierkorb schmiss. Das Klötern der Glasflasche an dem Metall des Papierkorbs schien sie zu wecken. Flink wie ein Wiesel, viel schneller, als Michael Oder es ihr zugetraut hätte ob ihres Alters, huschte die Frau zu dem Behälter und fischte die Flasche heraus. Sie wischte mit ihren Handschuhen, denen die Fingerkuppen fehlten, über das Glas, nickte und packte sie in eine übergroße Plastiktüte, die an der Seite des Hackenporsches befestigt war. Dann nahm sie wieder Platz und fing an, in ihren Habseligkeiten zu kramen.

Oder beobachtete sie unauffällig. Eindeutig eine Obdachlose. „Flaschensammeln gehört zu ihrem Einkommen", hatte Georg ihm erzählt, „Es ist nur ein Indiz, da in Zeiten von Hartz IV immer mehr so ihr Haushaltsgeld aufstocken, aber ein sehr starkes. Normale Leute bücken sich heutzutage nur noch selten nach Flaschen. Erst ganz unten angekommen, haben solche Dinge wieder ihren Wert."

Kommissar Oder zog sich seinen Schuh wieder an und packte seine Sachen. Er wollte die Distanz zu der Frau verringern. Vielleicht kam er durch sie näher an die Szene. Ein Versuch war es wert, nachdem die anderen Herren in alle Winde zerstreut waren. Er hoffte, dass seine Verkleidung ihm Zugang verschaffen würde. Der Zusammenhalt untereinander sollte in der Obdachlosenszene ja groß sein. Er hoffte, das war nicht nur ein Gerücht.

Evchen kramte in ihren Sachen. Da musste doch noch ein Riegel gewesen sein. So ein Müsliriegel mit vielen Körnern, den das Kind vorhin hatte fallen lassen, weil es ihm ‚zu gesund' war. Dass der Riegel angebissen war, störte sie nicht. Wichtiger waren die Kohlenhydrate bei der Kälte. Wertvolle Kohlenhydrate. Sie achtete immer noch auf ihre Ernährung, wenn sie jetzt auch anderen Zielen folgte. Satt sein ja, ‚Fast Food' nein. Oder zumindest nicht mehr als nötig. Auch wenn sie auf der Straße lebte, musste sie nicht jeden Dreck essen, der sich ihr bot. Das machte die Auswahl zwar nicht leichter, aber die vielen Jahre als Model hatten ihre Spuren hinterlassen. Der Körper musste funktionieren. Jetzt mehr noch als früher. Damals ging es nur um den nächsten Job. Heute hing ihr tägliches Leben davon ab, dass sie ihn gesund erhielt. – Da, endlich. Sie hatte ihn erwischt. Der Schokoriegel mit Nüssen war in eine Falte gerutscht, aber das machte nichts. Bei der Kälte brauchte sie nicht befürchten, dass er ihre wenigen Sachen mit Schokolade beschmierte. Die war längst festgefroren.

Während sie bedächtig an dem Riegel knabberte, näherte sich ein Mann ihrer Bank und nahm drei Sitze neben ihr Platz.

Neugierig betrachtete sie ihn.

Er mochte Mitte vierzig sein, vielleicht auch älter. Der Bart hatte erste graue Haare, aber es waren noch nicht viele. Die Kleidung wirkte abgetragen, als hätte er sich schon lange nichts mehr gegönnt. Müde Runzeln um die Augen, die erstaunlich lebendig wirkten. Der Schlafsack auf seinem Fahrrad wies ihn als Obdachlosen aus. Kein Mensch würde freiwillig bei der Kälte zelten gehen … Es sei denn, er würde sie aufgrund der Promillezahl nicht mehr spüren, aber so kam Evchen der Mann nicht vor. Alkohol bemerkte sie immer sofort und machte einen Bogen darum. Zu viele hatte sie schon gesehen, die sich zu Tode gesoffen hatten. Das Leben war auch so schon schwer genug.

Der Mann konnte noch nicht lange auf der Straße leben. Woher sie das wusste, hätte sie nicht sagen können. Aber ihr Gefühl trog sie nie. Er sah schüchtern aus. Vielleicht war es das. Schüchternheit unter Obdachlosen war selten. Natürlich blieben einige lieber für sich, aber die Regel war das nicht. Man musste schon zusammenhalten, wollte man überleben. Informationen austauschen, Bündnisse schließen. Und da war Schüchternheit eher abträglich.

Sie beschloss, den ersten Schritt zu machen. Alles Weitere lag dann an ihm. Man konnte keinen zu seinem Glück zwingen. Sie drehte den Kopf zu dem Mann, bemerkte, wie er seinen abgetragenen Mantel fester um sich schlang, und sprach ihn an.

„Ganz schön kalt, was?"

„Hmm", nickte Oder zustimmend und blies sich seinen Atem in die Handflächen, um sie etwas zu wärmen.

„Bist noch nicht lange auf Trebe, was?"

Oder schüttelte seinen Kopf. „Nein."

„Sieht man. Zu Hause rausgeworfen?"

„Hmm." Oder nickte, überließ aber ihr die Gesprächsführung. Wozu widersprechen und unglaubwürdig werden. Er griff den Faden auf, den sie ihm hingeworfen hatte.

„Hab sie mit 'nem anderen erwischt. War leider ihre Wohnung."

Evchen nickte verstehend. Sie war froh, dass sie Jürgen damals nicht auch noch erwischt hatte. Es war auch so schon schlimm genug gewesen, einen weiteren Beweis hatte es nicht gebraucht.

Eine U-Bahn fuhr ein und wirbelte die abgestandene Luft in der Tunnelhöhle durcheinander.

Oder erinnerte sich, dass Andrea ihm eine Decke eingepackt hatte. Die kramte er heraus und hängte sie sich um die Schultern. Sie duftete schwach nach ihrem Parfüm. Irgendwie tröstete ihn das. Er hoffte nur, dass das Parfüm ihn nicht verraten würde. Der Duft nach Stockflecken wäre sicher authentischer gewesen, aber so schnell bekam man den nicht in die Klamotte.

Evchen war mittlerweile mit ihrem Snack fertig und neugierig geworden. Sie drehte den Kopf zu dem zitternden Oder und fragte: „Weißt du schon, wo du hinkannst? Bei dem Wetter muss man vorsichtig sein. Erfriert man leicht."

Oder schüttelte verneinend den Kopf. „Die Unterkunft in der Würzburger Straße war schon voll. Am Bahnhof sollen noch zwei sein."

Evchen betrachtete ihn skeptisch, dann antwortete sie: „Würde ich dir nicht empfehlen. Die beiden am Bahnhof sind für die Junkies, und du siehst mir nicht nach einem Junkie aus."

„Oh!", entfuhr es Oder. Die Information hatte er zwar schon von Georg gehört, aber sich etwas dumm zu stellen als Neuling auf der Straße, würde seine Fehler erklären, falls man misstrauisch werden würde.

„Bin ich auch nicht. Nur abgebrannt. Vielleicht krieg ich nächsten Monat eine Unterkunft vom Amt, aber bis dahin muss ich sehen, wo ich bleibe."

Evchen nickte. Sie widersprach ihm nicht, aber sie glaubte auch nicht daran. Zu oft hatte sie diesen Spruch in den letzten zwanzig Jahren schon gehört. – Zwanzig? ... Waren es tatsächlich schon zwanzig Jahre? ... Ja, das kam hin. Sie war jetzt zweiundfünfzig. Oder schon dreiundfünfzig? Sie hatte es vergessen, wie sie ihr vergangenes Leben zu vergessen suchte. Wenn das nur so einfach wäre ...

Sie verlor sich in ihren Gedanken. Zeit spielte in ihrem Leben nur noch eine untergeordnete Rolle. Zeit war nur dazu da, den Moment zu verlängern, bis sie wieder bei ihrem Engel war. Ihrem kleinen Christkindl ... das auf dem gleichen Friedhof lag wie Paule.

Ach, Paule – er erinnerte sie wieder daran, wo sie war. Und wer da neben ihr saß. Ein Neuling.

Völlig unbedarfter Frischling.

Ohne ihre Hilfe würde der diesen Winter nicht überleben. Sie musste sich um ihn kümmern. Wie sie sich um Paule gekümmert hatte, als sie ihm auf dem Friedhof getroffen hatte nach seiner Flucht.

Sie beschloss also, ihn mitzunehmen ... wenn er denn mochte. Ihm alles zu zeigen, wie sie es Paule gezeigt hatte.

Ach, Paule. Du fehlst mir so.

Sie seufzte.

Von all diesen Gedanken ahnte Michael Oder nichts. Es brannte ihm auf der Seele, die Frau zu fragen, ob sie was über den Toten wusste. Wie dicht er einer Antwort war, konnte er nicht ahnen. Wohl aber wusste er, wenn er sie zu sehr bedrängte, würde sie dicht machen, wie sie alle dicht machten.

Er atmete tief durch und besann sich auf seine Ausbildung. Sein Ausbilder in Verhörtechnik war eine Spitzenkraft gewesen. Charismatisch für ihn, den jungen Polizeischüler. Als wäre es gestern, konnte er ihn noch heute hören: „Nicht immer kommt man mit Sprache weiter. Die Menschen verlassen sich zu sehr darauf, aber Sprache ist unzuverlässig. Man denke nur an all die Lügen, die man so tagtäglich hört. Die ganze Politik ist auf Verschleierung und Lügen aufgebaut. Also verlass dich auf deine anderen Sinne“, hatte ihm sein Ausbilder geraten. „Was hast du gesehen, was gerochen, wie hat etwas geschmeckt, welche Bewegungen hat etwas oder jemand gemacht? ‚Nonverbale Kommunikation‘ ist hier das Fachwort.

Nur die ganz Ausgebufften können ihre Bewegungen direkt steuern. Alle anderen verraten sich schon dadurch, wenn die Sprache nicht zur Geste passt. – Erfasse das Umfeld, analysiere es, dann fällt dir auch immer wieder etwas ein, was dich weiterbringt. Bei Verhören und im Leben."

Er betrachtete die fremde Frau intensiver.

Sie war schlank, fast mager. Nicht verwunderlich, war doch eine regelmäßige Mahlzeit sicher nicht immer gegeben. Er schätzte sie auf Ende fünfzig, Anfang sechzig, aber das konnte täuschen. Die Straße ließ einen schnell altern. Ihr Gesicht wirkte braun gebrannt, obwohl es Winter war. Der ständige Aufenthalt an der frischen Luft hatte ihr Gesicht gegerbt. Rund um die Augen, die jetzt so melancholisch ins Leere blickten, als wäre sie meilenweit entfernt von Raum und Zeit, hatten sich kleine Falten eingegraben. Insgesamt aber ein attraktives Gesicht. Sie musste mal eine Schönheit gewesen sein. *War es noch, nur älter, reifer*, korrigierte er sich.

Er erinnerte sich an die Worte des Sozialarbeiters. „Nicht jedem ist es an der Wiege gesungen worden, dass er auf der Straße beim ‚sozialen Abschaum' landen würde." Ihr sicher auch nicht.

Sie hatte den obligatorischen ‚Lagenlook' der Obdachlosenszene an. Aber obwohl Michael Oder nicht auf dem neusten Stand war, was Damenmode betraf, konnte er doch sehen, dass ihre Sachen farblich aufeinander abgestimmt waren. Nur die Schuhe passten nicht. Es waren Herrenschuhe. Leder. Sicher mal teuer gewesen, aber sie passten nicht zu der restlichen Erscheinung.

Wie ungewöhnlich.

In der Betrachtung versunken, bekam Oder nicht mit, wie sie wieder in diese Welt zurückfand. So zuckte er zusammen, als sie ihn unvermittelt ansprach.

„Ich bin Evchen." Sie hielt ihm die behandschuhte Hand hin. Perplex ergriff er sie. Ein kräftiger Händedruck. Angenehm.

„Michi", stellte auch er sich vor. *Keinen Nachnamen. Als Penner hatte man keinen Nachnamen,* erinnerte er sich.

„Wenn du willst, komm mit zur Hauptwache. Im Winter, wenn es so eisig ist, dürfen wir dort in der B-Ebene übernachten, ohne dass man uns wegschickt. Wir müssen uns beeilen, sonst sind die besten Plätze weg. Komm, hier erfrierst du noch."

Oder nickte nur. Er half Evchen auf die Beine wie ein Gentleman der alten Schule. Sie schien überrascht, genoss es aber sichtlich. Oder verfluchte sich, dass er sich fast verraten hatte, aber es war ihm richtig erschienen. Sie wirkte so zerbrechlich und war doch stark. Eine Pennerin für die meisten, doch in ihren fließenden Bewegungen auf eine ungewöhnliche Weise elegant. Zu gerne hätte er erfahren, wie sie zu diesem Leben gekommen war, aber er musste sich gedulden. Vielleicht würde er es einmal erfahren, aber jetzt war sein Fall wichtiger. Gemeinsam betraten sie den ersten Zug, der zur Stadtmitte fuhr.

Und so begann Michael Oders erste Nacht unter Pennern.

11. Etwas Schwund ist immer

Die B-Ebene unter der Hauptwache im Herzen der Großstadt Frankfurt war großzügig angelegt worden. Jede noch so kleine Seitenstraße hatte man an das unterirdische Netz angeschlossen. Nett für die Bevölkerung am hellen Tag, wenn man sich nicht um Autos kümmern musste, die einem gerne den Hintern abfahren wollten. Das weitläufige Gewirr von Auf- und Abgängen war aber, besonders wenn es Nacht wurde, auch weitläufig, verwinkelt und unübersichtlich. Ganz so, als hätte man die Pläne von einer Rattenfamilie geklaut.

Während die U-Bahn Kommissar Oder auf der einen Seite zu seiner ersten Nacht inmitten einer Gruppe Obdachloser brachte, hatte auf der entgegengesetzten Seite ein anderer Obdachloser, unbemerkt von allen, massive Probleme.

„Steh auf, du Memme! Die zwei Schläge können doch nicht so schlimm gewesen sein, du Weichei. Sag mir nur, wo Paul Müller steckt, dann lass ich dich in Ruhe."

„Ich weiß es wirklich nicht. Ich kenn keinen Paul, wie hieß der noch?" Ronny röchelte und hielt sich die Magengegend, die mit Joes Fäusten in Kontakt gekommen war. Er trat einen weiteren Schritt nach hinten, merkte aber schnell, dass er hier nicht weit kam. Er stand schon an der Mauer, das Geländer drückte ihm in die Nieren.

„Müller. Ist doch einfach zu merken. M-Ü-L-L-E-R. Paul Müller."

Ronnys scheuer Blick huschte die Treppe hoch und runter, um eine Möglichkeit zur Flucht zu finden. Aussichtslos. Er war in der Falle. Mitten auf einer der Treppen zur B-Ebene sah man sie von der Straße nicht mehr, von unten jedoch auch nicht. Da es kurz vor Mitternacht war, hatten die Läden geschlossen. Passanten würden somit nicht mehr vorbeikommen. Sie mieden die Innenstadt nach Ladenschluss. Keiner, den er um Hilfe hätte ansprechen können. Und sich zu wehren, war sinnlos. Sein ausgemergelter Körper konnte gegen den massiven Boxer nichts ausrichten. Er versuchte abzulenken.

„Was willst du von diesem Paul Müller?"

„Geht dich nichts an."

„Aber ich kenne keinen Paul!", winselte er.

„Erzähl keinen Scheiß. Einer von euch Brüdern hält ihn versteckt. Ich will wissen, wo."

Ronny zuckte nur mit der Achsel.

„Oder sag mir, wer hier plötzlich zu Geld gekommen ist. Irgendeiner von euch Pack wird dafür bezahlt, dass er Paul Müller mit Nahrung und anderem versorgt. Ich will wissen, wer das ist."

Ronny spuckte Joe wütend ins Gesicht.

„Selber Pack. – Such ihn doch selber. Ich kenn keinen. Selbst wenn, würde ich es dir nicht sagen."

Mutig, aber dumm. – Das hätte er besser nicht gesagt. Einer gereizten Klapperschlange trat man nicht auf die Rassel. Der Abend war sowieso schon ätzend genug gewesen. Von einem Penner angerotzt zu werden, ließ bei Joe alle Sicherungen durchbrennen.

Er sah nur noch rot und holte zu seiner berühmt-berüchtigten Kombination aus. Schon prasselte circa ein halbes Dutzend Körpertreffer auf Ronny ein.

Das war zu viel für ihn. Ronny, der immer der Frechste, daher auch zwangsweise der Schnellste auf der Straße war, konnte nicht mehr ausweichen. Als er vor Schmerzen zusammenklappte, verlor er auf der Treppe seinen Stand und stürzte bis zum Absatz die Betonstufen hinunter. Unten blieb er wie tot liegen. Einer seiner Arme war seltsam angewinkelt. Blut lief ihm aus dem Mundwinkel.

Joe stieg langsam die Treppe hinunter, jede Bewegung von Ronny scharf beobachtend, aber der rührte sich nicht mehr. Bei jedem Schritt von Joe klackte das Metallplättchen, das er extra auf seinen Absatz hatte befestigen lassen.

Unten angekommen, griff er nach Ronnys Kinn und drehte das Gesicht nach oben.

„Los red schon, du Abschaum."

Aber Ronny konnte nicht mehr reden. Er war bewusstlos.

„Ach Mist! – Los, wach auf! Schlafen kannst du später noch." Brutal schlug Joe Ronny auf die Wange, um ihn aus der Ohnmacht wieder zurückzuholen. Er brauchte dringend Antworten.

Etwas schien knirschend nachzugeben. Vermutlich hatte Ronny nun einen Zahn weniger. Der erneute Schmerz half. Ronnys Bewusstsein kehrte für einen Moment zurück. Er hustete, und blutiger Schaum drängte sich zwischen seinen wunden Lippen. Er versuchte etwas zu sagen, aber was auch immer er dann brabbelte ... es konnte keiner verstehen. Wie auch ...

hatte doch einer von Joes gefürchteten Schwingern seinen Kiefer getroffen. Joe ließ das Kinn los und Ronnys Kopf knallte mit Karacho zurück auf den harten Boden. Eine erneute Bewusstlosigkeit hüllte Joes Opfer ein und nahm ihm für einen gnädigen Augenblick die Schmerzen.

Oh nicht doch! Was nun?

Frustriert trat Joe dem Mann mit der Spitze seiner Cowboystiefel in die Seite.

„Ey, Sie da. Was machen Sie da?" Joes Kopf ruckte hoch, und er sah sich um. Zwei Männer in Uniform kamen auf ihn zu.

Auch das noch. Die Pfeifen von den ‚Hilfssheriffs'!

Joe stöhnte. Besser, er machte, dass er Land gewann. Die Leute vom Objektschutz waren zwar nur mit Knüppeln und Funke unterwegs, aber er wollte kein Aufsehen erregen. Er hatte keinen Bock auf deren blöde Fragen. Nun gut. Dann eben morgen wieder. Er würde seine Antwort schon bekommen. Koste es, was es wolle.

Hastig drehte er sich um und hechtete die Treppe hinauf. Hinter sich hörte er noch einen Wachmann rufen, aber er kümmerte sich nicht darum. Wenn die den Penner fanden, hatten sie erst mal genug zu tun. Und eine Verfolgung brauchte er nicht zu befürchten. Die gingen immer nur zu zweit. Allein waren sie die größten Schisser, die er kannte ... was ja auch klar war. Die durften keine Knarre tragen. Völlig bescheuert. Also voll die Lachplatte. Nicht mal an der Tür des zweitklassigen Clubs, an der er früher die Einlasskontrolle gemacht hatte, war er ohne Knarre rumgelaufen.

Er überlegte, wo er jetzt hingehen sollte. Hier war für heute erst mal Essig. Mit dem Aufriss, den Krankenwagen und Polizei gleich veranstalten würden, konnte er weitere ‚Befragungen' knicken. Dabei hatte er Paul Müller immer noch nicht gefunden. Und er hatte sich schon so nah gefühlt.

Nachdem er alle Hotels und Pensionen abgeklappert hatte, dann die Flughäfen im Inland und die Autovermietungen, musste er gestehen, Paul Müller war wie vom Erdboden verschwunden. Er musste einen Verbündeten haben. Keiner konnte so spurlos verschwinden. Man brauchte Kleidung, Nahrung, Unterkunft. Und so ein reicher Mann hatte seine Ansprüche an die Umgebung.

Seine Recherchen hatten ergeben, dass es wohl etwas Stunk im Paradies gegeben hatte und Pauls Sohn ausgezogen war. Möglich, dass er etwas wusste, was seiner Auftraggeberin unbekannt war. Die Spur war es wert, verfolgt zu werden, fand Joe.

Es hatte eine Woche gedauert, bis sich im eintönigen Leben von Matthias Müller etwas getan hatte.

Eines Abends nach einem der üblichen Besuche auf dem Friedhof, betrat er das kleine Café nahe dem Nebeneingang und setzte sich an einen Tisch zu einem Penner. Gemeinsam tranken sie einige Tassen und unterhielten sich. Joe konnte zwar nicht verstehen, warum sich Matthias mit einem stinkigen Penner abgab, aber so einsam, wie er lebte, war ihm wohl jeder recht, der mit ihm sprach ... Jedem das Seine.

Aber nach dem ersten Treffen folgte Matthias dem Penner heimlich bis zu einer Gruppe weiterer Penner.

Er versteckte sich hinter einem Gebüsch und beobachtete die Truppe. Joe tat ihm überrascht gleich, konnte aber nicht erkennen, was Matthias dort beobachtete. Seitdem trafen sich Matthias und der Penner zweimal in der Woche. Das heißt, Joe war sich nicht sicher, ob es immer der gleiche Penner war. Für ihn sahen sie alle gleich aus. Alt, grau, stinkend, widerlich. Für ihn, der nie ohne seine Pomade aus dem Haus ging, sich sogar die Fingernägel maniküren ließ, auch wenn er das nie zugegeben hätte, ein absolutes Unverständnis, wie einer sich so gehen lassen konnte.

Ab und zu gab Matthias dem verlumpten Mann etwas, was wie Geld aussah. Es hätte aber auch ein Zettel oder Brief sein können, da war er sich nicht so sicher. Danach verschwanden beide wieder. Joe hatte versucht, dem Penner zu folgen, aber der war ihm ständig entwischt oder in einer größeren Menge weiterer Penner untergetaucht.

Joe war, wie gesagt, nicht einer der Hellsten, aber dass da was stank, war selbst ihm klar. Der Penner musste etwas wissen. Vielleicht war er ein Kontakt. Möglicherweise hatte sich Paul in einem Wochenendhaus versteckt und ließ sich so mit Lebensmitteln beliefern.

Dass Paul selbst zu einem Penner geworden war, konnte Joe sich nicht vorstellen, nachdem er Aurelia und ihr Heim kennengelernt hatte. Natürlich nicht direkt. Aurelia hätte ihn nie in ihr Haus gelassen, aber er hatte einen virtuellen Rundgang durch die Residenz im Internet gesehen. Die hatte man anlässlich eines neuen Kunstwerkes vor einigen Jahren mal gemacht.

Wer mit solchen silbernen Löffeln im Mund geboren war, der verschwand doch nicht einfach unter Abschaum. – Also er, Joachim Bienek, würde nie so weit sinken.

Er musste diesen Penner finden. Hatte er den, hatte er auch Pauls Unterkunft. *Ein paar Schläge werden diesen Abschaum schon zum Reden bringen*, dachte er.

Doch da hatte er sich getäuscht. Das Pack hielt dicht. Er hatte sich mehrere gegriffen und ‚befragt'. Erst freundlich, dann setzte er seinen ‚Motivationsverstärker' ein – einen Schlagring, den er zum Abschluss seiner Boxerkarriere von seinem Boxstall bekommen hatte: speziell auf seine Fingerstärke angefertigt, mit einem ‚B' über dem Zeigefinger-Loch. Er liebte ihn und hatte diesen Glücksbringer immer dabei.

Auch jetzt. Er fuhr mit der rechten Hand in die Hosentasche, und sein Daumen strich zärtlich über den Buchstaben, während er an seine Laufbahn dachte. Er erinnerte sich daran als die schönste Zeit seines Lebens ... Anerkennung und Kohle ... Und Weiber. Alles hatte er gehabt. Und er würde es wieder haben. Die Alte von Paul würde es ihm verschaffen.

Zu dumm, dass der letzte Typ von diesem Abschaum abgenibbelt war, als er ihn befragt hatte. Aber egal. Etwas Schwund war immer drin. Ein Penner mehr oder weniger, was machte das schon? Es würde die anderen vielleicht dazu bringen, ihn ernst zu nehmen, seinen Worten mehr Nachdruck verleihen.

Wie auch immer: Tot war der Obdachlose ihm sogar noch nützlicher. So einen stinkigen Penner suchte keiner. Aurelia jedoch würde er den Unbekannten als ihren Mann verkaufen. Ihr blieb ja nichts anderes übrig, als ihm zu glauben.

Er selber aber suchte weiter nach Paul.

Warum? Wegen Aurelia.

Aurelia Holofernes-Müller hatte sich verraten; Paul war mit einer satten Summe abgehauen. Und genau die wollte Joe für sich – fand er Paul Müller VOR Aurelia, hätte er das Geld für sich.

Und Joe liebte Geld.

12. Vier von zweihundert

Als der Zug an der Station Hauptwache hielt, schob Michael Oder sein Fahrrad auf den Bahnsteig, dann drehte er sich zu Evchen um, um ihr mit ihrem Hackenporsche zu helfen, aber die alte Frau stand bereits neben ihm. Sie war fast gleich groß, wirkte aber durch den gebeugten Gang kleiner. Was Oder daran erinnerte, dass ein aufrechter Gang nicht zu seiner Rolle passte. Sofort ließ er die Schultern hängen und senkte den Kopf.

Hoffentlich begegnete er keinem, den er kannte. Die Maske war gut, aber ob sie gut genug war, um seine Kollegen zu täuschen ...? Schon im Zug hatte er Angst vor einer Kontrolle gehabt, die ihn hätte verraten können, aber es war keine gekommen. Möglich war aber auch, dass man auf eine Kontrolle verzichtet hatte. Der Versuch, einem Obdachlosen einen Strafbefehl oder nur eine Ordnungswidrigkeit zuzustellen, verlief in der Regel im Sande. Wie hätte man sie auch erreichen können? Eine ‚ladungsfähige Adresse' hatten die meisten nicht. Und für das erhöhte Beförderungsentgelt sperrte man keinen in den Kerker. Allein der Schreibkram war so aufwendig, dass oft auf eine Anzeige verzichtet wurde.

Immer zwei Schritte hinter Evchen trottete er durch die B-Ebene der Hauptwache. Sie strebte zielsicher den Eingang vom Kaufhof an. Aber als sie um die Ecke bogen, sahen sie den Platz schon durch einen Mann belegt.

„Mist, das dachte ich mir schon. Besetzt."

„Da ist doch noch Platz ..."

Evchen schüttelte den Kopf. „Nein. Da können wir nicht hin. Wenn du morgen noch aufwachen willst, dann merk dir die Gesichter. Das ist einer von den Osteuropäern. Rumäne, schätz ich. Mit denen ist nicht gut Kirschen essen. Gibt immer Krach und deren Messer sitzen verdammt locker."

Ups, fast schiefgegangen.

„Wir versuchen es bei den Schließfächern. Da ist man etwas unter sich. Vielleicht sind die anderen auch schon da."

Die anderen?

Michael Oder fragte nicht nach. Er würde es spätestens in fünf Minuten erfahren. *Weniger ist mehr*, dachte er sich.

Langsam folgte er Evchens Schritten. Sie hatte es nicht eilig. An einer Säule lehnten zwei Obdachlose und prosteten sich zu. Evchen grüßte kurz, dann beschleunigte sie ihre Schritte.

Oder wäre gerne stehen geblieben, zumal er die Blase an seinem Fuß merkte, die Andreas Stein gerieben hatte. Ihn wunderte, dass Evchen die Männer zu kennen schien, jedoch nicht anhielt. Auch nicht, als die Männer ihr noch etwas Unverständliches, vermutlich Obszönes hinterherriefen.

„Willst du nicht antworten?"

„Den Saufköppen werde ich nicht antworten. Sollen erst mal klar werden", fauchte sie. „Wäre Paule noch hier, hätten die das nicht mal gewagt." Sie spuckte voller Abscheu auf den Boden, als hätte der Gruß die Giftigkeit einer Kornnatter auf der Zunge hinterlassen.

„Paul?"

„Du fragst zu viel. Paul ist nicht mehr."

Sie reagierte unerwartet unwirsch. Oder stutzte. So ähnlich hatte sich der Sozialarbeiter geäußert. Paul oder Paule. Zu gerne hätte er mehr erfahren, aber er wollte Evchen nicht verärgern. Sie war seine Nabelschnur zur Lösung des Falles, auch wenn sie das nicht wusste. Er konnte nicht riskieren, dass sie ihn wegbiss. Dann stände er wieder vor dem Nichts, und er hatte nur noch zwei Tage Zeit. Mit Wochenende vier Tage, dann würde Impe seinen Fall schließen, da war er sich sicher.

Sie näherten sich einer weiteren Gruppe. Drei Männer hatten es sich hinter einem Sichtschutz bequem gemacht. Der Sichtschutz schirmte einige Reihen Schließfächer vom Rest der B-Ebene ab. Eine durchlässige Wand, die eine Mauer bildete, eine Mauer zwischen dem gutbürgerlichen Leben draußen und der Gemeinschaft unter Gleichgestellten.

„Na, ihr Hottentotten, habt ihr noch Platz für uns?“ Evchen lächelte leicht in den Mundwinkeln. Sie schien die Männer zu kennen.

„Evchen ... Klar doch. ... Rück mal, Kalle. Da geht noch was.“

Ein junger Mann, vielleicht Ende zwanzig, stieß einem älteren, grauhaarigen Mann den Ellenbogen in die Seite, dass der murrend auswich.

„Dank dir, Rudi. Das ist Michi“, stellte Evchen Michael Oder vor. „Der ist neu auf der Straße. Also benehmt euch.“

„Machen wir doch immer.“

„Aber Evchen, was hältst du denn von uns ...?“

Ein freundliches Frotzeln startete, dann hatten sie so viel Platz geschaffen, dass Evchen und Oder ihre Schlafsäcke ausrollen konnten.

Evchen stellte sie ihm kurz vor.

„Das ist Rudi und sein Hund Odi“, sie deutete auf einen Endzwanziger mit blonden, dünnen Haaren, die er im Nacken zu einem Pferdeschwanz gebunden hatte. Der Hund war die typische Promenadenmischung, die mehr Liebe als Schönheit zu bieten hatte.

„Der dort in der Ecke ist Melvin ...“ *Typ ausgerissener Teenager*, dachte sich Michael Oder „... und das ist Karl-Heinz“, sie deutete auf den grauhaarigen Mann.

„Nur Kalle!“, kam es knurrend aus der Ecke.

Oder nickte den Männern zu und murmelte einen leisen Dank. Die Männer nickten zurück, dann griffen sie die Unterhaltung wieder an der Stelle auf, an der Evchen und Oder sie gestört hatte.

Oder lehnte sich erschöpft an die Schließfächer. Aber nur kurz, dann griff er nach seiner Decke und legte sie sich über die Schulter, denn die Metalltüren der Schließfächer waren verdammt kalt. Unter halb geschlossenen Lidern folgte er den Gesprächen und betrachtete dabei die Männer. Immer auf der Suche nach einem Hinweis auf das Geschehene.

Rudi, der Endzwanziger, dessen Name irgendwie nicht passen wollte, weil er so altmodisch klang, fummelte beim Reden laufend an seinen Haaren.

Besser, du lässt das, wenn du noch welche für den Pferdeschwanz behalten willst, dachte sich Oder. Rudis Haare wurden schon langsam dünn. Das Haargummi hielt nur noch wenige Haare in ihrer Position, der Hinterkopf war schon sehr dünn besiedelt. Genetik, unregelmäßiges Essen und die schlechten Hygienebedingungen hatten hier schon große Schäden hinterlassen. Odi lag träge vor ihm. Ein mittelgroßer, unglaublich hässlicher Mischling, der mit seinen großen Augen dem Gespräch zu folgen schien.

Fast menschlich.

Wer immer etwas sagte, hatte die ganze Aufmerksamkeit des Hundes. Mit ansprechender Optik konnte Odi wirklich nicht dienen, hatte doch seine Windhund-Mutti den leidenschaftlichen Gefühlen eines Dackelrüden nichts wirklich entgegenzusetzen gehabt. Zumindest deuteten die Ohren auf einen entsprechenden Vater hin. Fleckiges, kurzes Fell wie eine Hyäne, Muttis eingefallene Hüften zu Vatis Knickbeinen und Schlappohren. Er wirkte, als hätte auch er von der Gesellschaft, die nur die angepassten Hunde mochte, die rote Karte bekommen. Das schien Rudi aber nicht zu stören. Man konnte sehen, wie sehr er das Tier liebte, mit jeder Geste, jedem Streicheln.

Michael Oder schloss Rudi sofort von der Täterschaft aus. Wer so liebevoll mit dieser hässlichen Ratte umgehen konnte, der war seiner Ansicht nach nicht fähig, einem Menschen das Gesicht zu unkenntlichem Brei zu schlagen. Zumal Rudi schwerlich die Kraft haben würde, die Wunden des Toten zu verursachen.

Melvin hatte die hektische Art, die man ADHS-Kranken nachsagte. Er war höchstens achtzehn, vermutlich nicht einmal. Rudi schien sein großes Vorbild und bedingt Einfluss auf ihn zu haben. Oder bemerkte, dass Rudi schon mit einem Blick Melvin bremsen konnte. Der Kommissar in ihm vermutete, sie waren Gefährten, aber er wollte sich da nicht festlegen. Dazu kannte er die Szene nicht gut genug.

„Ey, Rudi, der Alte hat vielleicht geguckt, als ich ihm mit seiner Frau gedroht habe."

„Bist du bescheuert? Ich hab dir gesagt, hör auf mit der Strichertour. Eines Tages fängst du dir noch was ein."

„Ach komm, ich pass schon auf. Gib AIDS keine Chance!", kicherte Melvin hemmungslos und wühlte in seinem Schlafsack. Gleich darauf hielt er ein Bündel Geldscheine hoch. „So ein bisschen Schwanzlutschen wird mich schon nicht umbringen. Und es gibt saugute Kohle, dass musst du zugeben. Wenn die alten Säcke merken, dass ich sie in der Hand habe", er lachte meckernd, „... sprichwörtlich sozusagen, dann zahlen sie vor lauter Angst auch gerne mal das Doppelte."

„Ich sprach auch nicht von AIDS. Zumindest nicht nur. – Irgendwann gerätst Du an den Falschen und hast ein Messer in den Rippen. Oder gerätst an so einen wie Kalle."

„Mhh ... Obwohl eine aufs Maul dir auch nicht schaden würde", knurrte der Dritte im Bunde. Oder drehte den Kopf leicht zu dem Angesprochenen herum.

„Ach hör auf. Du bist einfach nicht mehr in Form. Selbst Paule kam gegen dich an. Du wirst alt", lästerte Melvin.

Wieder Paul. Oder horchte auf.

„Quatsch keine Opern. Ich hatte etwas getrunken. Sonst hätte ich den plattgemacht."

„HÖRT AUF!" Oder zuckte zusammen, als Evchen neben ihm hochzuckte und die Männer anschrie.

„Hört sofort auf, so von Paul zu reden." Evchen mischte sich aufgebracht in das Gespräch. Sie, die Ruhige, war auf einmal fuchsteufelswild. Abwehrend hoben die Männer die Hände.

„Is' ja gut. Beruhig dich wieder."

„Schschscht. Evchen. Wir wissen, wie er dir fehlt. Keiner greift Paule an. Er fehlt uns auch."

Langsam, als hätte sie der Gefühlsausbruch bis auf die Knochen erschöpft, sank Evchen wieder auf ihr Lager, von dem es sie gerissen hatte.

„Krieg dich ein. Paul ist tot", kam es knurrend von Kalle. „Du lebst noch. Und ich auch. Wenn du es mal wieder nötig hast, weißt du ja, wo du willkommen bist." Der ältere Mann leckte sich lüstern die Lippen.

„Nur über meine Leiche. Bleib mir bloß von der Wäsche. Nicht mal, wenn du dich mal wieder gewaschen hast und die Läuse endlich losgeworden bist." Evchen fauchte Kalle an, schon wieder auf hundertachtzig. Nur langsam ließ sie sich wieder auf ihr Lager sinken, beobachtete aber lauernd Kalle, als wäre sie sicher, dass er etwas mit Pauls Ende zu tun hätte.

Interessant, hochinteressant ..., dachte sich Michael Oder und beschloss, hier später noch einmal bei Melvin nachzufragen. Er wirkte auf ihn gesprächiger als der Rest.

Die Truppe kicherte ausgelassen bei der deutlichen Abfuhr, die Evchen Kalle verpasst hatte. Sich gegenseitig auf die Schulter klopfend, johlten sie und zogen Kalle auf. Der nahm es gelassen, so schien es zumindest. Oder aber bemerkte, wie Kalles Blicke ein ums andere Mal zu Evchen wanderten. Da musste noch mehr sein, was er nicht greifen konnte.

Alter schützt vor Torheit nicht, kam ihm ein alter Spruch seiner Mutter in den Sinn. Für Oder wirkte es so, als wäre Evchen für Kalle mehr als eine x-beliebige Pennerin. Aufmerksam verfolgte Kalle jede ihrer Bewegungen, sobald er sich unbeobachtet fühlte.

Kalle war der Älteste der Truppe. Er musste in Evchens Alter sein, schätzte Oder. Graue zottelige Haare, fast wie die eines Wollschafs, nur grauer, die jedem Kamm zu widerstehen schienen, umrahmten sein Gesicht. Er trug ein Holzfällerhemd, das perfekt zu seinem Rauschebart passte. Das Gesicht war dreckig, so wie auch der ganze Kerl jegliches Klischee eines Obdachlosen bediente. Ein leichter Hauch Alkohol, vermischt mit abgestandenem Urin, zog zu Oder herüber. Michael Oder wickelte sich enger in seine Decke und sorgte dafür, dass er sie von den anderen unbemerkt über seine Nase zog. Andreas Weichspüler-Duft machte Kalles Mief leichter erträglich.

Evchen kramte in ihren Sachen einen Kerzenstummel hervor, die sie in der Mitte ihres Lagers aufstellten. Melvin zündete sie an. – Unfassbar, was dieses schwache Licht für ein Gefühl der Geborgenheit vermittelte.

Oder ist es die Selbstverständlichkeit, mit der sie mich – überwiegend freundlich – aufgenommen haben, mich, den Unbekannten?

Oder grübelte. Er hatte die Zeit dazu. Zeit hatte hier nicht den Stellenwert wie in der Welt da draußen.

Im flackernden Schein der Kerze zeichnete sich in Kalles Gesicht etwas kurz ab, war aber so schnell wieder verschwunden, dass Oder glaubte, er hätte sich getäuscht. Es erinnerte Michael Oder daran, warum er hier war. Der Kommissar in ihm war wieder wach und überlegte, was ihn irritiert hatte. Er legte sich etwas anders hin, um unbemerkt freien Blick auf Kalles Gesicht zu bekommen, und wartete.

Da. Da war es wieder.

Fast unsichtbar im Ansatz des Rauschebartes versteckt, hatte Kalle eine schorfige Wunde. Er musste sich geprügelt haben, und seine Deckung war nicht die beste gewesen.

Ob dieser Paul ...? Die anderen haben so etwas angedeutet. ... Streit um Evchen? Vielleicht war der Streit in eine wüste Prügelei übergegangen, bei der Paul den Kürzeren gezogen hatte.

Eifersucht konnte tödlich sein! Wer wusste das besser als er? Die Opfer hatte er, häufiger, als ihm lieb war, bei Teichi im Kühlfach gefunden.

Man möchte es kaum glauben, aber Menschen sind überall gleich. ‚Sex and Crime' gibt es überall. Soziale Unterschiede ändern daran nichts. Ob in Seidenlaken oder auf einer Isomatte – Emotionen bleiben Emotionen. Und Liebe und Hass gehören zu den stärksten Gefühlen. Sie werden vermutlich nie aussterben, zumindest solange es Menschen gibt. Also selbst in zweihundert Jahren noch.

Oder wusste das. Und auch, dass Emotionen, wenn sie denn einmal geweckt waren und hochkochten, die stärksten aller Tatmotive lieferten, die man sich denken konnte.

Einmal geweckt, ließ sich der ‚Kommissar' in Oder nicht mehr verdrängen. Zurückgezogen beobachtete er die Truppe, antwortete nur, wenn man ihn direkt ansprach. Der Ton wirkte auf ihn rau, aber herzlich. Doch entsprach das den Tatsachen?

Mit fortschreitender Nacht schliefen nach und nach die Gespräche ein. Man kuschelte sich tiefer in die Schlafsäcke. Evchen löschte noch die Kerze und packte den Stummel sorgfältig weg. „Für später." Nicht lange danach hörte man das erste leise Schnarchen.

Oder hing seinen Gedanken nach.

Er rechnete.

Aus der Statistik wusste Michael Oder, dass es in Frankfurt circa 2700 Personen ohne festen Wohnsitz gab. 120 bis 200 davon lebten wahrhaft auf der Straße. Vier davon hatte er jetzt kennengelernt. Blieben im schlimmsten Fall noch 196. Eine echte Mammutaufgabe für nur vier Tage. Eigentlich sinnlos, aber Kommissar Michael Oder hoffte gegen jede Vernunft, dass es nicht so lange dauern würde ... dass diese Menschen ihm schon weiterhelfen konnten, denn ihm war lausig kalt.

Während er langsam in einen unruhigen Schlaf sank, schoss ihm durch den Kopf: *Schicksalsgefährten ... Wir sind Schicksalsgefährten. Zumindest für die nächsten Tage.*

Donnerstag

13. Almosen

Es war spät geworden. Erst nach zwei Uhr waren ihre Gäste gegangen. Aurelia gähnte, als ein Sonnenstrahl durch die dicken Vorhänge fiel und ein Staubflöckchen sie an der Nase kitzelte.

Ein Blick auf die Uhr sagte ihr, dass es bereits 10 Uhr vorbei war. Sie musste sich beeilen, wenn sie nicht wollte, dass Matthias sie im Morgenmantel erwischte. Das konnte er überhaupt nicht leiden und es schmälerte ihre Chancen, mehr Geld aus ihm zu locken. Zu dumm aber auch, dass sie ihn vor seinem Vater kennengelernt hatte.

Automatisch überprüfte Aurelia den Sitz ihrer Spitzendessous, rückte ihre imposante Oberweite zurecht und wählte mit Bedacht eine für ihre Verhältnisse eher züchtige Bluse, wenngleich sie die teure Spitze des BHs durchschimmern ließ. Ihr Gucci-Kostüm sollte ausreichen, befand sie, tauschte es dann aber doch noch einmal gegen das Ensemble einer örtlichen Schneiderin aus. Das Kostüm wirkte erheblich bürgerlicher als ihre übliche Kleidung. Eigentlich hatte sie es schon längst in der Altkleidersammlung entsorgen oder ihrer Zofe geben wollen, aber sie war noch nicht dazu gekommen und die Zofe gab es zudem nicht mehr.

Kurz entglitten ihr ihre gepflegten Gesichtszüge zu einer hässlichen Fratze, während sie in den ‚billigen Stoff' glitt. Sie atmete dreimal tief durch, dann hatte sie sich wieder gefangen.

Auf jeden Fall sollte diese Kleidung Matthias nicht unnötig aufregen. Es würde auch so schon ein unangenehmes Gespräch werden.

Aurelia hatte sich gerade an den wohlgedeckten Tisch zu einem üppigen Frühstück gesetzt und nach einem Buttercroissant gegriffen, als die Türglocke läutete. Während Maria öffnete, drückte Aurelia ihr Kreuz durch und wappnete sich.

Matthias ärgerte sich. Er zupfte nervös an seiner Krawatte, obwohl sie bereits perfekt saß.

Sich elegant anzuziehen, war Bestandteil seiner Erziehung gewesen, die er auf einem teuren Internat verbracht hatte, nachdem seine Mutter verstorben war. Allein – es war nicht sein Stil. Er bevorzugte lässige Kleidung, in der man sich auch bewegen konnte. Ein Polohemd, eine Jeans und ein Sakko waren völlig ausreichend, fand er. Diese Schickimicki-Typen, die schon vormittags mit Designer-Seidentuch um den Hals Champagner schlürfend in den Tag hinein lebten, waren ihm verhasst. Glücklicherweise hatte das sein Vater eingesehen, kam es seinen eigenen Plänen doch sehr entgegen. Er wollte einen Nachfolger für sein Lebenswerk, keinen Nutznießer.

Nach dem Abitur begann Matthias ein Studium der Betriebswirtschaftslehre. Seine Praktika vermittelte ihm noch sein Vater bei einem befreundeten Unternehmen.

„Nimm den Jungen ordentlich ran. Der soll was lernen", hörte er noch seinen Vater sagen. Und so geschah es. Keine Sonderbehandlung, dafür ehrliche Arbeit, die ihm nach der erlebten Oberflächlichkeit und Ignoranz sogar Spaß machte. Seine Hände bekamen Schwielen, oft fiel er nach der Arbeit todmüde ins Bett, aber er bekam einen Einblick in die Branche wie kaum ein anderer.

Um den Wert des Geldes zu schätzen, hielt ihn der Vater knapp. Gleich zu Anfang seines Studiums hatte sein Alter ihm offeriert, dass er alles, was Matthias verdienen würde, verdoppelte. Was im Umkehrschluss aber auch hieß: Verdiente Matthias nichts, bekam er auch nichts. Matthias fand das fair und hielt sich dran. Sein Alter hatte ja recht. Und es war schon ein erhebendes Gefühl, wenn er sich etwas gönnen konnte, weil er vorher dafür gearbeitet hatte.

Nach erfolgreich beendetem Studium stellte ihn sein Vater in der eigenen Firma an. Aber nicht gleich im Management.

„Um die Firma richtig zu kennen, musst du mit den Leuten gearbeitet, gelitten und gefeiert haben." Erst viel später erfuhr er, dass sein Vater sich bei den Vorarbeitern umhörte, was sein Sohn so trieb. Er nahm es ihm nicht übel, hätte er es doch ähnlich gemacht.

Mittlerweile war das zehn Jahre her. Nach einem Jahr hatte sein Vater ihn in die Geschäftsführung geholt und mit allem vertraut gemacht, was es über die Firma zu wissen gab. Er bekam, was immer er brauchte. Und als sein Vater zum zweiten Mal heiratete, übergab er den Großteil der Firma an ihn und zog sich aus dem operativen Geschäft zurück. So dankte er die gute Arbeit, die Matthias geleistet hatte, mit Vertrauen.

Matthias lächelte in Erinnerung. Das Lächeln hielt jedoch nur so lange, bis er sich an seinen Termin heute Morgen erinnerte.

Einbestellt zu werden wie ein Schuljunge von der zweiten Frau seines Vaters, konnte er so gar nicht leiden. Es ruinierte jegliche Stimmung.

Aurelia.

Wenn sie anrief und um Besuch bat, bedeutete es, dass es wieder nur um Geld gehen würde. Und darum, noch mehr Geld auszugeben. Aurelia, so gepflegt sie daherkam, war ein unersättlicher Moloch. Er verfluchte den Tag, an dem er sie seinem Vater vorgestellt hatte.

Aber er würde ihr in die Suppe spucken, wann immer er konnte. Vielleicht haute sie freiwillig ab, wenn sie merkte, dass für sie nichts mehr zu holen war.

Hoffentlich.

14. Wir oder sie?

Oder genoss jeden Schluck. Heißer Kaffee – gab es etwas Besseres, wenn man durchgefroren von der Nacht einem weiteren Tag mit Minusgraden entgegensah und nicht einen Schritt weitergekommen war? Wohl kaum.

Seine erste Nacht war früh zu Ende gewesen. Die Kälte und die ungewohnte Umgebung hatten seinen Schlaf eher beendet als üblich. Zwischen 5 und 6 Uhr morgens musste es gewesen sein, als wieder Leben in die B-Ebene kam. Evchen und die anderen schliefen noch, als er seine Sachen zusammenräumte und leise die Schließfachanlage verließ. Er war sich nicht sicher, ob sein Make-up die Nacht unbeschadet überstanden hatte. Er würde es auffrischen lassen müssen, sonst bestand Gefahr, dass er aufflog. Es waren zwar nur einige Fältchen um die Augen und vermutlich hatte er einige echte, bleibende Falten in der Nacht dazubekommen, aber er wollte den Sitz überprüfen lassen.

Und außerdem: Andrea hatte Frühdienst. Ein Grund mehr und nicht der schlechteste.

Der Plan war gut, aber er hatte nicht bedacht, dass er immer noch wie ein Penner aussah. Wer hatte schon einmal gehört, dass ein Penner von der Straße einfach so in die Rechtsmedizin hereinmarschiert war, um sich einen Kaffee zu schnorren?

Er kam nur bis zur Pforte. Sämtliche Beteuerungen, er würde doch zu dem Haufen gehören, verpufften im Gelächter der Beamten hinter der Glasscheibe.

„Dann zeig doch deine Marke, du Undercover-Spezialist."

„Die habe ich nicht dabei. Aber bitte rufen Sie Herrn Teichmeyer von der Rechtsmedizin."

„Wir werden auch gerade Herrn Teichmeyer bei der Arbeit stören. Der hat Wichtigeres zu tun. Wenn du hier arbeitest, dann lass doch einen aus deiner Abteilung antanzen."

„Verpiss dich und schlaf deinen Rausch aus, Freak."

„Ruf doch bei deiner Abteilung an, damit sie dich abholen. ... Ach nein, du hast ja gar kein Handy. Wie schaaade." Grölendes Gelächter folgte den höhnischen Worten.

„Das werdet ihr bereuen. Ich will eure Namen."

Die beiden Beamten direkt an der Scheibe bogen sich vor Lachen.

Michael Oder war am Verzweifeln. Dass die Maskerade so gut war, hatte er nicht ahnen können.

Einzig der junge Kollege im Hintergrund gab ihm eine Chance.

„Wenn Sie wirklich Kommissar Oder sind, dann wird sie ja wohl einer ihrer Kollegen identifizieren können. Kommissar Stefan Weber ist schon im Haus. Warten Sie, ich rufe ihn kurz an."

Weber. Ausgerechnet Weber.

Resigniert drehte er sich um und ging. Der Schleimer würde ihn sofort bei Impe verpfeifen und dann hätte er nicht mal mehr die kommenden vier Tage für die Untersuchungen.

In seinen Ohren klang das Gelächter noch lange nach.

Er ließ sich resigniert auf einer Bank in der Nähe mit Blick auf den Eingang nieder und überlegte, ob er lieber das Experiment abbrechen sollte. Es war noch früh, keiner hatte ihn gesehen außer Andrea gestern Abend. Folgen waren also nicht zu befürchten. Er hatte große Lust dazu. Es gab nur zwei Gründe, es nicht zu tun, aber bestimmt hundert, alles hinzuschmeißen. Aber die beiden Gründe zählten schwer.

Der erste war, dass er keinen Plan B hatte. Er löste den Fall oder der Mord blieb ungelöst. Das alleine hätte schon ausgereicht, ihn bei der Stange zu halten, aber als Zweites kam hinzu, wie Andrea ihn bewundernd angesehen hatte, als sie den ‚Penner Michi' verabschiedet hatte. Er hatte es gesehen. In ihren Augen. Dieses anerkennende Leuchten wollte er nicht verlieren. Zumindest nicht leichtfertig.

Einen Tag noch, schwor er sich. *Nur noch einen lausigen, saukalten Tag. Und die entsprechende Nacht.*

„Michael, was machst du hier!"

Andrea.

„Ich warte auf dich."

„Warum gehst du nicht rein und wartest im Warmen?" Sie wirkte überrascht, als sie Michael Oders freudlosen Lachen hörte.

Jetzt saß er in der Rechtsmedizin und genoss den Kaffee. Mit Andrea an seiner Seite war es kein Problem gewesen, an der Pforte vorbeizukommen.

Er würde Wetten abschließen, dass mit ihr nichts wirklich ein Problem wäre.

„Noch einen?" Andrea stand vor ihm mit der dampfenden Kanne. Wortlos streckte er ihr die Tasse entgegen. Sie füllte seine auf, dann goss sie auch sich noch eine ein und setzte sich ihm gegenüber.

„Na los. Wie war es?"

„Kalt. Saukalt.“ Er umfasste die warme Tasse mit beiden Händen und merkte, wie langsam das Blut zurückkehrte. Der Temperaturunterschied war so krass, dass er die Tasse abstellen musste, weil er das Gefühl hatte, sich die Finger zu verbrennen, würde er sie auch nur noch eine Minute länger in der Hand behalten.

„Hast du schon was herausbekommen? Erzähl, ich bin gespannt wie ein Flitzebogen.“

Oder nahm noch einen großen Schluck, dann lehnte er sich zurück und suchte in seiner Tasche nach ihrem Stein.

„Danke. Hier hast du deinen Stein. Er hat gut geholfen, aber ich brauche ihn nicht mehr. Mittlerweile habe ich eine Blase groß wie ein 20-Cent-Stück. Da humpelt es sich von ganz alleine.“

Sein Grinsen fiel etwas schief aus, aber es stand ihm hervorragend, fand Andrea. Sie lächelte unwillkürlich zurück.

Vorsicht Andrea, der Mann kann dir gefährlich werden. – Nicht wieder, nicht schon wieder. Hast du gar nichts aus der Sache gelernt?

Sie trat einen Schritt zurück, als wollte sie sich in Sicherheit bringen. Vor wem? Sich selbst?

„Behalt ihn. Es soll ein Glücksstein sein. Vielleicht hast du mehr Glück damit. Auf Frauen war er nicht so gut zu sprechen.“

Oder sah sie fragend an, sagte aber kein Wort. Wenn sie sprechen wollte, dann würde sie das zur gegebenen Zeit tun. Da war er sich sicher.

Die Profi-Schminkutensilien hatte sie natürlich nicht dabei, aber ihr eigenes reichte allemal aus. Zumal nicht viel zu korrigieren war. Lotti hatte gute Arbeit geleistet. Sie tupfte einige fettige Stellen ab, zog einige Linien nach, der Rest konnte so bleiben.

Während der Restaurierungsarbeiten an seiner Maske musste Kommissar Michael Oder still sein. Er nutzte die Zeit, um Andrea zu beobachten. Ihr Kittel stand offen und ließ einen Blick auf die prächtige Oberweite in dem engen Pullover zu, die ständig vor seiner Nase auf und ab tanzte, während sie mit federleichten Bewegungen an ihm herumtupfte und -malte. Wäre ihm nicht immer noch so kalt, er hätte Schweißausbrüche bekommen.

Kaum erklärte sie ihr Werk für beendet, erzählte er ihr von der vergangenen Nacht. Andrea hörte aufmerksam zu. Ab und zu stellte sie Rückfragen. Als er geendet hatte, schwieg sie eine kleine Weile und überlegte. Dann meinte sie: „Na das hört sich doch vielversprechend an. Dieser Kalle könnte was wissen. Er könnte aber auch der Mörder sein. ... Michael, sei bloß vorsichtig. In Obdachlosenkreisen sitzt das Messer locker. Wer nichts zu verlieren hat außer dem eigenen Leben, dem ist fremdes Leben womöglich auch nicht viel wert. Die Wertegrenzen verschieben sich irgendwann, wenn man aus der sogenannten Normalität fällt."

Oder nickte. „Aber weißt du, was mich gewundert hat?"

Sie sah ihn fragend an.

„Die Akzeptanz als einer der Ihren. – Keiner hat gefragt, woher ich komme, warum ich auf der Straße bin. Sie haben Platz gemacht, als ich mit Evchen ankam. – Sag selbst: Wenn es umgekehrt wäre? Wenn einer vor deiner Tür stände ... würdest du ihm deine Tür öffnen, ein Bett geben, ihn willkommen heißen, auch wenn du nichts, aber auch rein überhaupt nichts über ihn wüsstest?“

„Vermutlich nicht.“

„Siehst du, das denk ich mir auch. Vor dieser Nacht hätte ich vermutlich das Gleiche gesagt. Jetzt bin ich am überlegen, wer die besseren Menschen sind. Wir oder sie?“

15. Höllenfeuer

„Im Höllenfeuer sollst du schmoren, du Geizkragen.“ Aurelias Contenance hatte sie verlassen und die Tochter einer Putzfrau aus dem Plattenbau trat zutage. Sie griff nach der nächstbesten Vase, um sie nach Matthias zu schmeißen. Der näherte sich ihr schnell mit zwei großen Schritten und drehte ihr die Vase aus der Hand, um sie auf einer Fensterbank in Sicherheit zu bringen.

„Die Hölle hatte ich schon, kurz nachdem ich dich kennenlernte. Sie hat mich ausgespuckt und ich habe überlebt.“ Matthias' Stimme klang knochentrocken. Ein abwertender, verachtender Ton schlich sich ein, als er weitersprach.

„Wenn du die Vase oder sonst noch was hier beschädigst, ziehe ich es dir von deinem nächsten Monatsscheck ab. Also überleg dir gefälligst, was du hier zerstören willst. – Find dich damit ab. Du bekommst nicht mehr Geld. Was hast du mit dem letzten gemacht? Von der Summe hätte eine vierköpfige Familie zwei Monate leben können."

Aurelia schnaubte wie ein gereizter Eber.

„Na was wohl? Das Haus repräsentiert, was du und dein sauberer Herr Vater ja nicht machen wollt. – Maria hat mit Kündigung gedroht, wenn sie nicht bezahlt wird. Ich brauch das Geld. – Reicht es nicht, dass ich auf meine Zofe verzichten musste? Ich spare nun wirklich, so gut ich kann. – Wie stellst du dir das vor? Ich bin es deinem Vater schuldig, dass ich seine Freunde angemessen bewirte."

„Du und ‚Sparen' in einem Satz? Dass ich das noch erlebe. Dann stellst du dich beim Sparen verdammt dämlich an. Apropos: Welche Freunde?"

„Na die Hauschilds, die Webknecht-Hüttingers und die Lüders."

„Stopp!" Abwehrend hob Matthias die Hand. „Wem willst du hier was erzählen? Vater hat den alten Lüder gehasst. Als er noch da war, hat der die Schwelle nie überschritten. – Das sind also deine Freunde, diese Schmarotzer?"

Er griff nach der Rechnung des Metzgers.

„Kalbsbries. Black-Angus-Steaks. Hirschmedaillons. Nur das Beste vom Besten. Und so geht das laufend weiter. – Oder hier, die Rechnung vom Fischhändler ..." Er fischte ein weiteres Papier aus dem Stapel, der vor ihm auf dem Schreibtisch lag, gut erkennbar an dem blauen Fischsymbol als Rechnung des Fischverkäufers.

„Hummer. Dein Ernst? Das letzte Mal, als ich den alten Lüders einen Hummer habe essen sehen müssen, ist das arme Tier ein zweites Mal gestorben. Eine der Scheren landete im Schoß einer Dame, die drei Paare entfernt von ihm saß. Wohlgemerkt auf der anderen Tischseite. Sollte er deiner Soiree als Clown zur Unterhaltung dienen?“

Aurelia stampfte mit dem Fuß auf und fauchte: „Hör sofort auf, dich über meine Freunde lustig zu machen. Was kann ich dazu, dass du keine Freunde hast? Aber wer will auch mit einem Rechenschieber befreundet sein?“

Gelassen betrachtete Matthias ihren Ausbruch. Ungewollt musste er grinsen.

Rechenschieber. Typisch Aurelia. Du hast kein Gespür für Zahlen und Minuszeichen davor ignorierst du geflissentlich. Er kannte das schon, daher entlockte ihm Aurelias Bemerkung nur ein müdes Lächeln. Bekam sie nicht ihren Willen, wurde sie aggressiv und unwillkürlich komisch, was aber nicht zur Lösung des Problems beitrug. Bei dem Gedanken an die monatlichen Ausgaben, die Aurelia wieder hoffnungslos überzogen hatte, verging ihm das Lachen umgehend. Um der Verschwendungssucht seiner Exverlobten, und nun Stiefmutter, Einhalt zu gebieten, hätte er in die Läden gehen müssen und das lästige ‚Anschreiben‘ sowie jede künftige Überziehung verbieten müssen.

Er seufzte tief.

Sie hatte schon recht. Er war es seinem Vater und mehr noch dem Andenken seiner Mutter schuldig, dass er den Namen der Familie sauber hielt, daher war er erpressbar. Er wusste es ... und sie leider auch.

Ein weiterer tiefer Seufzer entwischte ihm.

Wäre doch nur Vater wieder hier! Er musste noch einmal versuchen, ihn zur Rückkehr zu bewegen. So schlimm konnte es doch nicht sein, Aurelia loszuwerden. Teuer ja, aber auch das würden sie überstehen.

„Erspar mir dein Gejammer. Ich werde ein letztes Mal die Rechnung von Maria übernehmen. ... Aber danach ist definitiv Schluss. Kriegst du das nicht geregelt, musst du ohne ihr Können auskommen. Kannst dich zur Abwechslung ja mal selber in die Küche stellen. Ich wette, dann haben sich die Soireen schnell erledigt. Ich erinnere mich noch gut an den Sauerbraten, den du uns mal vorgesetzt hast."

Grinsend fing er das Sofakissen, das Aurelia fauchend in seine Erinnerung an das ungenießbares Stück Kohle schmiss. Sorgsam platzierte er es wieder auf dem Möbelstück, dann fuhr er ernst fort.

„Marias Gehalt ist im Monatsbudget eingeschlossen. – Geh einmal weniger auf eine deiner ach so geliebten Shoppingtouren. Dann sparen wir auch gleich die Kosten für die Renovierung von deinem Zimmer. Deine Schränke müssen langsam zusammenbrechen. Sag, für wen kaufst du den Mist? Vater ist nicht da, damit du ihn bezirzen kannst."

„Eine Dame von Welt kann nicht zweimal das gleiche Kleid tragen. Aber davon verstehst du nichts. Ich muss repräsentieren."

„Dame von Welt?" Er lachte schallend und sah sich demonstrativ um. „Wo ist sie? Stell sie mir doch mal vor."

Aurelia schnaubte durch die Nasenlöcher wie ein gereizter Stier durch seine Nüstern. Sie machte zwei Schritte auf ihn zu, als wollte sie ihn auf die Hörner bzw. auf die spitzen Krallen nehmen, brach dann aber ab, als sie sich daran erinnerte, dass:

- Eine Dame so was nicht machte.
- Matthias viel stärker war als sie.
- Die Maniküre der beschädigten Nägel wieder Stunden dauern würde, die nicht eingeplant waren, ganz abgesehen von den leidigen Kosten. Und die letzte Rechnung bei der Kosmetikerin war auch noch offen.

So begnügte sie sich damit, ihn so böse anzufunkeln, dass sensiblere Gemüter freiwillig den Rückzug angetreten hätten.

Wie gut, dass kein Spiegel in der Bibliothek hing; sie hätte sofort einen Termin bei dem Schönheitschirurgen ihres Vertrauens gebucht, damit er die tiefen Falten wieder glattbügeln konnte. Falls er das überhaupt konnte. Der Hass, der in ihrem Gesicht loderte, machte es zu einer Grimasse, mit der sie ihre Stellung in diesem Haus nie hätte erobern können. Es kostete sie alle Kraft, derer sie habhaft werden konnte, um sich wieder in den Griff zu bekommen. Mit spitzen Fingern griff sie nach dem Barscheck, den Matthias ihr hinhielt, und verstaute ihn, nach einem flüchtigen Blick auf die Summe, schnell in ihrer kleinen Handtasche, ohne die sie nie anzutreffen war.

Idiot! Du wirst mir keine Schranken auferlegen. Und wenn ich erst weiß, wo dein dämlicher Vater sich rumtreibt, dann ist bald Ende mit der Bettelei. Für immer.

Sie gedachte nicht, irgendetwas einzusparen. Sie hatte es sich verdient. Als wäre das so einfach, mit einem alten Knacker an der Seite. Die abschätzenden Blicke auszuhalten, die ihr das entgegenwarfen, was sie war, aber konsequent verdrängte: „Sieh da, die Goldgräberin mit ihrem jüngsten Opfer. Na ja, jung ist relativ. Was meinst du, wie lange der Alte es noch macht?"

Aurelia machte eine Handbewegung, als wollte sie die deprimierenden Gedanken wegwischen. „Hast du noch etwas, ansonsten ... kannst du mich bitte alleine lassen? Meine Migräne ... Du weißt ja."

Matthias wusste. Das war ihre Ausrede, wenn sie keine Lust mehr hatte auf ein Gespräch, das ihr nicht passte. Er würde ein Jahresgehalt verwetten, dass in zwei Drittel aller Migränefälle von Aurelia kein medizinischer Notfall vorlag. Aber er hatte auf das Gespräch ebenfalls keine Lust, somit ließ er die Aussage unkommentiert im Raum stehen. Schnell griff er bei den Rechnungen zu, packte sie in eine Mappe, die er mitgebracht hatte, zog seinen Mantel an, klemmte sich die Mappe unter den Arm und verschwand mit einem kurzen Besserungswunsch.

An der Eingangstür bog er noch einmal zum Küchentrakt ab. Er wollte das Haus nicht ohne einen kurzen Gruß an Maria verlassen. Wie erwartet fand er sie über ihren Töpfen.

„Hallo, Maria!"

„Ach, Matthias. Schon fertig? Komm setz dich. Hast du Hunger? Es ist noch etwas von gestern Abend in der Speisekammer. Ich mach dir schnell etwas fertig. – Junge, du isst zu wenig. Du bist ja ganz dünn!"

Matthias umarmte die füllige Dame kurz, dann zog er den Mantel wieder aus, schmiss ihn und die Mappe auf einen Küchenstuhl und setzte sich rittlings auf den Stuhl daneben.

„Nein, lass mal. Nur eine heiße Schokolade wäre schön, bevor ich wieder in die Kälte muss."

Maria lächelte versonnen. „Ganz wie früher."

Während Maria die Milch für den Kakao aufsetzte, unterhielten sie sich freundschaftlich, wie es nur eine langjährige Vertrautheit mit sich brachte.

„Du siehst erschöpft aus."

„Sieht man mir das an?" Fragend hob Matthias den Kopf. Maria nickte.

„Die Woche war hart. Und jetzt noch Aurelia mit ihren völlig überzogenen Vorstellungen. Ich weiß nicht, wie du das aushältst."

Maria reckte sich nach der Büchse mit Kakao. Schnell sprang Matthias auf und holte die Dose vom Regal und drückte sie Maria in die Hand. Diese blickte ihn dankbar an.

„Seit du nicht mehr hier wohnst, fragt kaum noch einer nach Kakao. Willst du nicht doch wieder hier einziehen? Dann könnte ich dafür sorgen, dass du zumindest ordentlich isst."

„Ach Maria, du weißt doch. Mit Aurelia im Haus würde es nur Ärger geben."

Maria seufzte, ließ die Worte aber unkommentiert.

„Du sagst mir Bescheid, wenn du es nicht mehr aushältst, oder? Du kannst jederzeit in meinem Heim mein Küchenregime übernehmen."

„Ach Jungchen, wer soll denn dann hier nach dem

Rechten sehen? Lass man, sie braucht mich. Ich bin vor ihren Attacken relativ sicher."

„Wenn du meinst, aber falls doch, lass es mich bitte wissen. Ich komme umgehend und hol dich ab."

Maria reichte ihm die dampfende Tasse.

„Trink erst mal einen Schluck, aber pass auf, die Tasse ist sehr heiß!"

Aurelia hatte sich beim Anblick des Schecks langsam wieder beruhigt. Eine ordentliche Summe. Da war die Fuchsstola auch noch drin, die so gut zu ihren Haaren passte. Sie lächelte.

Nun stand sie in ihrem Zimmer vor dem Kleiderschrank und überlegte, was sie anziehen sollte, wenn sie den Scheck einlöste.

Ein Scheck, wer löst heutzutage noch Schecks ein?

Für Aurelia stand fest: Er wollte sie nur demütigen. Sie zwingen, die Dorfbank zu besuchen, wo man noch die alte Frau Müller gekannt hatte. Die verächtlichen Blicke, wenn sie mal wieder antanzen musste, weil das Konto hoffnungslos überzogen war. Sie hasste es. Aus tiefstem Herzen.

„Jetzt erst recht." Das Dior-Kostümchen mit dem neckischen Pelzkragen sollte es werden. Direkt aus Paris von ihrer Hochzeitsreise. Eigentlich schon nicht mehr in Mode, aber das würden die Dorfschranzen doch nicht mitkriegen. Dazu waren sie viel zu ‚dörflich'. Dazu passende Pumps von Louboutin.

„Sollen sie platzen vor Neid", murmelte sie. Sie zog die 500-Euro-Stöckel aus dem Schrank und strich liebevoll über das edle Leder. Bei dem Wetter total ungeeignet, aber sie hatte nicht vor, lange Wege zu gehen. Vor der Bank waren meistens Parkplätze frei. Da würde ihr kleiner silberner Porsche schon noch Platz finden. Notfalls parkte sie eben in der zweiten Reihe. Eine Kiste für Strafzettel stand extra dafür am Eingang zur Küche.

Nur in ihrer Seidenunterwäsche und passenden Strümpfen, aber bereits mit den Pumps am Fuß, setzte sie sich auf ihr Bett, wackelte noch einmal kurz mit den langen Beinen und wollte gerade nach der Seidenbluse greifen, als das Telefon klingelte. Sie angelte nach dem Telefonhörer und meldete sich mit zuckersüßer Stimme.

„Ja?"

„Hier Joe ... Joe Bryan. Sie wissen schon. ... Wir sollten uns unterhalten."

16. Goldgräber

„Sie sollen doch hier nicht anrufen, Sie Kretin." Aurelias Schock entlud sich, wie so oft, in einem Wutanfall.

„Lady, ich bin doch kein Anfänger. Dies ist ein Prepaidhandy. Kein Mensch kann den Anruf nachverfolgen."

„Was wollen Sie? Haben Sie ihn endlich gefunden?" Aurelia blickte sich um, als würde der leibhaftige Teufel hinter ihrer Gardine stehen und auf ein verräterisches Wort von ihr warten, um sie mitzunehmen. Sie hatte noch nicht das Auto von Matthias gehört.

Bestimmt lungerte er noch in der Küche bei Maria herum. – Wie man sich so in seinem Stand vergreifen konnte, war ihr unerklärlich. Dienstboten waren Dienstboten und keine Kuscheltiere. Auf jeden Fall konnte sie sich nicht noch so einen Fauxpas erlauben wie bei seinem Vater. Matthias war aus härterem Holz geschnitzt. Sie musste vorsichtiger sein.

„Was glauben denn Sie? Ich bin Profi. Joe Bryan ist nicht angetreten, um zu verlieren." Abergläubisch, wie Boxer nun mal sind, kreuzte Joe die Finger. Aurelia konnte es ja nicht sehen, also lieber nicht das Schicksal herausfordern. Er hatte, trotz des Pechs, nicht vor aufzugeben. Die Alte musste bluten. Schon allein wegen des hochnäsigen Gehabes, das sie bei ihrer ersten Begegnung an den Tag gelegt hatte. Wer glaubte sie, wer er war? Er war Joe Bryan, der erfolgreiche Boxer.

Aurelia atmete tief durch. „Okay, ich brauche Beweise."

„Ich habe Bilder. Was ist mit der Kohle?"

„Ich will erst die Bilder sehen. Wann und wo kann ich sie sehen?"

Joe überlegte. In seiner Bude lief er Gefahr, dass ausgerechnet dann der Vermieter vorbeikam und den Preis drückte. Wenn sie erfuhr, wie klamm er war, würde der Preis sinken. Das konnte er nicht zulassen.

„In einer Stunde im Café an der Hauptwache?"

Aurelia überlegte.

Der Scheck von Matthias brannte ihr Löcher in die Fingerspitzen. Sie musste ihn schnellstmöglich einlösen. Es war schon Donnerstag; wenn sie bis zum

Wochenende Geld haben wollte, musste der Scheck noch heute zur Bank.

Heute ging also gar nicht.

Morgen, wenn sie sowieso schon in der Stadt war, um sich die neue Kollektion ihrer bevorzugten Boutique anzusehen, würde es nicht auffallen. Der Alte war nun schon so lange verschwunden, da machte ein Tag mehr den Kohl auch nicht fett.

Sie würde also auf einen Kaffee trinken gehen. Aber es durfte nicht ihr Stammcafé auf der Fressgass sein, der Fußgängerzone für angesehene Leckermäuler. Zu viele Gutsituierte, die sie kannte, kauften dort ihre Spezialitäten für die Gesellschaften am Wochenende. Oder ließen kaufen. Undenkbar, wenn man sie in Gesellschaft dieses vierschrötigen Joe Bryan sehen würde. Das Café Hauptwache war auch zu gefährlich. Es gab sowieso schon viel zu viel Getratsche.

Zu dumm, dass ihr Mann den Braten gerochen hatte, noch bevor sie ihren Plan in die Tat hatte umsetzen können.

Ihr Magen knurrte völlig undamenhaft und erinnerte sie daran, dass sie wegen des bevorstehenden Gesprächs mit Matthias nicht viel zum Frühstück gegessen hatte.

„Lassen Sie uns im ‚Suvadee' treffen. Steinweg, das Thai-Restaurant nahe der Hauptwache. Morgen Mittag um zwölf. Seien Sie pünktlich. Und vergessen Sie die Bilder nicht. Ohne Beweise keine Kohle!"

„Schon klar. Brauchen se nich' zu wiederholen. Hab's kapiert. Also morgen um zwölfe. Oki-doki!"

Der Hörer fiel auf die Gabel.

Joe rieb sich die Hände. Schritt eins war gemacht.

Hatte er erst mal die Kohle, würde er die Daumenschrauben anziehen. Doch dazu brauchte er ein Druckmittel. Er griff nach dem Telefonhörer. Die Nummer kannte er auswendig.

„Shorty?" Er wartete, bis die Bestätigung kam, dann sprach er weiter. „Hör mal, Shorty, du musst mir helfen. ... Nix Wildes. ... Nein, du sollst morgen nur ein paar Fotos machen."

Die Stimme am anderen Ende der Leitung klang besorgt.

„Hey, hör mal, das bist du mir schuldig. Erinner dich an die Sache mit dem Stecher von deiner Schwester. ... Du musst ja nicht bei der Kälte in der Gegend rumstehen. Brauchst nichts mitzubringen. – Komm vorbei, ich geb dir meine Kamera ... dann gehen wir essen und ich erklär dir alles."

Die Fragezeichen auf der anderen Seite waren förmlich hörbar.

„Mir egal, wohin, nur ruhig sollte es sein, damit wir labern können. – Essen zahl ich. ... Oh nun piss dich nicht gleich ein. – Sollst nur ein paar Bilder von mir und meiner Begleitung machen. Ich brauch die als Absicherung. Völlig gefahrlos. Muss aber gleich sein, hab noch was zu erledigen. ... Nee, bis abends bist du lange wieder bei deiner Schlampe, um sie abzukassieren. Also, bis gleich, wa?"

Er verabschiedete sich noch kurz, dann schnappte er sich die Bilder und blätterte sie noch einmal durch. Die blutigsten legte er zur Seite. Die hob er sich für später auf, wenn er die Daumenschrauben nachziehen wollte. Mit Glück sprang bei dem Deal nicht nur die Miete raus, das konnte auch ein Urlaub in der

Karibik werden, wenn er sich geschickt anstellte. Er hatte neulich eine Doku gesehen, seitdem wollte er das unbedingt selbst sehen. Weiße Strände, Palmen, schöne Menschen mit erfrischenden Drinks ... das wollte er auch. Hatte er sich nicht auch etwas Luxus verdient? ...

Er fand schon.

Die Welt konnte so schön sein, da war noch Platz für einen Joe Bryan. ...

Ganz bestimmt.

Aurelias Welt war nicht mehr ganz so schön. Sie hasste es, wenn sie unter Druck geriet. Hoffentlich hatte der Kretin tatsächlich die Spur ihres Mannes aufgenommen. Sie brauchte die Information, wohin er die Gelder geschafft hatte. Hatte sie erst mal die Information, war er entbehrlich. Eine Urlaubsreise in die Berge oder noch besser eine Kreuzfahrt und dann irgendwo auf hoher See ... der Möglichkeiten gab es so viele für eine einfallsreiche Frau. Wichtig war nur, dass Matthias weit weg war.

Eigentlich kam ihr die Flucht ihres Mannes sogar entgegen. Er hatte direkt vorher alle Gelder flüssig gemacht, bevor er verschwand. Leider diese auch mitgenommen. Nur die Firmengelder, die Matthias verwaltete, hatte er unangetastet gelassen.

Sie hatte nun schon versucht, Bilder aus dem Haus zu verkaufen, aber der Idiot von Galerist hatte die Bilder erkannt. Dummerweise war er derjenige, der sie einst Matthias Vater verkauft hatte. Prompt hatte er

Aurelia bei Matthias verpetzt. *Merde!* Seitdem waren alle Bilder katalogisiert und mit Alarm versehen.

„Dafür hat er Geld, aber ein vernünftiges Haus zu führen, dafür ist kein Geld da. Elender Geizkragen!"

Alles wäre nicht passiert, wenn ihre blöde Zofe nicht so nachlässig gewesen wäre. – Von daher war es nicht so schlimm, dass Matthias sie entlassen hatte. – Hätte sie nicht aufgeräumt und dabei die Papiere mit den Unterschriften ihres Mannes einfach im Müll entsorgt, statt sie im Kamin zu verbrennen, wäre ihr Mann nie auf die Idee gekommen, sie zu verlassen. Zu dumm, gerade als sie ihn so weit hatte, dass er einem Urlaub auf einem Kreuzfahrtschiff zustimmte. Ein Schubs und ... sie wäre frei ...

Wer glaubte, Lachfalten wären schick, musste selbst welche haben oder zu arm sein für einen guten Chirurgen.

Lachfalten waren Falten – basta! – und davon hatte sie in ihrer Ehe nun mehr als genug gehabt. Zeit zum Handeln ... Sie wollte Timo wieder poppen können, ohne ständig nach einem Alibi suchen zu müssen. Seit ihr Mann Matthias die Firma mehr oder weniger übergeben hatte, wurde das immer schwieriger. Er klebte förmlich an ihr.

So viel Migräne, wie sie vor seinem Verschwinden hatte anführen müssen ... Ein Wunder, dass er sie nicht zu einem Neurologen geschickt hatte ... Aber es war es wert. Timo hatte keine Falten. – Matthias zwar auch nicht, aber dieser Zug war bedauerlicherweise endgültig abgefahren. Nicht, dass sie es nicht versucht hatte. Zumal ein Techtelmechtel im gleichen Haus so viel praktischer gewesen wäre.

Sie seufzte.

Aurelia fand, Loyalität wurde überbewertet. Glücklicherweise litt sie nicht unter diesem ‚Geburtsfehler'.

„Ohne Loyalität hat man definitiv mehr Spaß."

Das Testament hatte sie schon zu ihren Gunsten fälschen lassen. Warum nur musste ihr Mann die Entwürfe finden? Und dazu ihre Versuche, seine Unterschrift nachzuahmen ...

Es hatte einen Riesenzoff gegeben. Trotz ihrer Tränen war er in dieser Nacht nicht zu ihr ins Bett gekommen. Dabei hatte sie ihr schönstes Negligé angezogen und gehofft, ihren Fauxpas vergessen zu machen. – Am nächsten Morgen war er weg.

Als Erstes hatte sie noch Angst, er wäre zur Polizei gegangen und hätte sie angezeigt. Aber was hätte das gebracht, außer jeder Menge schlechter Presse? Zudem war ja noch nichts passiert.

Die nächsten Tage hatte sie jeden Tag gehofft, er würde wieder zurückkommen, damit sie ihn besänftigen konnte. Leider vergeblich.

Nach einer Weile hatte sie die Hotels kontaktiert, die er normalerweise aufsuchte. Es galt schließlich eine Scheidung zu verhindern, die unweigerlich kommen musste, sollte sie ihn nicht beschwichtigen können. Aber nirgendwo war er untergekommen. Auch nicht in den kleineren Pensionen, in denen sie vorsichtig nachfragen ließ. Nichts.

Eigentlich war es ihr egal; er war ihr egal. Sollte er doch bleiben, wo der Pfeffer wuchs! Die lästigen

Nachfragen erklärte sie mit einem größeren Auftrag, für den längere Verhandlungen im Ausland nötig waren. Alles war gut gewesen, bis … ja, bis die abgeranzte, verblödete Kuh in der Bank ihr triumphierend berichtete, dass ihr Konto leer war.

Da wusste sie es. Wusste, wie er sich gerächt hatte. Er hatte sie auf die einzige Art getroffen, die ihr wirklich wehtat.

Vermutlich saß er irgendwo in der Karibik, ließ sich die Sonne auf den faltigen Bauch scheinen, verprasste das schöne Geld und sie durfte betteln gehen.

„Hoffentlich beißen dich die Blattschneiderameisen in deinen faltigen Po!" Ein Buch flog wutentbrannt durch das Zimmer und prallte mit einem satten Knall gegen die Tür. Aurelia sah ihm ungerührt nach, dann schmiss sie sich grollend auf ihr Kingsize-Bett und hing weiter ihren Gedanken nach.

… Das ist jetzt ein halbes Jahr her. Seitdem muss ich wegen der Aufstockung des Haushaltsgeldes immer bei Matthias vorstellig werden. Oh wie ich das hasse! Ständig diese Demütigung.

Aber was blieb ihr übrig, sie musste für sich selbst sorgen, wie sie es immer gemacht hatte. Also zockte sie Matthias so viel wie irgend möglich aus der Restsumme ab, bis man ihren Mann gefunden hatte und sie es anders regeln konnte. Es ging ja gar nicht, dass Matthias alles erben sollte, wenn ihr Mann starb. Papperlapapp, von wegen Erbe der Mutter! Es stimmte zwar: Matthias' Mutter hatte das meiste Geld mitgebracht, als sie ihn geheiratet hatte. Aber nun war sie, Aurelia, seine Frau. Sie hatte ein Anrecht darauf. Matthias' Ausbildung war teuer genug gewesen, das sollte reichen. Er konnte sich jederzeit neues Geld verdienen. Sie dagegen musste immer größere Summen aufbringen, um ihre Schönheit in Gange zu halten. Die war ihr größtes Kapital, das es zu erhalten galt.

Aurelia nahm einen ihrer Schuhe und pfefferte ihn quer durch den Raum. Knapp neben dem Spiegel ging er zu Boden. Schade. Das alte Ding mit den Schnörkeln war ihr schon lange ein Dorn im Auge. Sie zog den zweiten Schuh aus und warf ihn hinterher. Auch er verfehlte sein Ziel, hinterließ aber eine hässliche Schramme an der Tapete. ... Vielleicht besser so. Glasscherben bedeuteten Unglück. Und noch mehr konnte sie nun wirklich nicht gebrauchen.

„Wo zur Hölle steckst du!"

Es wurde Zeit, dass man ihn fand. Eigentlich hatte er ihr einen Gefallen getan, als er seine Gelder flüssig gemacht hatte. So musste sie sich nicht selbst die Mühe machen, was sicherlich Fragen aufgeworfen hätte. Aber mit jedem Tag, der verging, erhöhte sich die Chance, dass er alles verpulverte, nichts mehr übrig bliebe, was sie noch hätte ausgeben können.

Sie wollte nicht mehr arm sein. Nie wieder. Also hatte sie notgedrungen alles Geld zusammengerafft, dessen sie habhaft wurde, um einen Privatdetektiv zu beauftragen. Irgendwo musste er doch gefunden werden. Kein Mensch verschwand so einfach, ohne Spuren zu hinterlassen. Und die galt es zu finden.

Wäre er einmal in ihren Händen, würde er schon Wachs werden, verraten, was sie wollte. Insbesondere, wohin er das ganze Geld geschleppt hatte. Sie hatte so ihre Tricks. Sie würde schon herausbekommen, wo die Gelder waren. Notfalls mit Gewalt.

Sie aktivierte zwar nicht gerne ihre Kontakte aus der Plattenbau-Zeit, aber es gab sie noch. Und sie würde nicht zögern, diese zu nutzen.

Über diese dunklen Kanäle hatte sie Joe Bryan gefunden und engagiert. Offiziell ging es ja nicht, sonst wäre sie womöglich bei einem späteren, plötzlichen Ableben über Gebühr im Fokus der Ermittlungen gewesen. So konnte sie weiterhin die ach so liebende, sich sorgende Gattin spielen.

Ein heiseres Lachen quoll über ihre Lippen. Leise, kaum zu hören, wie auch ihre Besorgnis sich in stark beschränkten Grenzen hielt.

Wie auch immer ... gebracht hatte es leider bisher nichts außer ständigen Geldforderungen. Jetzt hatte sie ihm das Ultimatum gestellt. Fand er nicht heraus, wo ihr Mann steckte, dann wäre Schluss mit lustig. Sie hatte kein Geld mehr für die Suche. Den wenigen Rest brauchte sie für sich selbst.

Ein Blick auf ihre goldene, mit lupenreinen Diamanten verzierte Uhr ließ sie hochschrecken. Der Banktermin. Sie musste sich beeilen. Mittags machten die immer zu.

Erst zur Bank, dann nach Frankfurt. Der Friseurtermin würde sie ablenken. Glücklicherweise gab es im Zentrum ausreichend Parkhäuser, aber trotzdem war die Zeit eng, denn heute Abend war sie für die Oper mit den Lüders verabredet. Da musste sie gut aussehen. Wer weiß, ob man sie nicht noch irgendwann brauchte?

Um Joe machte sie sich keine Gedanken mehr; er wollte ja was von ihr. Er würde eben warten müssen. – Hoffentlich war das Ganze nicht umsonst. Ansonsten würde Joe Bryan es zu fühlen bekommen.

„Eine Aurelia Holofernes-Müller reizt man nicht, hält sie auch nicht hin, ohne es bitterlich zu bereuen."

Sie holte ihre Pumps wieder, die noch malerisch verstreut neben dem Spiegel lagen, und beeilte sich. Half ja nichts ...

17. Bittere Erkenntnis

Per Telefon meldete sich Oder für den Außendienst ab. Peters versprach, es einzutragen und seinen Alleingang zu decken. Er hatte selbst etwas vor, was in seine Arbeitszeit fiel. So machte man das eben unter Kollegen. Peters wünschte ihm noch Hals- und Beinbruch, und Oder musste grinsen.

Klingt wie: ‚Ski und Rodel gut.' – Dabei kann ich auf Schnee gut verzichten.

Aufgewärmt, wie er nach Andreas Kaffee war, wollte er den Tag nutzen, um sich weiter umzusehen. Auch hoffte er, mit dem knurrenden Kalle ins Gespräch zu kommen. Er wollte unbedingt wissen, woher die Wunde kam.

Dass sie von Paul oder Paule stammte, hatte er mittlerweile verworfen. An der Hand des Toten hatte nichts darauf hingewiesen, dass er sich geprügelt hatte. Zumindest nicht angegriffen. Es waren nur Abwehrverletzungen festgestellt worden.

Über den Seiteneingang, durch den sonst die Leichen kamen, ließ Andrea ihn wieder aus dem Gebäude. So ersparte er sich die Vollpfosten an der Hauptpforte. Michael Oder war immer noch stocksauer auf sie, auch wenn er zugeben musste, dass es korrekt war, nicht jeden einzulassen. Die Frage war nur, WIE man es denjenigen beibrachte, die man nicht haben wollte.

„Danke dir. So wie das Make-up wieder sitzt, brauche ich vermutlich heute Abend nicht zum Auffrischen kommen. Sagst du das bitte Lotti?"

„Klar, mach ich. Bis morgen! Pass auf dich auf."

Sie winkte zum Abschied.

Als die Tür aufging, schlug ihm die Kälte unvermittelt wieder ins Gesicht. Immerhin roch die Luft irgendwie frischer. Fast wie ausschließlich für ihn gereinigt. Er atmete tief ein und genoss den Atemzug, dann aber machte er sich auf den Weg in die Stadt. Mit etwas Glück würde er noch jemanden aus der Truppe finden. Die Zeit sollte keine Rolle spielen. Obdachlose hatten doch keine Termine, oder?

Ein Irrglaube.

Als er in der B-Ebene ankam, war keiner mehr da. Nur eine Osteuropäerin mit mehreren Röcken übereinander stand bettelnd mit einer aufgeschnittenen Coladose als Sammelbüchse an der Treppe zur U-Bahn. Michael Oder versuchte, aus ihr herauszubekommen, ob und wann und, vor allem, wohin die Truppe gegangen war, aber sie schien kein Deutsch zu verstehen – oder zu wollen.

„Nix verstään, du weg. Sch-sch ...", vertrieb sie ihn. Er versuchte es noch einmal. Sie drehte sich um, ging zwei Schritte in eine Richtung und murmelte weiter: „Du weg hier …“ Seine Anwesenheit gefiel ihr gar nicht, vermutlich weil sie um ihre Einkünfte fürchtete.

Oder war nicht dafür bekannt, dass er leicht aufgab. Als er es jedoch noch einmal versuchen wollte, bemerkte er aus den Augenwinkeln, wie sich ein Mann aus dem Schatten an der Wand löste und drohend in ihre Richtung schlenderte. *Ihr Auftraggeber*, vermutete er. Kommissar Oder versuchte es nicht weiter.

Sinnlos. … Mist!

Die Läden waren noch geschlossen, also musste er sich bewegen, wollte er nicht erfrieren. Er erinnerte sich daran, keine fünf Minuten von hier, an der Katharinenkirche, öfter Obdachlose gesehen zu haben. Da würde er hingehen. *Diversifikation*, überlegte Oder.

Auf gut Deutsch: Nicht nur auf ein Pferd setzen.

Vielfalt, in diesem Fall Kontakt zu weiteren Wohnsitzlosen, war nötig.

Circa 196 gibt es noch, also los! Die Zeit rennt …

Michael Oder packte sein Fahrrad und schob es zum Ausgang der B-Ebene. Wie gerne wäre er gefahren, um seine Blase zu schonen, aber das Rad war so bepackt, dass daran nicht zu denken war.

Aus einem Plattenladen, der gerade geöffnet wurde, klang Musik, die ihm vertraut vorkam. Michael Oder lauschte. – Phil Collins. – Phils Musik mochte er, so blieb er stehen und summte leise mit und wippte im Takt. Alles ging gut, seine Laune war bestens, schließlich kam er von Andrea, … bis er das Lied ‚Another day in Paradise‘ hörte. Schlagartig sank seine Laune.

Die Zeile, in der Phil von Blasen an den Füßen sang, davon, nicht weiterlaufen zu können und es doch zu versuchen, gegen jede Hoffnung, machte ihn betroffener als sonst. Fast kam es ihm wie ein Hohn vor.

Er wusste, Phil spottete nicht, hatte es nicht als Angriff gegen ihn gesungen. Eher als Appell für mehr Menschlichkeit, aber momentan war er nicht in der Lage, hier rational zu reagieren. So schnell es seine Blase zuließ, schob er das Fahrrad weiter … bloß weg von dem Lied, das ihm seine Situation so deutlich machte. Allein, ohne Hoffnung, den Fall zu lösen.

Dabei, das musste er zugeben, hatte er das Glück und konnte jederzeit, selbst noch in dieser Minute, das Projekt abbrechen und vergessen.

Konnte er das wirklich? Eher nicht. Wie Phils Lied, der Ohrwurm, der ihn jetzt hartnäckig verfolgte – wo auch immer er hinging –, würde ihn sein Versagen verfolgen. Unfähig, den Mörder zu bestrafen, nur weil dessen Opfer für die Gesellschaft ein Penner, ein stinkendes Nichts, ein Schmarotzer, ein … was auch immer war.

Nein, er durfte nicht nachlassen. Es war an ihm, hier zu helfen. Wer sonst würde es tun?

Der Tag zog sich langsam dahin wie Kaugummi an einem sauteuren Lederschuh.

An der Katharinenkirche vor dem Nonnenkloster stand eine Absperrung. Er dachte zunächst, sie diene einem Bauvorhaben, musste sich jedoch eines Besseren belehren lassen. Ein Obdachloser, der einige

Mülltonnen neben McDonalds durchwühlte in der Hoffnung auf ein schnelles Frühstück, klärte ihn auf.

Im Sommer 2016 hatte ein Camp von Obdachlosen den Unmut der Anwohner erregt. Die Kirche hatte daraufhin reagiert und die Bauzäune aufgestellt, um die Obdachlosen zu vertreiben. ... Diese sollten sogar noch verstärkt werden, um dauerhaft und sicher die Obdachlosen vom Campen an der Kirche abzuhalten!

Tja, Obdachlose sind nicht als spendenfreudig einzuschätzen, wozu sie dann dulden? Dann doch lieber die guten Christen, die sich über deren Anblick beschweren. Schließlich spenden sie auch genug, um einen guten Ausblick zu haben, sollten sie in ihrem Polstersitz in der ersten Reihe sitzen am Tag der Abrechnung.

Böse Gedanken, sicher. Aber Kommissar Michael Oder hatte schon zu viel Ungerechtigkeit erlebt im Namen der Kirche, bereits als kleiner Junge. Später, viel später, konnte er die Basis der Lehre gutheißen, nicht jedoch, was viele daraus machten.

Im weiteren Gespräch erfuhr der Freizeit-Penner Michi, dass auch die Armenspeisungen bei den Nonnen reduziert worden waren auf die Kaffeestube. Wohl gäbe es noch Winterspeisungen, also Essensausgaben, aber die wären von 50 Cent auf das Dreifache gestiegen. 1,50 € waren nun nötig und nur am Bahnhof im Diakoniecenter Weser 5 und bei der Caritas am Ostpark zu kriegen. Hier wäre nichts mehr zu holen.

Es war den zwanzig Freiwilligen nach dreißig Jahren zu viel geworden. Kam ja auch wenig Nachwuchs ... dazu die Beschwerden. Selbst eine Kirche wurde da weich und gab nach.

Was die Freiwilligen betraf, konnte er es noch verstehen, aber alles andere?

Kommissar Michael Oder war entsetzt.

Obwohl er christlich getauft wurde, hielt er sich nicht für besonders christlich, eher für menschlich. Er fand, Menschlichkeit ist ein weit wertvolleres Gut als Christlichkeit, da sie keine Wertung beinhaltet.

Menschlichkeit ist glaubensneutral.

Oder fragte sich ernsthaft: *„Wo habe ich bisher gelebt?“* und *„Warum habe ich es nicht gesehen?“*

Es tat sich eine völlig fremde Welt auf. Eine zweite, unterschwellige sozusagen, von der er, das musste er zu seiner Schande gestehen, genauso wenig gewusst hatte wie die Masse der Allgemeinheit. Wieso hatte er dies nie hinterfragt?

Weil es einfacher ist. Basta!

Die Erkenntnis tat weh.

Den Rest des Tages drückte er sich in den Wärmestuben der Tagesaufenthalte herum. Sah viel, erschrak noch mehr. Viele hatten unreine Haut – merkwürdig grau-braune Gesichter von der Erschöpfung in ihren gebräunten Gesichtern. Der Winter war hart für Obdachlose. Ein ständiger Kampf.

Ein Lächeln sah er kaum. Nur ab und zu, wenn sich einer etwas zu essen geben ließ. Einige hatten Spuren von Schlägen, die vermutlich im Kampf um den letzten Schluck aus einer Flasche entstanden waren. Zumindest mussten sie als Sieger hervorgegangen sein, denn sie lebten noch. Es stank dermaßen nach billigem Fusel, dass er befürchtete, der nächste mit einem Feuerzeug würde die ganze Stube in Brand setzen, allein wegen der Ausdünstungen.

Nachmittags traf er Kalle wieder. Der war sternhagelvoll. Mit ihm zu reden, war nicht möglich. Es hieß abwarten. Daher machte es sich ‚Michi' in der B-Ebene bequem und wartete auf den Abend. Er versuchte, unauffällig sein Umfeld zu beobachten. Als Tarnung hatte er einen Papierbecher vor sich aufgestellt, als wolle er betteln. Er erwartete nicht, dass er etwas einnehmen würde, aber tatsächlich fielen ab und zu einige Cent in seinen Becher. Der Becher fiel dabei laufend um.

Scheiß Patent!

Er klemmte den Becher zwischen seinen Füßen fest, damit er nicht umfiel. Jedes Mal, wenn eine Münze in seinem Becher landete, murmelte Michi einen verschämten Dank und beschloss, wenn er wieder im normalen Leben angekommen war, nicht mehr so achtlos vorüberzugehen. Scheine ließen einen Becher nicht kippen, aber wer würde schon Scheine werfen?

In einer Broschüre der Caritas, die er in einer der Wärmestuben entdeckt hatte, stand geschrieben, dass es keinen Sinn hatte, einem Obdachlosen KEIN Geld zu geben. Nicht mal, wenn die Gefahr bestand, dass er es in Alkohol umsetzte. Ein kalter Entzug auf der Straße konnte tödlich sein, schrieben sie. Kommissar Michael Oder musste zugeben, dass er daran nie gedacht hatte. Wie oft wollte er schon einem Obdachlosen lieber ein Brötchen spendieren, als Geld zu werfen. Aber woher konnte er wissen, dass es nicht schon das 8. oder 9. Brötchen war? Was wusste man schon über den Tagesablauf, das Leben eines Ausgestoßenen?

Einmal glaubte er, Weber gesehen zu haben, wie er bei den jüngeren Obdachlosen herumschlich, aber er musste sich irren. Die dort drüben verdienten sich ihr Auskommen als Stricher. Und Weber war verheiratet. Ob glücklich, konnte er allerdings nicht sagen. Alles, was sein Privatleben betraf, hielt sein Kollege geheim. War auch besser so. Im Kommissariat hatten die Wände sprichwörtlich Ohren.

Immerhin stimmten bei dem Mann die Statur und der Gang, aber die Person hielt sich im Schatten. Ein Gesicht war nicht auszumachen.

Sicherheitshalber zog Kommissar Michael Oder sich noch mehr in sich zusammen, vergrub das Gesicht und verharrte so einige Zeit, bis er hoffen konnte, die Gefahr wäre vorüber. Sollte es Weber sein, hätte die Petze ihn sofort bei Impe verpfiffen und dann wäre es Essig mit der weiteren Observation. – Dabei war ihm so kalt, dass er es sich fast gewünscht hätte, aber wenn er an die Standpauke von Impe dachte, dann verzichtete er lieber darauf. Auch weil Peters ihn deckte. Den hätte er schließlich mit in den Stress gezogen.

Kommissar Oder hatte viel Zeit zum Nachdenken, während er da saß und beobachtete, von Zeit zu Zeit seinen Platz wechselte und weiter beobachtete.

Als es später Nachmittag wurde, der Feierabend startete und damit die Einkaufswilligen zunahmen, hatte er sogar noch Unterhaltung. Eine Gruppe der Heilsarmee mit Instrumenten unterhielt ihn mit ihren Liedern für vielleicht eine halbe Stunde, dann zogen sie weiter, immer bedacht, der Menschheit ihre Endlichkeit vor Augen zu halten.

Es ist der letzte Tag vom Rest deines Lebens.

Oder hoffte, er habe noch etwas Zeit, denn sollte es der letzte Tag sein, würde er sich lieber die Gesellschaft von Andrea wünschen in einem warmen Zimmer. Ach was wollte er sich vormachen? Mit Andrea in einem warmen Bett kam der Sache schon näher. Die Grundbedürfnisse – warm, trocken, satt – bekamen einen völlig anderen Stellenwert nach so einer Nacht.

Ab und zu, wenn der Platz am Eingang vom Kaufhof frei war, stellte er sich in die Luftschranke, um sich etwas aufzuwärmen, bevor er sich wieder auf einen weiteren Beobachtungsplatz setzte. Aus der Luftschleuse wieder in die Kälte zu wackeln, bedeutete jedes Mal wieder Überwindung und einen kleinen Schock. So beschränkte Oder sich lieber auf gelegentliche sehnsüchtige Blicke zu der so nahen Wärmequelle und verlängerte dafür seine Beobachtungszeiten in der Kälte.

Die sanitären Anlagen hatte die Stadt für die Obdachlosen im Winter frei zugängig gemacht. Dort trank er, als er durstig wurde, direkt aus dem Hahn. Den Kopf hebend, fiel sein Blick auf sein Spiegelbild. Er erschrak, als er bemerkte, dass das graue Gesicht auch bei ihm angekommen schien. Die letzte Nacht und dieser Tag, der kein Ende nehmen wollte, hatten ihre Spuren hinterlassen.

Natürlich waren noch Reste des Make-ups auf dem Gesicht. Lotti hatte ein sogenanntes Camouflage-Make-up genutzt, mit dem man Feuermale überdecken konnte. Es ließ sich nur mit einer speziellen Lotion wieder entfernen, aber damit erklärten sich nicht alle Falten. Er seufzte.

Als die Menschenmassen weniger wurden, suchte er den Schlafplatz vom Vortag wieder auf und wartete. Er hatte Glück. Melvin erschien als Erster, noch besser: Er kam ohne die anderen.

„Ey, Michi, was geht?“

„Hey, Melvin! Sag mal, kannst du kurz auf mein Fahrrad aufpassen? Ich muss dringend pieseln und brauch einen Kaffee.“

„Klar doch. Schieb schon ab.“

Michael Oder leerte seinen Pappbecher und zählte die Münzen. Immerhin 4 Euro 30 Cent. Reichte für etwas zum Essen oder für zwei Kaffee. Er entschied sich für Kaffee.

„Willst du auch einen? Reicht für zwei.“

„Lass ma', ich hatte heute einen Freier, der war freigiebig genug. Hier, ich geb einen aus.“

Erstaunlich.

Melvin hatte sicher nicht viel Geld, aber er teilte es mit einem fast Unbekannten. Aber das hatte er mittlerweile mitbekommen. Untereinander half man sich. ‚Pennerehre‘ nannte man das.

Michi Oder beeilte sich, im Fast-Food-Restaurant gegenüber schnell seine Notdurft zu verrichten, und kam mit zwei dampfenden Bechern zurück.

Einträchtig nebeneinander schlürften Melvin und Michi ihre Getränke.

„Sag mal, wo warst du eigentlich heute Morgen?“, wollte Melvin wissen.

„Konnte nicht schlafen.“

„Ging mir in den ersten Nächten auch so.“ Melvin nickte. „Da gewöhnst du dich schnell dran. Mich kratzt das nicht mehr. Ich penn wie ein Stein. Evchen dagegen ist immer schon früh wach, aber sie geht auch Flaschen suchen. Wenn du da nicht schnell bist, sind die besten Plätze leer geräumt.“

„Sag mal, läuft da was zwischen Kalle und Evchen?“

Melvin kicherte schadenfroh. „Hätte er gerne. Aber sie lässt keinen an sich ran.“

„Und Paul?“

Melvin wurde wieder ernst. Ernster, als Michi ihn je gesehen hatte. „Paul war was anderes. Er war was Besonderes.“ Hochachtung schwang in seine Stimme.

„War?“

„Ja. Paul ist tot. Keine Ahnung, was mit ihm passiert ist, vermutlich erfroren, aber vor ein paar Tagen kam Evchen völlig verheult hier an. Da wussten wir Bescheid.“ Er schniefte, als wollte er vermeiden, dass auch ihm die Tränen kamen.

„Evchen und Paul liefen immer zusammen.“

„Waren die ein Paar?“

„I wo. Kein Stück. Evchen hat sich nur um Paul gekümmert, als der neu war. Evchen hatte schon immer so eine mütterliche Ader ... Paul hat sie dafür vor blöder Anmache beschützt. Sie haben ständig über so hochgestochenen Kram gesabbelt. Kam keiner sonst mit. Psychogelaber. – Hat Kalle tierisch gefuchst, wo er sich doch schon Chancen auf Evchen ausgerechnet hatte. Mann, war das ein Theater, als er es einmal bei ihr versucht hat. Sie hat geschrien wie am Spieß und dann ist Paul gekommen und hat ihm einen gezwirbelt. Der war nicht von schlechten Eltern. Mann, Mann, Mann." Es musste sehr beeindruckend gewesen sein, so wie Melvin selbst jetzt noch staunte.

„Paul hat Kalle also umgehauen?"

„Hat er. Hat man gar nicht gesehen, aber auf einmal lag Kalle am Boden und war am Jammern." Melvins vormals schlechte Stimmung machte einer ausgelassenen Platz. Die Erinnerung riss ihn mit und er kicherte schadenfroh und ungehemmt. „Das hat so was von gesessen ..."

Michael Oder nickte. Er hatte also recht, wie er vermutete. Starke Gefühle.

Eifersucht ist eine Leidenschaft, die mit Eifer sucht, was Leiden schafft.

Den Spruch hatte schon seine Mutter immer gesagt. Da war was dran. Er musste dringend mit Kalle reden.

Aber Kalle tauchte diese Nacht nicht mehr auf.

Melvin dagegen war in Plauderlaune. Er wirkte aufgedreht. Seine Pupillen waren geweitet. Oder nahm an, er hatte sich irgendeine Substanz reingezogen. Vermutlich war das, was Melvin tat, um seinen Lebensunterhalt zu sichern, nicht anders zu ertragen. Wer wollte ihm da Vorwürfe machen?

So kam er allerdings nicht von der Straße. Es war ein Teufelskreis. Drogen und Straße, Straße und Drogen. Ein Entzug hätte vielleicht geholfen, aber dann? Aus den Erzählungen und seinem Verhalten schloss Michi, der Penner, dass Melvin keine Angehörigen mehr hatte – oder sie von ihm nichts mehr wissen wollten. Für wen also sollte er sich anstrengen? – Nur für sich selbst ... aber wenn genau dieses Selbst keine Achtung mehr erfuhr? Was blieb?

War er weg von der Straße, hatte er keinen mehr, dem er vertraute. Die Straße und ihre Bewohner waren seine Familie geworden. Dort akzeptierte man ihn samt seiner Drogensucht. Also ging er nicht. Vermutlich würde er sich irgendwann mal in der Dosierung verschätzen und einschlafen. Oder hoffte, wenn der Moment kam – und da war Michael Oder sich sicher, dass er kam –, dass Melvins letzten Träume schön sein mögen. Viel mehr konnte man ihm nicht wünschen.

Freitag

18. Gier ist immer hungrig

„Da muss doch noch …“ Aurelia wühlte angestrengt in ihrem Kleiderschrank auf der Suche nach einer speziellen Jeans. Keine mit Glitzer oder extra handgeschliffenen Löchern eines Topdesigners. … Eine einfache Jeans sollte es sein.

„Ich weiß noch, dass ich sie aufgehoben habe“, murmelte sie.

Das stimmte. Als sie damals Paul heiratete, hatte sie ihre gesamte Kleidung weggeworfen, sich komplett neu eingekleidet und seitdem tauschte sie mindestens zweimal pro Jahr die komplette Garderobe – falls die Mode wechselte, auch öfter. Nur eine Jeans aus ihren armen Zeiten hatte sie behalten, als Mahnmal, falls sie sich schlecht fühlte. Dann zog sie die Jeans an, betrachtete sie lange. Das half immer.

Dieses Ritual hatte zwei gute Gründe:

- Zum einen kontrollierte Aurelia so, ob sie noch immer die Figur hatte, die ihr den Erfolg bei dem anderen Geschlecht verschafft hatte.
- Zum anderen erinnerte der billige Stoff sie daran, wo sie hergekommen und wie viel sie schon geschafft hatte – und wo sie niemals im Leben wieder hinwollte. Niemals wieder. Nie, nie, nie!

Jetzt aber griff Aurelia nicht aus den üblichen Gründen nach der Jeans. Sie bereitete sich auf das Treffen mit Joe vor. Und den wollte sie nicht auf dumme Gedanken bringen, sodass er seine Geldforderungen in die Höhe trieb, also traf sie Vorkehrungen. Normalerweise hätte sie sich nicht mehr damit in der Öffentlichkeit sehen lassen.

War es Scham, der sie ihre Vergangenheit verschweigen ließ? Wohl eher nicht. Scham kannte Aurelia nicht. Zumindest nicht in der landläufigen Form. Sie hätte es vielleicht Zukunftssicherung genannt. Sie wollte niemanden auf die Idee bringen nachzufragen, wo die gnädige Frau Aurelia Holofernes-Müller, die Gattin von Paul Müller, dem reichen Grundbesitzer und Kunstmäzens, tatsächlich herkam.

Die Jeans, ein T-Shirt aus der vorletzten Saison, das sie eigentlich ihrer Zofe hatte geben wollen, dazu Sneakers, auch aus dem letzten Jahr, und kein Schmuck. Das sollte reichen. Ihre Haare hatte sie im Nacken zu einem Pferdeschwanz zusammengebunden. Es machte sie locker fünf Jahre jünger, aber das sah sie nicht. Sie hätte es auch nie geglaubt, hätte ihr das jemand gesagt. Einzig der verkniffene Zug um den Mund und die langsam nicht mehr zu kaschierenden Fältchen um die Augen wiesen sie als älter aus, als sie war.

Sie kontrollierte ein letztes Mal ihren Spiegel, dann machte sie sich auf, Joe Bryan zu treffen. Hoffentlich waren die Ergebnisse so, wie sie hoffte. Ansonsten wäre Schluss mit lustig. Sie würde sich nicht länger hinhalten lassen. Gelder aus Matthias herauszupressen, erwies sich in letzter Zeit als immer schwieriger.

Sie brauchte das Geld, um endlich unabhängig zu werden.

Mit dem Geld würde sie auf Kreuzfahrt gehen. Als zu tröstende Witwe. Es wurde Zeit, ein neues Opfer zu finden. Auch Pauls Geld war endlich, falls sie an das Geld der Firma nicht herankam. Sehr ärgerlich. Sie hatte sich mehr versprochen. Im Nachhinein hatte sich die Ehe mit Paul als ein Reinfall entwickelt. Dabei sollte er ihr Steigbügel in die höhere Gesellschaft sein, aber Paul war kein Salonlöwe. Über seine Spenden sprach er nicht. – Wie dumm konnte man sein?.

Und allein, ohne seine Begleitung kam sie nicht an die richtig großen Fische. Ja, sie wurde nicht einmal eingeladen. Keine Gastgeberin mochte einsame Frauen.

Maria sah gerade zum Küchenfenster heraus, als Aurelia das Haus verließ und in ihren kleinen Porsche stieg. Verwundert kratzte sie sich an der Schläfe, da es lange her war, dass Aurelia so leger gekleidet war. Fast hätte sie sie nicht erkannt, dann aber sah sie, wie die Gutskatze einen verschreckten Satz ins Gebüsch machte. Das machte sie nur bei Aurelia, seit sie einmal nach der Katze getreten hatte, nur weil die Katze schnüffelnd um ihre Schuhe geschlichen war. *Eigentlich machen alle Tiere einen großen Bogen um Aurelia*, überlegte sie kurz. Selbst die Pferde musste man mit einer Karotte bestechen und nicht mal das half immer.

Tiere sind gute Menschenkenner, dachte sich Maria. Dann drehte sie sich zu ihrem Kuchen um, der dringend aus dem Ofen musste. Kurz überlegte sie noch, wieso Aurelia so unscheinbar das Haus verlassen hatte, aber dann nahm die Glasur des Kuchens sie voll in Beschlag, und sie vergaß Aurelia wieder.

Joachim Bienek alias Joe Bryan gab letzte Anweisungen.

„Verdammt, Shorty, wieso kommst du erst jetzt. Die Alte muss gleich da sein. – Jetzt pass auf: Wir sitzen da hinten an dem Tisch, an dem meine Jacke hängt. Der ist gleich neben der Tür zum Klo. Wenn sie da ist, dann verschwindest du kurz dahin, greifst dir die Kamera, die ich dir gegeben habe, und machst ein Foto, wenn ich ihr die Bilder gebe. Hast du die Kamera?"

„Logo ...", schnarrte das wieselgesichtige Männchen und drehte an seinem affektierten kleinen Schnäuzer, der rechts und links wie Mäuseschwänze von seinem Gesicht abstand. Im Nadelstreifenanzug und schwarz-weißen Budapestern mit Ledersohle gab er ganz das Bild eines Mafioso zu Al Capones Zeiten. Joe betrachtete ihn von oben bis unten.

„Sag mal, ging's nicht noch auffälliger?"

„Wat haste denn? Ich treff mir nachher noch mit Chantal. Musste die Süße extra wegen deiner Scheißaktion vertrösten."

„Chantal? Schon wieder 'ne andere? Lass das mal nicht Bärbel hören. Dann hast du deine letzte Zigarre geraucht."

„Ey, cool down. Das Chantal ist doch Bärbel. Die hat sich umbenannt. Mit Bärbel wirste doch nichts. Eine Frechheit von ihren Eltern. Fast schon Körperverletzung. Die sollte se für den Namen anzeigen."

„Na dann is' ja gut."

„Und was ist mit der Marie?" Joachim Bienek guckte verdutzt, bis Shorty eine bezeichnende Bewegung mit Daumen und Zeigefinger machte, indem er sie aneinanderrieb.

„Ach Kohle willst du? Hier ..." Er zog einen braunen Schein aus dem Portemonnaie, „Damit kannst du deine Rechnung im Lokal bezahlen. Rest gibt's erst, wenn du ordentliche Arbeit abgeliefert hast. Also gib dir Mühe. Ich will die Fotos und ihr Gesicht auf dem gleichen Bild."

Hastig griff Shorty nach dem Geldschein.

„Logo, Joe. Geht klar. Fotos und Alte auf einem Bild."

Joachim Bienek ließ noch einmal einen prüfenden Blick durch die Fenster des Thai-Restaurants mit den netten Nischen schweifen.

„Achtung, da kommt sie. Verzieh dich. Wenn sie weg ist, kommst du zu mir an den Tisch und gibst mir die Kamera wieder. Dann kriegst du dein Geld."

Er klopfte Shorty noch einmal kurz auf die Schulter, dass dieser in sich zusammensank ob der Wucht des freundschaftlichen Schlages, dann nahm er an dem ausgesuchten Tisch mit Blick auf die Toiletten Platz. So musste Aurelia diesen den Rücken zuwenden und Shorty konnte sie im Halbprofil gut erwischen, ohne dass sie es gleich mitbekam.

Stellungsspiel ist alles, dachte sich Joe, der Exboxer. Hatte schon sein Trainer gesagt.

Als Aurelia den Raum betrat, hätte er sie fast nicht erkannt. Nur die blonden Haare verrieten sie. Waren sie schließlich auch das Werk eines sehr teuren Friseurs.

Er hob kurz die Hand und Aurelia schlängelte sich an seinen Tisch. Bevor sie sich setzte, warf sie einen prüfenden Blick über die anderen Gäste. Der musste zufriedenstellend ausgefallen sein, denn sie setzte sich und kam sofort zur Sache.

„Also los. Was haben Sie herausgefunden."

Joe hob abwehrend beide Hände. „Mal langsam mit den jungen Pferden. Ich bin hungrig. Sie nicht? Wir sollten erst einmal etwas zu trinken bestellen." Er winkte die Bedienung mit einem Lächeln herbei, das durch die vielen Treffer in seiner Boxerlaufbahn etwas schief wirkte.

„Ein großes Bier bitte und die Speisekarte. Und die Dame?"

„Jasmintee."

„Und sonst noch etwas."

„Nein, nichts."

Aurelia wartete, bis die Bedienung die Bestellung gebracht hatte und wieder außer Reichweite war, dann fauchte sie Joachim Bienek an.

„Was soll das? Ich bin hier nicht bei einem Rendezvous. Sagen Sie, was Sie herausgefunden haben, ansonsten bin ich weg und mit mir das Geld."

Joe fluchte innerlich. Die Alte sollte besser nicht so mit ihm reden. *Das kostet sie einen Hunderter mehr*, schwor er sich.

„Lady, das würde ich Ihnen nicht empfehlen. Ich habe Ihren Gatten nämlich gefunden.“

Hatte er nicht, aber das wusste die aufgetakelte Schnepfe ja nicht. Der blöde Macker von der Ollen war wie vom Erdboden verschwunden.

„Ich will Beweise. Haben Sie Fotos? Was hat er gesagt? Wissen Sie endlich, wo Paul mit meinem Geld hin ist?“

„Immer langsam mit den jungen Pferden.“ Joe wollte sich nicht hetzen lassen. Einen Joe jagte man nicht, er jagte selber.

Joe griff in die Brusttasche seiner Lederjacke und zog einen braunen Umschlag hervor. Ein kurzer, prüfender Blick: Ja, Shorty war auf seinem Posten. Na dann konnte der Tanz losgehen.

„Klar weiß ich alles. Hier sind die Bilder. Wo ist das Geld?“

Aurelia kramte ebenfalls einen braunen Umschlag aus ihrer Tasche und schob ihn Joe über den Tisch. Der öffnete ihn, zählte kurz nach.

„Sie brauchen nicht nachzuzählen. Fünftausend, wie abgemacht.“

Joe ließ sich nicht beirren. Er zählte in aller Ruhe, dann packte er den Umschlag mit dem Geld schnell in seine Jacke. *Na also. Der nächste Monat ist gesichert, dämliche Kuh.*

Er öffnete nun seinerseits den Umschlag und entnahm ihm einige Fotos. Drei davon legte er vor Aurelia mit einer Warnung auf den Tisch.

„Aber Vorsicht, Lady. Es war nicht ganz einfach, die Information aus ihm herauszuholen. Ich musste etwas nachhelfen. Ist nicht hübsch, der Anblick.“

Aurelia beugte sich ungeduldig vor und zuckte zurück. Ihr Gesicht nahm eine fahle Farbe an, als müsse sie sich gleich übergeben. Sie griff nach der Serviette und hielt sie sich vor den Mund, als wolle sie die letzte Mahlzeit auffangen.

„Da sieht man ja gar nichts. Nur rohes Fleisch. Woher soll ich wissen, dass das mein Mann ist", keuchte sie. Angewidert griff sie sich eins der Bilder und inspizierte es genauer. Dann legte sie es mit spitzen Fingern wieder auf den Tisch.

„Und wo ist er jetzt?"

„Tot. Wo ist doch egal."

„Tot?!" Aurelias spitzer Aufschrei ließ Joe zusammenzucken.

„Lady, nun reißen Sie sich am Riemen. Sie alarmieren noch das ganze Lokal."

„Sie dämlicher Idiot! Sie sollten ihn suchen, mir das sagen und höchstens noch das Geld finden. Von ‚töten' war nie die Rede." Aurelia zischte Joe böse an. „Geben Sie mir sofort mein Geld wieder. Für die Bilder zahl ich nicht. Da ist ja nichts drauf zu erkennen."

„Vergessen Sie's. Ich habe meine Arbeit gemacht, Sie haben die Bilder. Das Geld steht mir zu. – Im Gegenteil. Sie werden sogar noch viel mehr zahlen."

„Sind Sie irre? Wie kommen Sie auf das schmale Brett? Sie haben meinen Mann umgebracht. Wie komme ich jetzt an die Information, wo er das Geld hingeschafft hat?"

Joe lehnte sich entspannt zurück, nahm einen großen Zug von seinem Bier und warf unauffällig einen Blick zur Toilettentür. Shorty nickte. Also hatte sein Plan geklappt. Dann würde er jetzt die Daumenschrauben fester ziehen. Ihr abfälliges Getue war ihm schon lange ein Dorn im Fleisch, aber sie würde für jede Bemerkung bezahlen müssen. War sie nicht bereit, für die Information zu zahlen, die sie erhoffte, so konnte er sie immer noch mit den von Shorty geschossenen Fotos erpressen.

So oder so – er kam an sein Geld.

„Lady, wenn Sie wissen wollen, wo der Alte das Geld gebunkert hat, dann müssen Sie noch etwas drauflegen. Ihn fragen können Sie nicht mehr." Joe tippte sich zur Bekräftigung seiner Worte an die Schläfe. „Hier drin ist das, was sie wollen. Und dafür will ich Kohle sehen."

Aurelia funkelte ihn ungläubig an. Diese kleine, miese Kanalratte wollte sie erpressen? Verdammt! Sie hatte einen ihrer Grundsätze missachtet und nun musste sie bluten.

Wenn du willst, dass etwas gut gemacht wird, mach es selbst. Verdammt, verdammt, verdammt!

Um sich zu beruhigen, goss sie sich ihren Tee ein und nahm einen kleinen Schluck. Danach hatte sie sich zumindest oberflächlich wieder im Griff, wenn auch in ihrem Innersten die Gedanken tobten und sich überschlugen.

„Nun gut. Also noch einmal fünftausend, aber keinen Cent mehr."

„Zwanzig."

„Sind Sie verrückt? Wo soll ich zwanzigtausend Euro hernehmen? Ich hatte schon Probleme, die fünftausend für die Bilder zu beschaffen. Noch bin ich nicht im Besitz des Geldes meines Mannes."

„Das ist Ihr Problem. Dann verkaufen Sie eben einen Ihrer Schinken, die zu Massen an den Wänden in Ihrem Gutshaus hängen ... Ja, ich habe mich informiert", setzte er noch hinterher.

„Das geht nicht. Die sind alle registriert. Zehntausend ..."

„Fünfundzwanzig. Immerhin ist der Alte tot."

Aurelia keuchte. „Eben waren es noch zwanzig."

„An Ihrer Stelle würde ich zuschlagen ... der Preis steigt."

Joe Bryan hatte sein Pokergesicht aufgesetzt, aber in ihm kicherte der kleine Joachim Bienek, den man immer für dumm gehalten hatte. Es machte ihm ein diebisches Vergnügen zu beobachten, wie dieser arroganten Ziege die Kraft aus dem Gesicht fiel. Gelassen griff er erneut zu seinem Glas und trank den Rest mit einem Schluck aus, bevor er erneut das Wort ergriff.

„Was ist nun, Lady?"

„So viel habe ich nicht."

„Warum verkaufen Sie nicht Ihr kleines Schmuckstück da am Handgelenk?"

Die Uhr. Oh Mist, ich habe die Uhr vergessen!

Aurelia griff nach dem Zifferblatt mit den lupenreinen Brillanten und den Smaragden und legte ihre Finger darüber, als wollte sie es verstecken. Doch dafür war es nun zu spät.

„Das dauert aber. Wenn ich einen vernünftigen Preis erzielen will, dann brauche ich Zeit. Zwanzigtausend – und ich brauche Zeit bis Sonntag."

„Okay. Zwanzigtausend. Aber versuchen Sie nicht, mich zu verarschen. Ich rieche den Braten, wenn Sie mich linken wollen. Sonntag um 18 Uhr bei mir in der Kanzlei am Osthafen. Seien sie pünktlich, sonst steigt der Preis wieder. Und nehmen Sie sich ruhig die Fotos mit als Erinnerung und Warnung. Mit einem Joe Bryan spielt man keine Spielchen."

Aurelia raffte die Bilder zusammen und packte sie in ihre Tasche. Der Stuhl fiel fast um, als sie ruckartig aufstand. Wütend über ihre eigene Dummheit, stapfte sie recht undamenhaft aus dem Lokal. Den Jasmintee sollte Joe bezahlen. Geld hatte er nun genug.

Ihr Geld.

Den ganzen Weg nach Hause verfluchte sie ihre Dämlichkeit, die den überteuerten Erpressungsversuch erst hervorgerufen hatte. Wie hatte sie die teure Uhr nur vergessen können? Dieser gierige, schmierige Joe Bryan musste sie natürlich sehen. Oh verdammt! Und ihr Geld hatte er auch noch.

Es war das Geld für den nächsten Monat. In der Hoffnung, bald an das Geld ihres Mannes zu kommen, hatte sie das Geld von Matthias' Scheck genommen. Aber nun war sie erneut abgebrannt.

Geistesabwesend strich sie über ihre Schmuckuhr. Sie war ihr Hochzeitsgeschenk gewesen. Ein Vielfaches mehr wert als zwanzigtausend, aber sie war nicht bereit, die Uhr in Bargeld umzutauschen. Es musste eine andere Lösung geben. Sie war doch so viel klüger als Joe. Ihr musste einfach etwas einfallen. Je eher, desto besser.

Sie würde sich das Geld wiederholen. Es war ihr Geld. Er hatte ihren Mann umgebracht, dieser Idiot. Jetzt war sie in seiner Hand, wollte sie noch an die Gelder kommen, die Paul vor ihr versteckt hatte. Und schlimmer noch: Wenn man Joe auf die Schliche kam, war sie auch gefährdet. Sie hatte zwar nicht gesagt, er solle Paul umbringen, aber der Verdacht allein würde sie ihre Stellung kosten, die sie sich so mühsam erarbeitet hatte.

Dazu zwei, drei geschickte Fragen, auch wenn sie der Polizei nicht viel zutraute, aber das würden die noch hinbekommen. Dieser Schwachmat würde doch nie die Klappe halten können.

Es gab nur eins zu tun: Joe musste mundtot gemacht werden. Umgehend. Nur wie?

Half mehr Geld, damit er Frankfurt verließ, oder brauchte es etwas Endgültiges? Und wo bekam sie Letzteres her, falls Ersteres nicht half?

Joachim Bienek alias Joe Bryan bestellte sich in Ruhe ein weiteres Bier, dann befragte er die Speisekarte nach etwas Leckerem.

Die Fünftausend in seinem Jackett juckten, aber er wollte sie nicht leichtfertig ausgeben. Ein vernünftiges Essen jedoch war allemal drin, fand er.

Mann, war die Alte stinkig abgerauscht, aber was sollte sie machen? Er hatte sie in der Hand. Ohne ihn kam sie nicht an das Gewünschte. Mit ihm jedoch auch nicht, aber das wusste die arrogante Pute nicht. Er grinste.

Bluff. Ein Bluff war es gewesen und ein sehr guter. Die Stunden, die er mit Shorty und den anderen gezockt hatte, zahlten sich aus. Joe Bryan hatte keinen blassen Dunst, wo sich dieser Paul Müller aufhielt.

Natürlich hatte er versucht, den Mann seiner Klientin zu finden, würde es auch weiter tun, schon allein, um an die Kohle von ihm zu kommen ... für sich selbstverständlich, nicht für die Pute – die hatte genug, jetzt war er dran. Und wenn er noch zig Penner kloppen müsste. Irgendwann käme er an seine Informationen. Wenn er zuschlug, hatten schon härtere Typen als diese ausgemergelten Freaks sich um Kopf und Kragen geplaudert.

Wenn er ehrlich war, so hatte er auch keine andere Idee mehr. Die Sache mit der Verfolgung von Pauls Sohn war schon nicht falsch.

Von Aurelia hatte er erfahren, wo Matthias zu finden war. Das war auch nicht schwierig. Matthias ging morgens in die Firma, blieb bis spät am Abend und fuhr heim – wie bescheuert. Hatte so viel Geld und wusste nichts damit anzufangen. – Also er, Joe Bryan, hätte gewusst, was man mit so einem Haufen Schotter anfing. Auf keinen Fall in Bilder anlegen. Höchstens lebende ... im Bikini ... auf Hawaii oder in der Karibik. Egal wo, nur warm sollte es sein.

Gut gelaunt winkte er Shorty, damit er ihm wieder die Kamera geben konnte. Wenn die Bilder so waren, wie er hoffte, waren sie mehr als den Hunderter für Shorty wert. Mit den Fotos von Shorty hatte er weitere Druckmittel in der Hand. Und Joe gedachte sie einzusetzen.

Er grinste zufrieden. Seine Welt war in Ordnung und das war die Hauptsache. – Wen interessierte schon ein Penner mehr oder weniger? Das war, wie Käfer totzutreten; killst du einen, kommen fünf nach. Also nicht schade darum.

Und es knackte so schön, wenn der Kiefer brach ...

19. Durchbruch

Seine zweite Nacht war herum. Evchen war leider nicht aufgetaucht. Kalle auch nicht. Als er morgens aufwachte, hatte er sein Fahrrad abgerüstet. Einige Sachen legte er in ein Schließfach, sodass es sich gerade noch fahren ließ, aber immer noch wie das Fahrrad eines Obdachlosen aussah.

Melvin schlief noch. Als Kommissar Oder gerade gehen wollte, blinzelte er kurz mit den Augen. ‚Michi' verabschiedete sich mit den Worten: „Bis nachher!", dann schwang er sich auf das Rad und fuhr zur Rechtsmedizin. Er wollte an einen Computer, um nach den Ergebnissen seiner Anfragen zu sehen, die er noch vor seinem Abenteuer gestellt hatte ... Vielleicht hatte sich auch Georg gemeldet. Der hatte ihm versprochen, sich noch einige Leute vorzunehmen. Die Hoffnung war klein, zugegeben, aber wer ohne Hoffnung lebt, der konnte sich auch gleich begraben.

... Ach was wollte er sich vormachen: Jeder Tritt in die Pedale brachte ihn näher zu Andrea! Michael Oder musste zugeben, dass sie mehr Raum in seinen Gedanken einnahm, als er erwartet hatte.

Wenn das hier rum ist und ich wieder menschlich aussehe, werde ich sie zu einem Abendessen einladen, versprach er sich. Was sie wohl mochte? Er hätte momentan alles gegessen, was auch nur am Rande genießbar war. Sein Hunger war mörderisch, aber nicht mörderisch genug, um in den Abfalleimern der Stadt nach Essbarem zu suchen.

Muss sowieso abnehmen, dachte er grimmig und versuchte tapfer, seinen knurrenden Magen zu ignorieren.

Tatsächlich gab es neue Erkenntnisse, aber die kamen nicht aus dem Computer. Andrea hatte schon auf ihn gewartet.

Kommissar Michael Oder hatte sich das demütigende Prozedere an der Pforte diesmal geschenkt und sein Fahrrad zu den Fenstern der Rechtsmedizin geschoben. Dort klopfte er so lange an die Fenster, bis Andrea ihn bemerkte. Sie ließ ihn durch die schon bekannte Seitenpforte. In den Räumen der Rechtsmedizin war es warm und Oder zog seinen Mantel aus. Andrea goss ungefragt einen Kaffee ein, stellte die Milch in Oders Reichweite und reichte ihm die Tasse.

„Da, nimm. Es wird dich aufwärmen."

„Hast du zufälligerweise was zu essen?"

„Nur ein paar Notfallkekse. Moment." Andrea bückte sich zur untersten Schublade ihres Schreibtisches und Oder genoss den Anblick ihres prallen Hinterns. Für einen winzigen Augenblick spürte er die Kälte nicht mehr. Leider fand Andrea die Kekse recht schnell. Zu schnell für seinen Geschmack.

„Ich habe übrigens Neuigkeiten für dich. Die werden dir gefallen." Sie hielt ihm eine Packung Butterkekse hin.

Kommissar Oder griff nach den Keksen, riss die Packung auf und stopfte sich gleich zwei auf einmal in den Mund. „Was denn?“, nuschelte er.

Andrea lachte. „Ab 20 Gramm wird es undeutlich. Vorsicht, die Putzfrau kommt erst nächste Woche wieder.“ Sie wischte einige Krümel in ihre Hand und versenkte sie in ihrem Papierkorb.

Michael Oder spülte die trockenen Kekse mit einem großen Schluck Kaffee herunter, dann bat er: „Na komm schon. Lass mich nicht so hängen. Was hast du für mich?“

„Wie wäre es mit dem vollständigen Namen des toten Obdachlosen? Du ahnst nicht, wer das ist.“

„Endlich ... Okay. Los, spuck es aus. Jedes bisschen hilft mir weiter.“ Kekse und Tasse wanderten auf den Schreibtisch, seine Aufmerksamkeit galt ausschließlich ihr. Der ‚Kommissar‘ in Oder war wieder aktiv und verbot jede andere Aktivität.

„War ein wenig schwierig, da die Knie-OP nicht in Deutschland stattgefunden hat. Es ist ein Implantat aus der Schweiz.“

„Schweiz? Sprich weiter. Wieso Schweiz? Wie kommt ein Obdachloser zu einem Schweizer Implantat?“

„Weil es sich um Paul Müller, DEN Paul Müller handelt. Den Großindustriellen, den Mäzen der Kunstwelt, der das große Kieswerk hat. Hier habe ich seine Adresse. Es ist ein altes Gutshaus, aber topsaniert. Voll teurer alter Schinken. Seine erste Frau hat Kunst geliebt. Ihr zuliebe hat er sich eine exquisite Sammlung angeschafft.“

„Seine erste Frau? Ist er wieder verheiratet?“

„In zweiter Ehe. Einen Sohn aus erster Ehe."

„Woher weißt du das alles?"

„Liest du keine Klatschspalten?" Andrea lachte über Kommissar Oders angewidertes Gesicht. „Nein, im Ernst: Mein Mann war oft Gast in seinem Haus, als die alte Frau Müller noch lebte. Kurz nach unserer Hochzeit hat er mich mal mitgenommen. Alles vom Feinsten, dabei aber urgemütlich."

Ein Klumpen, groß wie seine Faust, fuhr ihm in die Eingeweide. *Sie ist verheiratet. Verdammt, Andrea ist vergeben. Daher ihre Zurückhaltung.*

Aber warum wohnte sie dann mit Lotti in einer Frauen-WG?

„Du bist verheiratet?"

„War. Das ist glücklicherweise vorbei."

Mehr sagte sie nicht dazu und es schien, als hatte sie auch nicht vor, darüber weiter zu sprechen. Sie drehte sich zu der Kaffeemaschine, um sich ebenfalls einen Becher zu füllen. Vielleicht aber auch nur, um Michael Oders neugierigen Blicken auszuweichen. Michael Oder war sich nicht so sicher, dass es wirklich aus war. Sie hatte ‚Mann' gesagt und nicht ‚Exmann'. Hinterfragen konnte er es nicht. Zumindest nicht jetzt. Ihre eindeutig abweisenden Schultern verboten es. Er würde es respektierten müssen, obwohl ihm tausend Fragen auf den Lippen brannten.

Wollte er noch eine Chance bekommen, ging das nur über Freiraum ... ihre Freiheit, es ihm zu erzählen. Zu warten würde ihm schwerfallen. Obwohl ... vielleicht sollte er mal ... wozu gab es ‚Kollege PC'. Und Michael Oder war Kommissar. Neugier gehörte zu seinem Beruf – war quasi sein zweiter Vorname. *Gestatten, Kommissar M. ‚Neugier' Oder.*

Er merkte nicht einmal, dass er laut seufzte. Aber Andrea hatte es gehört. Mit dem Becher in der Hand drehte sie sich um.

„Tja, Michi, das kann ich dir leider nicht abnehmen ... Und ich bin heilfroh, dass ich nur höchst selten mit Angehörigen sprechen muss. Diplomatie ist nicht so meins."

Oh gut, sie hat mein Seufzen falsch interpretiert. Besser so.

„Andrea, bei mir musst du dich nicht zusammenreißen. Immer frei von der Leber weg." Michael Oder grinste verschmitzt. Andrea lächelte zurück.

„Um die Angehörigen kümmere ich mich heute Nachmittag. Ich muss auch mit Kalle reden. Er hatte Streit mit dem Opfer, zog vielleicht den Kürzeren. Und hat, als er wieder nüchtern war, sich an Paul Müller gerächt."

Als Andrea ihn fragend ansah, ergänzte er: „Eifersucht. Auf der Straße werden die Emotionen heftiger ausgetragen als in der ‚zivilisierten Welt'."

„Möglich wäre es. Was hast du jetzt vor?"

„Ich muss Kalle erst mal finden. Obdachlose haben leider keine ‚ladbare Adresse'."

Andrea lachte.

„Na dann viel Spaß. Bevor du heute Abend wieder zu deinem Posten gehst, musst du aber von Lotti das Make-up auffrischen lassen. Meine Fähigkeiten darin sind begrenzt und noch eine Nacht übersteht es nicht. Sei froh, dass es nicht so heiß ist. Sonst wäre es jetzt schon zerlaufen."

„Etwas mehr Wärme fände ich aber auch nicht schlecht."

„Dann freu dich. Sie haben zwei Grad mehr angesagt, aber dafür mit Regen gedroht."

„Na sauber!"

„Ja. Säubern wäre auch mal eine Maßnahme. Mit Verlaub, Michael, aber du stinkst!" Sie hielt sich demonstrativ die Nase zu.

Michael streckte ihr die Zunge heraus. Gemeinsam kicherten sie ausgelassen wie Kinder. Michael Oder goss sich noch einen Kaffee ein, danach begab er sich wieder auf die Straße.

Er musste Kalle auftreiben ... und das schnell.

20. Erfolg liegt in der Luft

Zwei Stunden später war er immer noch auf der Suche. Er hatte schon drei Kaffeestuben nach Kalle abgesucht ... Nichts ... Als wüsste der, dass Kommissar Oder nach ihm suchte.

Es hatte angefangen zu nieseln. Der feine Regen sickerte durch die Schichten und kühlte seinen Körper aus.

Mit dem Fahrrad hatte er sich, sehr zu seinem Kummer, die Möglichkeit genommen, in den Kaufhäusern etwas Wärme zu tanken. Er konnte schlecht das Fahrrad durch die Parfümerie schieben. Trotzdem versuchte er es, weil die Kälte ihn dazu trieb. Und es bekam ihm äußerst schlecht.

Der Sicherheitsdienst war schneller, als die Polizei erlaubte. Während die aufgetakelten ‚Spritzer-Girls' sich affektiert ihre parfümierten Kleenex-Tücher vor die gepuderten Näschen hielten, versuchten die beiden ‚Kleiderschränke' vom Sicherheitsdienst, sein Fahrrad zu wenden. – So bekloppt musste man sein ... Kreisberechnung gehörte definitiv nicht zu ihren Anstellungsvoraussetzungen. Vorstellungsvermögen leider auch nicht.

Beim Versuch, das Fahrrad in der engen Gasse zwischen den Verkaufsinseln zu drehen, stießen sie an den Aufbau einer der ‚Mief-Türme' und alle sorgsam drapierten Flaschen gingen scheppernd zu Boden.

Es war fraglich, was nervtötender war: der Lärm der zerschellenden Flaschen, der infernalische Gestank oder die sirenenhaften Jammerlaute der entsprechenden Verkäuferin. ‚Penner Michi' auf jeden Fall machte, dass er davonkam, bevor die beiden Vollpfosten, die das Tohuwabohu verursacht hatten, wieder klar denken konnten. Er konnte sich ausrechnen, dass sie die Schuld nicht bei sich, sondern bei ihm suchen würden.

In dem Tumult war die Flucht nicht einfach, aber Michi hob das Fahrrad etwas hoch und gab Fersengeld. So hechtete er, viel schneller als von ihnen erwartet, davon. Draußen wischte er sich vorsichtig die Lachtränen aus den Augen, um sein Make-up nicht zu zerstören. Dabei kam er zu völlig neuen Erkenntnissen:

„Ich melde das Zeug bei der Beschaffung als Verbesserungsvorschlag an. Ersatz für den Zusatz im Wasserwerfer. Wird bestimmt ein Erfolg und müsste allemal besser riechen", kicherte er. „Erhöht bestimmt die Frauenquote und wir haben alle was davon. Freies ‚Müffi' für alle. Dann machen die Demos doch gleich viel mehr Spaß."

Er entschied sich, auch wenn er durch den Zwischenfall hellwach war, besser eine Regenerationspause einzulegen. Zwei, drei Stunden Schlaf in einem echten Bett wirkten Wunder und konnten helfen, für die nächste ‚Nachtschicht' ausreichend fit zu sein, um alles mitzukriegen. Müde zu ermitteln, ging auf Kosten der Wahrnehmung. Angesichts der rapide schwindenden Zeit musste er gut mit seinen Ressourcen haushalten. Nichts zu tun, war manchmal besser als blinder Aktionismus.

„Und zu der Witwe muss ich nun auch noch!", stöhnte er, als ihm wieder einfiel, dass man ja nun einen Namen und ein Umfeld für den Toten hatte.

Also schob er sein Fahrrad Richtung Eschersheimer Turm, vorbei am Aufgang der U-Bahn-Station und weiter Richtung Heimat. Am Cityring traf er auf eine Gruppe Obdachloser, die in einem Mülleimer ein Feuerchen zum Wärmen angezündet hatten.

Ey, das nenn ich mal echtes Up-Cycling, dachte sich Oder. Müll war in dem Behälter sowieso schon lange nicht mehr gelandet, wenn man die Anlage betrachtete. Warum also nicht. Der Winter war kalt.

Er ergriff die Chance und näherte sich langsam der Gruppe. Als er noch gute zehn Meter entfernt war, hörte er seinen Namen.

„Michi, komm her, hier kannst du dich wärmen."

Irritiert betrachtete er die Gruppe genauer und erkannte Melvin, der ihm winkte.

„Macht mal für Michi Platz, ihr Taubnüsse. Er ist einer von uns.“ Brummend machten zwei eine Lücke, damit er ans Feuer kam. „Stell dein Rad da an die Bank. Von uns nimmt dir keiner dein Zeug. Ehrensache!“ Melvin deutete auf eine Bank, die Oder noch nicht gesehen hatte, da die Gruppe sie mit ihren Körpern abgeschirmt hatte. Oder nickte. Das Bett musste warten. Die Aufforderung konnte er nicht ignorieren. Sie war zu gut.

Er gesellte sich zu der Gruppe und hielt wie sie die Hände an das Feuer. Es wärmte nicht viel, aber darauf kam es nicht an. Er hatte Kontakt. Er wurde akzeptiert. Akzeptiert von den Ausgestoßenen der Gesellschaft. Mittlerweile wusste er, dass das auch eine Ehre war.

Ein Hoch auf die Kraft der Optik. Irgendwo sind wir doch alle gleich. Jede Gruppe hat ihre Einstiegskriterien.

Melvin schnupperte, zog die Nase kraus und fragte: „Sag mal, was stinkt hier denn so?“

Oder versuchte ein unschuldiges Gesicht: „Gefällt's dir nicht, Melvin? Dabei war das so teuer. Extra für dich!“ Er feixte und hatte gleich eine ganze Reihe neuer Freunde.

„Ja, Melvin, ist doch ganz deine Welle.“ „Genau, Melvin, du wirst Michi doch nicht zurückweisen, nur weil er wie ein zehnstöckiger Puff stinkt.“ Von jeder Seite hagelte es Bemerkungen und eine nach der anderen riefen sie neue Begeisterungsstürme hervor.

Alle lachten. Trotz des Nieselregens war die Stimmung auf dem Hochpunkt. Eine Flasche Weinbrand machte die Runde. Als sie an Michael kam, griff er sie mit der ganzen Faust am Flaschenhals, um zu verschleiern, dass er sie zwar ansetzte, die Lippen jedoch fest geschlossen behielt. Alkohol konnte er sich jetzt nicht leisten. Er brauchte einen klaren Kopf.

„Was ist denn nun passiert? Vorhin hast du noch nicht so gestunken. Hattest du ein Rendezvous?", forderte Melvin ihn auf, um die Aufmerksamkeit wieder von sich wegzulenken.

Michael schüttelte grinsend den Kopf. Ausführlich erzählte er, was sich zugetragen hatte, und sie lachten noch heftiger.

„Das geschieht denen recht. Mich haben sie auch schon rausgeworfen", meinte einer, den Melvin ihm als Achmed vorgestellt hatte.

Eindeutig Spitzname, befand Oder. War ‚Achmed' doch so naturblond wie ein Schwede und genauso blass – der Name konnte niemals stimmen.

Melvin konterte: „Könnte an deiner Verdauung liegen. Hast ihnen einen stehen gelassen?" Wieder haltloses Gelächter. Achmed konterte eindeutig zweideutig: „Bis jetzt ist bei mir noch keiner stehen geblieben."

Erneute Begeisterungsstürme. Michael Oder lachte mit. Nicht, um sich anzubiedern, nein, er amüsierte sich tatsächlich. Es war interessant und er bekam jede Menge Informationen. Viel interessanter aber war jedoch die Warnung, die Achmed kurz darauf den anderen mitteilte.

„Passt auf, wenn es dunkel wird. Da treibt sich seit zwei Wochen ein Spinner rum, der prügelt dir die Seele aus dem Leib. Meinen Freund hat der Arsch diese

Woche so zusammengeschlagen, dass ihn die Sanis holen mussten und er mit dem ‚Sanka' eingefahren ist."

Im anschließenden Gemurmel konnte Oder einige Sätze ausmachen: „Wer macht denn so was?", und: „Verdammte Scheiße!" Achmed sah Melvin grübelnd an: „Melvin – dein Kunde vielleicht, der Bulle?"

Melvin schüttelte den Kopf. „Pff, das Weichei doch nicht. Der lässt sich selbst regelmäßig verprügeln und zahlt dafür. Echt geil. – Nee, das muss irgendein anderer Kranker gewesen sein."

Der Bulle? Ein homosexueller Polizist, der Angst vor Entdeckung hatte? Wer?

Oder war irritiert ... aber ausschließen konnte er es nicht. In vielen Köpfen geisterte noch herum, dass ein Polizist ein ‚ganzer Mann' zu sein hatte, was auch immer man unter einem ‚ganzen Mann' verstehen wollte. Melvin traute es dem Kollegen nicht zu. Achmed schon. Die Wahrheit lag vermutlich in der Mitte. Potenzial für Aggressionen war da.

Auch das ist eine Möglichkeit, mit der man rechnen muss. – Wie auch immer, es klang vielversprechend. Oder musste unbedingt Achmed am Reden halten. „Was für eine Sauerei. – Ist er noch bei den Sanis?"

„Klar. Der hat mehrere gebrochene Rippen und seine Milz ist gerissen. So schnell kommt der nicht aus dem Bürger."

Ah! Oder horchte auf. ‚Bürger' war die Kurzform für ‚Bürgerhospital', das Krankenhaus am Alleenring, passenderweise nicht weit vom Hauptfriedhof gelegen.

Honi soi, qui mal y pense ... (ein Schelm, der Übles

dabei denkt), dachte sich Oder, als er das Motto des Hosenbandordens im Geiste zitierte.

Ein kleiner Umweg auf dem Weg zu Lotti für die Abendmaske, das war ihm die Information schon wert.

Damit stand aber auch die Tagesplanung fest. Mit der Obdachlosenmontur kam er sowieso nicht in gutbürgerliche Institutionen rein. Das hatte er gestern beim Kommissariat mehr als deutlich feststellen können. Ein Krankenhaus war da nicht anders. Also ab nach Hause, zwei Stunden bis Mittag schlafen, dann erst ins Krankenhaus. War er dort schnell fertig, dann würde er der Witwe von Paul noch einen Besuch abstatten, ansonsten morgen früh, wenn er von der nächsten Nachtschicht kam. Auf jeden Fall musste er heute Abend noch zu Lotti, denn eine weitere Nacht hielt das Make-up beim besten Willen nicht aus. Ein Wunder, dass noch keiner etwas gesagt hatte. Sicherheitshalber trug Oder seinen Schal immer locker über der unteren Gesichtshälfte. Bei der Kälte störte sich daran keiner.

Oder stöhnte innerlich. Das war ein volles Programm. Aber er freute sich darauf – und auf die Dusche. Sein Bart juckte, als hätte er Ungeziefer drin. Es würde ihn auch nicht wundern. Er hatte zwar aufgepasst, aber sicher konnte man nicht sein.

Trotz allem fühlte er sich wohl. Er hatte neue Ziele. Ein erhebendes Gefühl.

Eine gute Stunde blieb er noch bei der Gruppe, obwohl es ihm in den Füßen juckte, schnellstmöglich seinen Plan auszuführen – dann ging das Feuer aus. Da es auch Zeit für den Mittagstisch bei der Diakonie war, zerstreuten sie sich und Oder machte sich auf die Socken. Der Weg war weit und er hatte viel vor.

Nie war eine Dusche so erfrischend, besonders nach einer solchen Nacht, wie sie Kommissar Oder nun schon zweimal hinter sich hatte.

Beinahe hätte er noch einen fatalen Fehler begangen: Erschöpft wie er war, hatte er blind nach dem Duschgel gegriffen, das er von Petra zu seinem letzten Geburtstag bekommen hatte. Männlicher Duft, exquisit wie alles von ihr. Zu exquisit für ihn ... Er hatte alles entsorgt – inklusive Frau. Nur bei dem Duschgel war er schwach geworden und hatte es behalten.

Es wäre so toll gewesen, das extrem süße Miefwässerchen aus dem Kaufhausunfall loszuwerden, aber er zuckte in letzter Sekunde zurück. Evchen würde es sofort bemerken und misstrauisch werden. Frauen waren da viel sensibler als Männer. Gab Studien darüber. Man hatte sie im Kommissariat diesbezüglich geschult, erinnerte er sich.

Er griff also stattdessen zu einem Flüssigscheuermittel, das wie Schmirgelpapier auf der Haut kratzte, kaum schäumte, aber er fühlte sich hinterher sauber und duftete nicht mehr so penetrant. Nur noch ein Hauch künstliche Zitrone klebte jetzt an ihm, den er nicht loswurde, da er von dem Scheuermittel stammte.

Shit happens. Er konnte sich ja damit herausreden, dass er eins der kostenlosen Handreinigungstücher genutzt hätte, die man bei Mäckes oder beim Grillhendel-Brater für die Finger bekam. Deren Gestank nach künstlicher Zitrone bekam man auch nicht so schnell wieder vom Pelz.

Apropos Pelz. Sein Bart juckte wie die Hölle. Oder griff nach einer Babycreme, die er als Fettcreme noch aus dem letzten Skiurlaub herumliegen hatte. Die schmierte er in die Bartstoppeln in der Hoffnung, sie würde den Juckreiz dämpfen.

Tat sie auch, aber er hatte etwas zu viel erwischt. Mit den weißen Flocken im Bart wirkte er wie der Zwillingsbruder vom Nikolaus. Er versuchte, die Creme einzumassieren, aber das Zeug weigerte sich hartnäckig zu verschwinden.

Verdammt und zugenäht!

Vor Verzweiflung über die klebenden Hände fuhr er sich durchs Haar und versuchte, die Schmiere irgendwie wieder loszuwerden. Ein Blick in den Spiegel verriet ihm, dass er jetzt wie ein billiger Mafioso aussah. Er grinste.

Ein Wuscheln mit den Fingern und einen gespielt arroganten Blick später, und der Spiegel zeigte einen Gigolo mit der neuen Trendfrisur ‚à la Bettflucht'.

Michael Oder grinste albern. Seine linke Hand auf die Brust geschlagen, präsentierte er sich Sekunden später seinem Spiegelbild:

„Gestatten: Don Micael de Observato, Chef der Sonderermittlung Madrid." Dabei schlug er die imaginären Hacken zusammen.

Zwei Sekunden … höchstens drei … dann brachte sein haltloses Kichern die Haltung zum Einsturz. Das

Lachen schüttelte ihn so, dass er sich rechts und links am Waschbeckenrand abstützen musste.

Nein, so geht das auch nicht.

Schließlich musste sein Handtuch daran glauben und er schmierte den Kleister in die weichen Fasern. Das Handtuch entsorgte er danach sorgfältig im Wäschekorb, eng zusammengerollt, damit es nicht noch andere Klamotten einfettete. Seine Mutter hätte ihn dafür gekillt, aber da er schon seit Jahrzehnten seine Wäsche selbst wusch und die Aktion mit der Creme seine Laune gehoben hatte, zuckte er nur mit den Achseln. Und – auch wenn er das nie zugegeben hätte – er hatte es bitter nötig gehabt.

Danach drehte er den Kühlschrank auf links und fraß sich wahllos durch alles noch Essbare. Vor der nächsten Fressorgie würde er erst wieder einkaufen müssen. Ketchup, Senf und saure Gurken bildeten keine vollständige Mahlzeit mehr. *Egal.* Schnell noch den Wecker gestellt, kaum lag sein Kopf auf dem Kissen, war er auch schon eingeschlafen. Die trügerische Sicherheit seines eigenen Bettes tat ihr Übriges und entspannt wachte er nach zwei Stunden noch vor dem Wecker wieder auf.

Zum Bürgerhospital fuhr er mit seinem Auto, damit er notfalls noch zu der Witwe fahren konnte. Die Option wollte er sich freihalten, auch wenn es ein Problem mit dem Parken geben würde. Aber er hatte Glück. Gerade als er ankam, fuhr so ein Bonzenschlitten weg und gab den Weg frei.

Mit der Klinikleitung hatte er schon von zu Hause telefoniert. Man erwartete ihn bereits. Er wies sich mit seinem Dienstausweis aus, den er diesmal extra mitgenommen hatte. Der verletzte Obdachlose war unter dem Namen Ronny Nord eingeliefert worden. Eine Schwester begleitete Kommissar Oder zu dem Verletzten.

„Aber nur kurz. Er ist noch nicht fit."

Das sah man.

Die Person im Bett war ordentlich eingebunden. Von Kopf bis Fuß überall Binden. Er lag still im Bett und blickte durch die Fenster nach draußen. Als er Stimmen hörte, drehte er den Kopf und Kommissar Oder konnte noch einen Rest melancholische Sehnsucht erkennen, bevor die Neugier siegte.

Wünschte sich Ronny tatsächlich in die Kälte zurück? Kaum zu glauben. War es hier im Warmen mit regelmäßigen Mahlzeiten nicht viel besser?

„Hallo, Herr Nord, mein Name ist Kommissar Michael Oder. Kann ich Ihnen ein paar Fragen zu ihren Verletzungen stellen?"

„‚Können', können Sie sicher, aber ich weiß nichts."

Oder glaubte, Trotz zu erkennen. Ronny hatte die Mundwinkel verächtlich heruntergezogen.

„Wollen Sie denn nicht, dass derjenige, der Ihnen das angetan hat, bestraft wird?"

„Was soll das bringen? Der kriegt eine Verwarnung, dann lässt man ihn laufen. Falls man ihn überhaupt kriegt. Eine Krähe hackt der anderen kein Auge aus. Aber ich bin meine Milz los. Schenken Sie mir Ihre?"

„Das würde ich vielleicht sogar tun, aber es geht nicht und das wissen Sie."

„Dann können Sie auch wieder gehen."

Er WAR trotzig. Oder fühlte sich in seiner Einschätzung bestätigt.

„Herr Nord, seien Sie doch vernünftig."

„Ich bin vernünftig. Mehr, als Sie glauben. In unseren Kreisen verpfeift man keinen."

„Der Ihnen das angetan hat, gehört nicht zu Ihren Kreisen. Sie schützen den Falschen."

„Woher glauben Sie, meine Kreise zu kennen?"

Berechtigte Frage.

Ronny richtete sich in seiner Erregung etwas auf, sodass die Bettdecke von seiner Brust rutschte.

Oder verstummte. Das lief nicht gut. Er hatte gehofft, die Wut über den Angreifer würde Ronny zum Sprechen bringen, aber sein Ehrenkodex war stärker. Dass Oder einer der Ihren geworden war, letzte und vorletzte Nacht, konnte er Ronny nicht sagen. Es hieß vorsichtig zu sein. Oder wusste nicht, wie lange er die nächtliche Maskerade noch aufrechterhalten musste. Er war in Zeitnot. Ronny würde ihn zwar nicht verraten können, aber jederzeit konnte ein Besucher von der Straße kommen, um Ronny zu besuchen, und wenn Oders Tarnung zu früh aufflog, konnte er den Fall vergessen. Gerade jetzt, wo er glaubte, etwas entdeckt zu haben.

„Kann ich mir die Wunde auf Ihrer Brust mal ansehen?"

„Wenn das so weitergeht, verlang ich Eintritt." Ronnys Antwort war zwar patzig, aber er schob trotzdem seinen Verband leicht zur Seite.

Oder beugte sich zu ihm und half vorsichtig, die Binden etwas zur Seite zu schieben. Was er sah, kam ihm merkwürdig bekannt vor.

Ronnys Bauch schillerte in allen Farben der Heilung seiner vielfachen Hämatome. Er war nach allen Regeln der Kunst verprügelt worden. Das musste höllisch geschmerzt haben. Vermutlich immer noch schmerzen. An mindestens fünf Stellen waren die Verletzungen tiefer. Mit einem Muster, wie er sie im Gesicht des Toten aus der Rechtsmedizin gesehen hatte.

„Was hat diese Verletzungen verursacht? Ein Schlagring?“ Oder fischte im Trüben, das wusste er. Aber vielleicht konnte er Ronny so überrumpeln.

„Wenn Sie es schon wissen, was fragen Sie dann noch danach?“ Getroffene Hunde bellen. Oder verkniff sich ein Grinsen. Es funktionierte doch immer wieder. Kaum zu glauben.

„Dann sagen Sie mir doch, wie viele Ihrer Gefährten einen Schlagring benutzen? Glauben Sie mir, der war nicht aus der Szene. Oder hatten Sie Sex mit ihm und waren nicht gut genug?“ Jetzt provozierte er bewusst. Ronny schien auf die rüde Art mehr anzusprechen. Eigentlich kein Wunder, war doch der Ton in seinen Kreisen auch nicht für den Häkelclub einer Teestube geeignet.

Ronny quietschte bei der Beleidigung laut auf.

„Ey, du Arschloch, was willst du mir damit sagen! Bei mir hat sich noch nie einer beschwert. Sie sind alle zum Schuss gekommen.“

„Was wollte er dann von dir, was du ihm nicht gegeben hast?“

„Gar nichts wollte er. Er hat nur einen gesucht. Aber wir halten dicht. Wir verpfeifen keinen.“

Aha. Wieder ein Stück des Puzzles.

„Kanntest du ihn?“ Oder hatte in das vertraute ‚Du‘ gewechselt. Ronny merkte es nicht mal, aber er wurde von einem Profi verhört. Einige Kraftausdrücke später, die Oder ihm aber nicht übel nahm, weil es die raue Sprache der Straße war, wusste Oder alles, was Ronny auszusagen hatte. Die ganze Befragung hatte nicht mal eine Viertelstunde gedauert. Der ‚bis in den Tod schweigende' Ronny hatte sich unter Anleitung des Profis als eine hervorragende Plaudertasche herausgestellt.

Es war leider aber nicht viel, was Ronny wusste. Kommissar Oder hoffte inständig, mit den Anhaltspunkten aus dem Gespräch bei der nächsten Befragung besser zu punkten. Spätestens, wenn er Kalle gefunden hatte.

Zum Schluss brachte Michael Oder die Sprache noch einmal auf ‚den Bullen', aber die Frage brachte nur ein Schweigen und ein Kopfdrehen zurück zum Fenster. Ronny beendete so die Fragestunde und war zu keiner Aussage mehr bereit.

Schade.

Ein flüchtiger Blick auf die Krankenhausuhr an der Wand zeigte ihm, dass er sich dringend auf den Weg machen musste. Er verabschiedete sich, sah kurz auf seine eigene Uhr und entschied, es war Zeit für sein Abend-Make-up. Die Witwe hatte bisher keine Suchanfrage gestartet, das hatte er gecheckt. Deshalb würde ein weiterer Tag auch nichts mehr ausmachen.

Toter als tot konnte Paul nicht mehr werden.

21. Pläne

Es war Freitagmittag, die Firma schloss um eins. Bisher hatte sich keiner vom Kommissariat bei ihr gemeldet. Vermutlich hatten sie Paul noch nicht gefunden und ihr blieb noch etwas Zeit. Wenn sie das mit ihrem Notar noch regelte, bevor Matthias von dem Tod seines Vaters erfuhr, dann konnte sie es schaffen. Leider hatte ein Termin mit dem Notar nicht mehr für heute geklappt, aber für Samstag hatte sie mit ihm ein Date zum Mittagessen ausgemacht. Er fuhr auf sie ab, das hatte sie bei jedem Besuch in seiner Kanzlei gemerkt. Etwas um den Bart gehen, auf hilflos machen ... Das müsste ausreichen.

Sie sah an sich herunter. Das rohseidene, cremefarbene Kostüm war gerade geliefert worden und passte perfekt. Es betonte eine Zerbrechlichkeit, welche trügerisch war, da sie diese aus Erfahrung zu nutzen wusste. Genau diese Zerbrechlichkeit würde sie bei dem Termin mit dem Notar überstreifen.

Aurelia grinste siegessicher.

Männer waren doch so einfach zu lenken.

Ein Wunder, dass sie sich morgens ihre Schuhe zubinden können ohne weiblichen Beistand.

Und bis Sonntag hatte sie noch Zeit, sich einen Plan zu überlegen, mit dem sie Joe loswurde, falls er nicht spurte. Viel würde davon abhängen, wie er sich benahm. War er klug, dann gab er sich mit dem Geld zufrieden, das sie auftreiben konnte, und nervte vor allem nicht mehr. War er aber dämlicher, dann würde das nicht ausreichen. Dann brauchte sie stärkere Mittel, um sich sein Schweigen zu sichern. *Sonntag ...*, überlegte sie. *Sehr knapp ...* Aber sie vertraute auf ihre Findigkeit. Bisher arbeitete ihr Kopf immer am besten, wenn sie etwas zu verlieren drohte.

Es war Zeit, Timo aufzusuchen, ihren Ex. Der war ihr noch etwas schuldig. Sie hatte ihn gedeckt, als die Polizei seine letzte Giftküche ausgehoben hatte. Timo war ein verkrachter Pharmakologiestudent, dem irgendwann klar geworden war, dass ein Leben als Apotheker längst nicht so ertragreich werden würde wie ein Leben als Drogenkoch.

Für Aurelia war sein Leben zu riskant gewesen – war der Sex auch noch so gut (und das war er, denn enthemmt durch die eine oder andere Pille, waren unglaubliche Dinge machbar). Sie jedoch blieb lieber bei ihrer Art zu überleben. Auch wenn sie das Geld mochte, das üppig bei Timo sprudelte, so war sein illegales Leben auf dem Hochseil doch risikoreich. Zudem mochte sie seine Klientel nicht. Zugedröhnte Junkies waren ihr zu unberechenbar.

Bei der nächsten Gelegenheit hatten sie sich in aller Freundschaft getrennt, den Kontakt jedoch nicht einschlafen lassen. Schon wegen dieser bestimmten prickelnden Kleinigkeit nicht ...

Sicher würde Timo irgendwas haben, was ihr nutzen konnte. Oder würde etwas mixen. Sie hatte ja zwei Tage Zeit ... man würde sehen. Und wenn alle Stricke rissen, konnte bei Joe vielleicht auch ein überdosiertes Magenmittel reichen, um ihm die Endlichkeit seines lausigen Lebens zu verdeutlichen. Kam nur darauf an, wie sie ihm dies verkaufte.

Sie war sich sicher, Timo würde ihr helfen. Umsonst war der Besuch in keinem Fall. Sie würde das Angenehme mit dem Nützlichen verbinden. Bei Timo kam sie sexuell immer auf ihre Kosten und ihr Witwenstatus musste schließlich gefeiert werden. Endlich keine faltige Haut mehr!

Hoffentlich für eine lange, lange Zeit.

22. Hintergründe

Die ‚Pennerklamotten' hatte er im Kofferraum. Sie stanken immer noch nach dem ‚Nuttenglück' aus der Parfümerieabteilung. Kommissar Michael Oder umklammerte die Plastiktüte mit festem Griff, als könne er so die Düfte fest einschließen. Heute war er fast dankbar für die Stufen zu Andreas Wohnung. Etwas in Schweiß zu geraten, erschien ihm irgendwie normal, wenn er an die Kälte dachte, die ihn in der B-Ebene erwartete.

„Ah, da bist du ja. Komm rein, Andrea ist noch kurz einkaufen." Lotti empfing ihn mit freundlichem Lächeln. „Komm in die Küche. Da ist das Licht am besten."

Oder folgte ihr.

„Wie lange wohnt ihr schon zusammen, du und Andrea?" Er hatte es nicht fragen wollen, aber es rutschte einfach so heraus. Zurückholen konnte er die Frage nicht, also wartete er gespannt auf die Antwort.

„Seit sie sich von Roland getrennt hat. Also …“ Sie erstarrte in ihrer Bewegung und zog die Stirn in Falten. Mit der Bürste in der einen Hand und dem Puder in der anderen stand sie wie ein griechisches Denkmal mit abgewinkelten Armen mitten in der Küche.

„… nächsten Monat müssten es zwei Jahre sein. Sie ist kurz nach ihrem Examen hier eingezogen. Dann kam die Zeit in der Klinik … die Scheidung … ja, zwei Jahre kommt hin.“

„Sie ist also geschieden? Wieso? Ich mein …“ Verlegen stoppte Oder sich selbst. Dann fügte er hinzu: „… wie kann einer eine Frau wie Andrea ziehen lassen?“ Er versuchte krampfhaft, neutral zu klingen und seine Freude zu verschleiern.

„Oh glaub mir, das hat er auch nicht freiwillig gemacht.“ Lotti grinste breit. Sie war eindeutig in Plauderlaune und Oder nutzte es schamlos aus. Er hoffte nur, Andrea würde nicht so schnell heimkommen. Irgendwie kam er sich wie ein Verräter an der Sache vor, aber er konnte nicht anders.

„Wieso? Was meinst du damit?“

„Roland wollte nicht wahrhaben, dass es ‚aus‘ war. Der dachte doch tatsächlich, er könne sie mit seiner Kohle erpressen. Hat hier einen Tanz aufgeführt – den hättest du sehen müssen. Der war vom Feinsten.“ Sie verzog angewidert das Gesicht und begann mit dem Make-up. Michael durfte sich nicht bewegen, also lauschte er nur gespannt.

„Er hat sie nie für voll genommen. Ihre beruflichen Ambitionen verlacht. ‚Mein kleines Frauchen‘, hat er sie genannt. … Das hat sie jedes Mal auf die Palme gebracht, aber sie hat die Klappe gehalten. Dachte, es wird besser, wenn sie ihren Doktor in der Tasche hat. Aber das war ein Satz mit X. Nix! – Als sie dann den Termin für die Prüfung bekam, hat er tatsächlich den Brief unterschlagen und für die Zeit eine Kreuzfahrt in die Karibik geplant, um sie von der Prüfung abzuhalten. Kannst du dir das vorstellen? – Un-fass-bar. Ich hätte Haifutter aus ihm gemacht und ihn nachts vom Promenadendeck geschmissen. Oder den beim Landausflug in einen Termitenhaufen gesteckt, mit Honig übergossen und in seiner bescheuerten Karibik verscharrt."

Oder zuckte kurz zusammen, als er in ihr Gesicht blickte. Er würde seine Hand nicht ins Feuer legen, dass Lotti das nicht tatsächlich mit einem Mann wagen würde, sollte einer das Gleiche mit ihr versuchen.

Lotti fuhr ungerührt mit ihrer Erzählung fort.

„Stell dir das mal vor: Als sie ihr Studium geschafft hatte, hat er doch tatsächlich von ihr verlangt, sie solle ihren Job hinschmeißen. Wieder Heimchen am Herd werden, seine Kinder kriegen, wie ein Model aussehen und den Mund halten ... Für ihn war nur wichtig, dass er bei seinem Freunden durch sie seine ach so tolle Stellung noch weiter steigern konnte."

Lotti schnaufte verächtlich. „Ich fand schon immer, er ist ein Kotzbrocken. War nie da, wenn sie jemand brauchte. Bei allem musste sie sich alleine durchkämpfen. Er ist ein Egomane. Wundert mich, dass sie überhaupt so lange durchgehalten hat."

Oder brummte nur. Das konnte er nachvollziehen. Eine bodenständige Frau wie Andrea, zumindest so, wie er sie in ihren Gesprächen bisher kennengelernt hatte, musste bei einer solchen Behandlung auf die

Palme gehen. Er erinnerte sich noch gut an Petras Bevormundung. Petra, seine Exfreundin, war nicht viel besser gewesen. Sie hatte einen Fünfjahresplan, wo sie wann sein wollte und, vor allem, wo ER zu sein hatte. Es war ihm zutiefst zuwider gewesen. Nicht umsonst war sie seine Ex. Glücklicherweise hatte er vor Weihnachten noch rechtzeitig die Kurve gekratzt. Schon komisch, Andrea und er schienen sich näher zu sein als gedacht.

Lotti plapperte derweil weiter. Einmal in Fahrt gekommen, war sie nicht mehr zu stoppen. Sie ließ sich noch über Männer im Allgemeinen und Roland im Besonderen aus, der bei ihr keinen Stein im Brett hatte.

Aus ihren Bemerkungen entnahm Oder, dass Lotti mit Männern nichts anfangen konnte. Es machte ihm nichts aus. Er nahm es nicht persönlich. Und nur weil man mit einer Lesbierin zusammen lebte, wurde man nicht ebenfalls lesbisch. Im Gegenteil, es spielte ihm in die Karten. So konnte er davon ausgehen, dass Gelegenheit KEINE Liebe machen würde, wie es in einer gemischten WG vielleicht der Fall gewesen wäre.

Eins nahm er jedoch mit: Andrea würde bei jeder Art der Fremdbestimmung auf die Barrikaden gehen. Er würde aufpassen müssen, sonst verschreckte er sie. Polizisten neigten dazu; das war ihm bewusst. Sozusagen Berufskrankheit. Und er nahm sich da nicht heraus.

Lottis „So, fertig. Dann wünsch ich dir eine erfolgreiche Nacht“ schreckte ihn aus seinen Gedanken.

Eine erfolgreiche Nacht ... das wünschte Kommissar Oder sich auch.

Er hatte bis zur letzten Minute auf Andrea gehofft, aber leider kam sie nicht, bevor er wieder losziehen musste. Kommissar Oder tröstete sich damit, dass er sie am Morgen nach überstandener Nacht wiedersehen würde. Ein schwacher Trost, aber immerhin einer. Zudem musste er das Gehörte auch erst mal verkraften. Wenn er gleich wieder auf seiner Isomatte liegen würde, hatte er etwas zum Nachdenken.

Am ‚Stammplatz' war er der Erste, aber da er wusste, es würde mit Sicherheit jemand kommen, richtete er sich häuslich ein und wartete. Die Gemeinschaft gab einen gewissen Schutz und selbst als ausgebildeter Polizist mit Ju-Jutsu-Gürtel konnte er den wie alle anderen brauchen. Als Melvin kam, hatte dieser einen jungen Mann dabei.

„Das ist Stefan", stellte er den anderen vor. Oder nickte und die beiden nahmen Platz.

Stefan hatte ein freundliches, aufgeschlossenes Lächeln, etwas unruhige Hände, aber wirkte klar und nicht ungepflegt.

„Heute war ein guter Tag. Ich habe neun Zeitschriften verkauft. Drei haben zusätzlich was springen lassen. Einer sogar noch einen Fünfer zusätzlich."

Oders fragendes Gesicht kommentiere er mit: „Obdachlosenzeitung. Die Leute geben lieber, wenn sie das Gefühl haben, du machst was für ihr Geld."

Oder nickte. Das leuchtete ein.

Eine halbe Stunde später tauchte Evchen auf. Sie wirkte merkwürdig in sich gekehrt. Auf Melvins Frage, wo sie in der letzten Nacht gewesen war, fauchte sie nur knurrend: „In der Kirche. Wäre auch an dir, da mal wieder hinzugehen. Wenn du deine Sünden des letzten Jahres beichten wolltest, würden wir dich eine Woche lang nicht sehen, was auch kein Verlust wäre."

Melvin kicherte haltlos, Stefan schien es nicht so lustig zu finden. Da er aber die anderen nicht kannte, hielt er die Klappe. Er holte stattdessen eine Blechdose hervor und öffnete sie. Sie quoll über mit Zigarettenkippen.

„Ah, bist ‚stippen' gegangen. Hast auch eine für mich?", wollte Melvin wissen.

Stippen ... den Ausdruck hatte Oder von Georg gelernt, war das Sammeln von Zigarettenkippen, um, aus den nicht aufgerauchten Enden, Tabak zu gewinnen für das Drehen von neuen Zigaretten. Oder war froh, dass er nicht rauchte. *Ein Problem weniger.*

Stefan nickte, knickte die Filter ab, bröselte den Tabak in die Box. Den mischte er durcheinander, holte Filterpapier hervor und drehte zwei Zigaretten. In seine bröselte er einige braune Krümel, die nach dem Anzünden den wohlbekannten Geruch nach Harz verbreiteten. Haschisch.

„Seit wann kiffst du?", wollte Oder wissen.

„Kann ich gar nicht mehr sagen. Schätze mit zehn oder zwölf oder so. Als der Alk nicht mehr reichte."

„Du warst mit zehn schon alkoholabhängig?"

„Hmm ... meine erste Alkoholvergiftung hatte ich mit sechs. An Silvester."

Verdammt früh, dachte Michi Oder. Da Stefan Oders Interesse spürte, berichtete er weiter. Keineswegs reißerisch, er wollte kein Mitleid. Er berichtete

Tatsachen. Das machte es nicht besser, eher schlimmer, fand Oder.

Stefans Eltern hatte es damals nicht zum Handeln aufgerüttelt.

„Sie waren beide Alkoholiker, Alkohol gehörte zu ihrem Leben. An dem Kiosk, von dem meine Eltern spätabends, wenn die Läden sonst geschlossen hatten, ihren Schnaps bezogen, kannte man mich und gab mir alles, ohne zu wissen, dass es für mich selbst und nicht für meine Eltern war."

Nach dem Alkohol kamen Drogen, die er verkaufte, um Geld zu bekommen. Sich mal was leisten zu können. Bei seinen Eltern war ja nicht viel zu holen. ... Alle in der Clique rauchten. Irgendwann hatte er selbst probiert. – Das eine Mal war für ihn schon einmal zu viel, denn er wurde süchtig danach, sein lausiges Leben zu vergessen. Und bald musste er die Drogen verkaufen, um sich seinen eigenen Konsum zu finanzieren.

Bis er vierzehn war, konnte ihm keiner was. Dann aber griffen die Arme des Gesetzes. Nach mehreren kleineren Verwarnungen fuhr er für länger ein. Als er wieder aus dem Knast kam, konnte und wollte er nicht mehr zu seinen Eltern. So hatte er nur zwei Wahlmöglichkeiten, die beide nicht ansprechend waren. Männerwohnheim oder Unterkunft für Haftentlassene. Tolle Alternative.

Er wählte die Straße. Und das Leben mit der alten Clique. Von denen hatte keiner eine Wohnung mehr, weil das Geld für Drogen draufging. So war der Einstieg in die Obdachlosigkeit schleichend, aber dauerhaft.

„Ich bin nicht sauer auf den Knast. Hab es ja verdient. Und immerhin hat mich der Knast clean gemacht. – Nur ab und zu, wenn ich einen guten Tag hatte, gönne ich mir einen Joint als Belohnung", gestand Stefan zwischen zwei Zügen.

Starker Tobak ... Das musste Michael Oder erst mal sacken lassen.

Etwas später fragte er ihn nach dem Schläger, von dem Achmed gesprochen hatte. Auch Stefan hatte schon einige Bekannte gesehen, die sich Prügel eingehandelt hatten, aber Prügel war für ihn nichts Ungewöhnliches. Schlimmer war, wenn mal wieder einer in Flammen aufging. Melvin und Stefan schliefen daher nur mit geöffnetem Reißverschluss in ihren Schlafsäcken, damit sie schnell herauskamen, sollte einer es für einen Witz halten, sie anzuzünden.

Die Gefahr war real. Und sie war immer da. Ein Leben auf der Straße war gefährlich. Und nicht die Obdachlosen unter sich waren die schlimmste Gefahr.

Evchen war erstaunlich still in dieser Nacht. Sie wirkte abwesend. Etwas musste passiert sein, aber sie sprach nicht darüber. Auch wirkte sie weniger aggressiv. Oder staunte. Normalerweise duldete sie keine Drogen, auch keine Joints in ihrer Nähe, aber sie schien Stefan und Melvin, der ebenfalls an dem Joint zog, nicht zu bemerken.

Kommissar Oder hätte zu gerne gewusst, was in ihrem Kopf vor sich ging. Immerhin wusste sie, wo Kalle war. Sie hatte ihn in Bornheim gesehen. Er hatte Platz in dem neuen Obdachlosenasyl am Ostpark gefunden. Der tolle Neubau, der speziell dem Freiheitsdrang der Obdachlosen Rechnung trug, da sich die Türen nach außen oder in einen im Sommer begrünten Innenhof öffneten. Sie vermittelten einem langjährigen Obdachlosen Schutz, ohne ihm das Gefühl der Freiheit zu nehmen. Kein Wunder also, wenn er solch ein Zimmer einer eiskalten Nacht in der B-Ebene vorzog. Die Kälte musste in seinen alten Knochen, deutlicher noch als bei den Jungen, zu spüren sein.

Kommissar Oder beschloss, trotzdem bei der Gruppe zu bleiben, aber morgen früh gleich Kalle aufzusuchen. Jetzt aufzubrechen, würde seine Tarnung auffliegen lassen. Oder fiel keine Ausrede ein, die einen Aufbruch hätte erklären können, also blieb er. Kalle lief ihm nicht weg. Er würde ihn morgen am Ostpark abpassen und direkt mitnehmen ins Kommissariat; dort musste er sich sowieso mal wieder sehen lassen. Samstag war eine gute Zeit. Die Gefahr, Impe über den Weg zu laufen, war geringer als unter der Woche. Da war er zum Golf oder auf der Rennbahn, wo auch immer sich die gehobene Gesellschaft umtrieb. Freie Bahn im Kommissariat. Und vielleicht wirkte die ungewohnte Umgebung auf Kalle auch zungenlösend.

Er hoffte es inständig.

Samstag

23. Ja-ja-oh-jaaaaaaa!

Aurelia rekelte sich wohlig in ihrem Bett, wie es eine Frau nur machte, die vollständig befriedigt worden war. In mehr als einem Sinne.

Es war Samstag. Die Sonne hatte sie wach geküsst; es war schon fast Mittag. Kein Wunder, war doch die Nacht lang und anstrengend, wenn auch erregend gewesen. Timo hatte sie nicht enttäuscht. In keiner Weise. Sie ließ den Abend, besser die Nacht, in ihren Gedanken noch einmal Revue passieren. Noch immer spürte ein Kribbeln am ganzen Körper.

❧

Timo wohnte in einem Loft im Hafengebiet. Fast zweihundert Quadratmeter umfasste die Etage, wie geschaffen für ausgelassene Feten, da er sie nicht mit Wänden verschandelt hatte. Seine Einrichtung bestand mehr aus ‚Themenecken'.

Die Küche mit komplett eingerichteter Bar bildete die Nordseite. Die Südseite hatte große Fenster auf einen üppigen, grünen Dachgarten und wurde links von einem Futon dominiert. Mit Bambusmatten konnte er ihn sowohl von der Sonne als auch vom Rest des Lofts als Schlafbereich abtrennen, hatte die

Matten jedoch meist zusammengerollt an der Decke fixiert. So offen konnte der Futon auf Partys auch mal als ‚Lümmelwiese' dienen. Die rechte Südseite war dem Sanitärbereich vorbehalten, ausgestattet mit einer Dusche, WC und einer Zwei-Mann-Sauna, deren kleines Fenster ebenfalls auf den Dachgarten ging. Milchglasscheiben verhinderten zu genaue Einblicke in die Intimsphäre.

Gegenüber dem Eingang, einem abschließbaren Aufzug, der in der Mitte lag, wartete ein Billardtisch auf Spieler. Den Rest lockerten Sitzmöbel, Sofas und Sportgeräte auf. Außer im Sanitärbereich hatte er auf feste Trennwände verzichtet. Alles wirkte offen und luftig. Wie der erwachsen gewordene Traum eines pubertierenden Jungen, nur ohne Pin-up-Kalender. Dass dem Raum einige Quadratmeter fehlten, konnte nur jemand mit Grundriss und Maßband feststellen. Für seine Arbeit hatte er auf der Nordseite einige Meter abgetrennt, eine Wand eingezogen und den Eingang für jedermann unsichtbar hinter der Kücheneinrichtung verborgen. Dort kochte er seine Drogen. Für den Notfall hatte er auf der Südseite inmitten des üppigen Grün des Dachgartens, versteckt hinter Kübelpflanzen, an der Außenwand sogar noch einen alten Lastkran. Der rührte noch von der ursprünglichen Nutzung als Speicher her. Timo achtete stets darauf, dass er auch funktionierte. Man wusste ja nie, ob man ihn nicht noch brauchen konnte, sollte man es mal eilig haben.

Sein Geschäft ging erst los, wenn es draußen dunkel wurde. Das kannte Aurelia noch von früher. Von Einbruch der Dunkelheit bis circa 22–23 Uhr war die

Zeit der Stammkunden und der Partygänger, die sich für den Abend mit ‚Beschleuniger' oder ‚Durchhalter' eindecken wollten. Dann kam eine Pause, die Pause der ‚Konsumierer', wenn alle ihren Stoff hatten und auf Wolke 7 schwebten oder auch darunter, je nachdem, ob der Trip gut oder weniger gut ablief.

Danach folgte meist noch mal ein kleiner Hype bis kurz vor Mitternacht, dann flaute das Geschäft wieder ab, die Anrufe bei Timo wurden weniger. Aurelia wählte also die Zeit nach Mitternacht für ihren Besuch. Für das, was sie vorhatte, konnte sie ungebetenen Besuch nicht gebrauchen.

Ihr Outfit war dem Anlass angemessen. Unter dem Pelzmantel trug sie einen engen, figurbetonten Wickelrock aus schwarzem Leder, der nur von einem Druckknopf an der Taille gehalten wurde. Dazu eine nahezu transparente Bluse, unter der ihre aufregendste Unterwäsche durchschimmerte, ein Traum aus schwarzer Spitze. Statt Schmuck umgab sie nur ein dezenter Hauch eines sündhaft teuren Parfüms. Dies umschmeichelte Timos Nase nicht aufdringlich, jedoch intensiv genug, um auch die letzten verbliebenen Rezeptoren seiner durch Koks geschädigten Riechzellen zu erreichen.

„Leg doch ab. Für heute ist mein Geschäft geschlossen. Wir sind ungestört. Was kann ich dir anbieten? Gin-Tonic oder was Härteres?"

Lasziv ließ Aurelia den Pelzmantel von ihrer Schulter gleiten.

„Etwas Härteres, wenn du verstehst, was ich meine", hauchte sie. Die Zweideutigkeit ihrer Aussage war durchaus beabsichtigt. Sie wusste, welche Knöpfe sie bei ihm drücken musste. Schließlich waren sie lange genug ein Paar gewesen.

Timo gab sich unbeeindruckt. Er goss zwei Gläser mit einer bernsteinfarbenen Flüssigkeit voll und kam damit langsam auf Aurelia zu. Dass er längst nicht so gelassen war, wie er sich gab, konnte sie sehen. Er genoss ihre Show. Seine deutliche Erregung verriet ihn und ließ im Gegenzug auch in ihr das Blut kochen. Aber noch sollte er warten. Sie kannte ihren Wert.

„Danke. Du weißt immer, was mir guttut. Es war eine Mörderwoche." Sie griff nach dem Drink und nippte an ihrem Glas. Dann nahm sie auf einem Barhocker Platz. Gelassen, als hätte sie seine Blicke nicht bemerkt, schlug sie ihre langen Beine übereinander. Der Rock klaffte auf und gab den spitzenbesetzten Ansatz ihrer halterlosen Strümpfe frei.

Timo musste schlucken. Seine Erregung konnte ihr nicht entgangen sein, aber sie tat, als bemerke sie es nicht.

Raffiniertes Stück. Aber so war sie schon immer gewesen. Er begehrte sie wie am ersten Tag. Und sie wusste es. Beide wussten es. Sie waren von einem Schlag.

Dabei waren sie beide skrupellos genug, um ihrer Wege zu gehen, ohne den Plänen des jeweils anderen im Wege zu stehen. – Er nahm ihr die Trennung nicht übel. An ihrer Stelle hätte er wohl nicht anders gehandelt. Als sie gegangen war, hatte er sich noch mehr in die Arbeit gestürzt und seinen Kundenstamm enorm vergrößert. Die Qualität sprach sich schnell herum und schon kurz danach konnte er sich das Loft und auch die Umbauarbeiten leisten. Mit dem Erfolg kam die Einsamkeit. Nur gut, dass er bei der Trennung keine Szene gemacht hatte.

Auch bei ihr kam mit dem Erfolg die Einsamkeit. Die Freude am Geld hielt nicht lange vor. Kein halbes Jahr später lag sie wieder in seinem Bett. Nackt.

Und so wollte er sie jetzt auch sehen. Nackt. Lechzend nach etwas, was nur er ihr geben konnte. Er setzte sein Glas ab und stellte sich neben ihren Barhocker. Der Hocker hatte eine Drehfläche. Ein Griff, und sie blickte in seine hungrigen Augen.

Aurelia blieb ungerührt, hob ihr Getränk und nahm lässig einen Schluck. Ihre Zunge fuhr leicht über die Lippen, als wolle sie einen letzten Tropfen aufnehmen. Rot funkelten sie, glänzend, verlockend, verführerisch. Sanft nahm er ihr das Glas aus der Hand, trank einen Schluck, ohne ihren Blick loszulassen, dann entsorgte er den Störenfried und senkte seine Lippen auf ihre.

Als ihre Zungen sich berührten, entfuhr Aurelia ein leises Stöhnen. – Ja, dafür war sie vorbeigekommen. Alles andere verschwand für den Moment in Wogen von Empfindungen.

Ihre Hände lagen entspannt auf seiner Brust. Als jedoch der Kuss intensiver wurde, krallte sie sich fest in sein Fleisch. Ihre Fingernägel trafen ihn. Kurz zuckte er vor Schmerz, aber es hielt ihn nicht ab. Ganz im Gegenteil spornte es ihn eher noch an. Er löste sich kurz von ihren Lippen und hauchte in ihr Ohr: „Ich weiß eine wundervolle Art der Entspannung, Baby."

Aurelia schmiss ihre blonden Haare nach hinten und gab ihren schlanken Hals frei. Sogleich biss Timo spielerisch hinein. Seine Zunge zog eine feuchte Spur die Kehle entlang bis zu ihrem Ohr. Dort nahm er ihr Ohrläppchen zwischen die Zähne und knabberte daran. Gleichzeitig sog er ihren Duft tief in sich hinein. Aurelias Körper bäumte sich auf und ihre Brüste rieben sich an seinem muskulösen Oberkörper.

„Du hast eindeutig zu viel an. Hier ist es warm, lass mich dir helfen."

Die Bluse fiel schnell. Für den BH ließ sich Timo mehr Zeit. Seine Hände umfingen ihre Brüste und massierten sie leicht, während er mit den Zähnen die Träger von den Schultern zupfte. Mit leichten Küssen folgte er der Spitze der Körbchen bis zur Grube. Aurelia hatte in weiser Vorsicht einen BH mit Vorderverschluss gewählt. Ein kleiner Ruck, dann fiel die ganze Pracht und gab die rosigen Spitzen frei. Voller Erwartung reckten sich diese seinem Mund entgegen, der der Aufforderung nicht widerstehen konnte.

Aurelias Stöhnen wurde lauter. Mit den Beinen umklammerte sie sein Becken und rieb sich an seiner Erregung.

Aber Rache ist süß. Als Timo mit dem Öffnen ihres BHs beschäftigt war, tat sie es ihm gleich und ihre Hände holten seinen kleinen Freund aus dem engen Gefängnis seiner Jeans. Freudig sprang er ihr entgegen, wohl wissend, welche Wonnen sie ihm schon verschafft hatte, und hoffend, dass sie es wieder tun würde. Sie umfasste ihn, massierte ihn und nun war es an Timo aufzustöhnen. Rau und ursprünglich kam es aus der Tiefe seines Körpers. Nur mit Mühe konnte er sich beherrschen.

Um sich aus der Gefahrenzone eines vorzeitigen Endes zu bringen, hob er Aurelia vom Hocker auf die Bar. Ihr Rock bildete kein Hindernis, er klaffte einfach auf und gab ihr Spitzenhöschen frei. Timo betrachtete es nicht lange. Ein Ruck und es flog im hohen Bogen durch das Loft. Dann senkte er den Kopf und kostete von ihrer Knospe.

Ein leiser spitzer Aufschrei löste sich von Aurelias Lippen, als er mit der Zunge in sie eindrang. Ihre Finger krallen sich in seine Schultern, da sie glaubte, ansonsten das Gleichgewicht zu verlieren. Ihr Unterkörper wölbte sich ihm lustvoll entgegen, die Beine weit gespreizt. Den Rücken durchgebogen, erwartete sie ihn. Mit jeder Bewegung trieb er sie mehr auf den Gipfel zu, aber kurz vor der Erlösung zog er sich zurück. Aurelia japste enttäuscht und ein zufriedenes Lächeln huschte über sein Gesicht.

Genau da wollte er sie haben. Hier, bereit ihn zu empfangen ... Nichts, was störte ... nur sie und er ... und ihre Lust ... seine Lust ... Es wurde Zeit.

Ein Griff, und er hatte ihre zierliche Figur in seinen sportgestählten Armen. Aurelia quiekte überrascht auf, dann legte sie den Kopf in den Nacken und kicherte amüsiert.

„Timo ... “

Der Weg quer durch das Loft war schnell zurückgelegt. Ihre Schuhe flogen in unterschiedliche Ecken, es würde eine Weile dauern, bis sie später ihre Einzelteile wieder eingesammelt hätte, aber das interessierte im Moment keinen der beiden.

Am Futon angekommen, stellte Timo seine süße Last vorsichtig vor sich auf den Boden, um seine störende Kleidung loszuwerden. Vor Ungeduld zerrte er so an seinen Jeans, dass sie sich verklemmte, sodass Aurelia eingriff, und gemeinsam schälten sie sich aus den restlichen Stoffen. Immer wieder unterbrochen von kleinen Pausen, um Zärtlichkeiten auszutauschen. Ihre Lust steigerte sich stetig ... bis ins Unendliche. Streicheln, Küssen oder Necken reichte nicht mehr. Beide konnte es nicht mehr erwarten, sich zu spüren.

Aurelia rieb sich wie eine Schlange an Timos nacktem Körper. Das Gefühl ihrer nackten Haut auf seiner trieb Schauer der Erregung über ihre Körper. Erneut hob er sie hoch, legte sie vorsichtig auf den Futon und mit einem dumpfen Laut, einem brunftigen Grollen nicht unähnlich, drang er mit einem Ruck in sie ein.

Bis zum Anschlag.

Ein tiefes Seufzen aus zwei Stimmen entfuhr ihren Kehlen. Ein Gleichklang, wie er seit Urzeiten überall auf der Welt erscholl. Aber wen interessierte die Welt? Es gab nur sie beide. Einen Mann und eine Frau.

Vorsichtig begann sich Timo in ihr zu bewegen. Immer heftiger kamen die Stöße. Ihr Körper bäumte sich auf ... fiel zusammen, nur um sich erneut ihm zu öffnen. Bis sie gemeinsam den Höhepunkt erreichten.

Verschwitzt, erschöpft, aber fürs Erste befriedigt lagen sie danach nebeneinander. Jedoch nicht lange, dann flammte erneut die Begierde in ihnen auf. Noch viele Male in dieser Nacht. Und nicht nur im Bett. Ihr Hunger war noch lange nicht gestillt.

Irgendwann, es mochte wohl gegen vier Uhr morgens gewesen sein, legten sie eine kleine Pause ein. Timo öffnete den Kühlschrank und sorgte für einen verspäteten Mitternachtssnack. Während sie an einem Stück Melone knabberte, betrachtete er sie eingehend. Sein Beruf brachte es mit sich, dass er in Gesichtern lesen konnte. Schon allein aus Selbstschutz. Irgendetwas beschäftigte sie, aber sie schien nicht daran denken zu wollen. Besser er sprach es gleich an. Dann war die Sache vom Tisch und der Rest der Nacht konnte noch etwas werden.

„Also spuck's aus. Was ist los?"

Ihr Gesicht sprach Bände. „Ertappt", schien es zu schreien. Aber sie fing sich gleich wieder.

„Ich brauch was von dir."

„Kein Problem. Aber für wen? Für dich? Du hast doch nicht etwa angefangen, Drogen zu nehmen?"

„Bist du verrückt? Nichts gegen deinen Job, aber ich bin doch nicht lebensmüde. Mein Aussehen ist mein Kapital. Du weißt selbst, wie schnell damit Essig ist, wenn man abhängig wird."

„Okay, also nicht für dich selbst. Was dann? Womit kann ich dienen? Du weißt, du kannst fast alles von mir haben."

„Ich brauch was Endgültiges."

Timo lehnte sich an den Kühlschrank, verschränkte die Arme vor der Brust und atmete tief durch. Das musste er erst mal sacken lassen.

„Wofür?" Die Dimension des Erwünschten raubte ihm weitere Worte.

„Ich werde erpresst."

„Von wem? Und warum?"

„Muss dich nicht interessieren."

„Na hör mal. Du willst etwas ‚Endgültiges' und ich darf nicht einmal wissen, wofür du das brauchst?"

„Besser, du weißt es nicht. Ich werde erpresst und das macht man nicht mit mir. Keiner erpresst eine Aurelia Holofernes-Müller ... KEINER."

Ihr Gesicht verzog sich so hasserfüllt, dass Timo erschrak. So aggressiv kannte er sie nicht. Da musste ihr jemand gewaltig auf die zarten Füße getreten sein.

„Okay, okay. Bis wann brauchst du es?"

„Morgen Mittag, also Sonntag, allerspätestens am frühen Abend."

„Hmm. Lässt sich machen."

„Gut." Mehr hatte sie nicht dazu zu sagen.

Timo ließ es dabei bewenden. Er holte die Käse-Blätterteig-Stangen aus dem Backofen, stellte den Paprikadip auf den Tresen und sie stärkten sich.

Aurelia wirkte erleichtert. Das Problem musste sie stark belastet haben. Jetzt, nachdem er ihr versprochen hatte zu helfen, wirkte sie viel entspannter. Ihre gute Laune kehrte zurück. Spielerisch stippte sie die Käsestange in den Paprikadip und hielt sie Timo hin, als wollte sie ihn füttern. Als er sich zu ihr beugte, zuckte sie mit der Hand kurz zurück und schon hatte er einen Klecks Dip auf der Nase. Ausgelassen kicherte sie.

„Na warte!" Timo fing reaktionsschnell ihre Hand ein, hielt sie fest und futterte die Käsestange bis auf die Faust ab.

„Ey! Das war meine!" Sie griff nach den restlichen Käsestangen und flüchtete auf die Dachterrasse. Timo folgte ihr und im Nu war eine gut gelaunte

Essensschlacht im Gange. Timo erwischte sie auf Höhe des Bettes und tackelte sie sanft. Sie kippte lachend zur Seite. Erst da merkte sie, dass seine Hand voll Paprikacreme war. Mit einer fließenden Bewegung setzte er sich auf ihre Hüften und verzierte ihre Brüste mit abstrakten Zeichnungen. Natürlich forderte sie ihn auf, er möge das wieder beseitigen. Dem kam er nach, indem er jeden einzelnen Strich seines abstrakten Kunstwerkes von ihren Brüsten schleckte. Er ging dabei sehr gründlich vor – mehr, als ihr lieb war. Ihr Blut geriet wieder in Wallung. Ein Blick in seine Augen bestätigte ihr, dass auch er nicht unbeteiligt blieb bei der Aktion. Sein Glied wurde wieder stramm, als ahnte es, dass es gleich gebraucht werden würde.

Nahezu fließend glitten sie erneut in erotische Träume. Die Nacht war noch lange nicht vorüber.

Die Sonne kitzelte Aurelia in ihrem Himmelbett, in das sie erst morgens gefallen war. Timo und Aurelia hatten sich noch mindestens dreimal geliebt. Unter der Dusche, auf seinem wackelnden Surfbrett, im Whirlpool ... sie nutzten alles, was sich ihnen anbot ... ganz so, als gäbe es kein Morgen.

Als sie gehen wollte, hielt Timo sie auf.

„Mir ist etwas eingefallen. – Ich habe noch etwas, was ich zu Beginn meines Studiums entwickelt habe. Aber es war zu gefährlich, daher habe ich die Produktion wieder eingestellt. Ich müsste noch ein Fläschchen haben. Aus Sentimentalität. Ich habe es ‚Zypriol' genannt."

Er griff nach einer Box mit Latexhandschuhen, wie sie auch in Kliniken benutzt wurden, und hielt sie ihr hin: „Nimm."

Auch er nahm sich ein Paar Handschuhe, zog sie an, dann öffnete er seine Geheimtür und verschwand kurz. Als er wieder auftauchte, hielt er ihr ein kleines Fläschchen hin.

„Lass dich nicht damit erwischen. Die Substanz ist in Deutschland verboten."

Sie lachte. „So wie alles aus Deiner Giftküche!" Beherzt griff sie zu, küsste ihn zum Abschied und verschwand, bevor es draußen hell wurde.

Nun blickte sie versonnen auf ihrem Schminktisch, auf dem jetzt das kleine braune Fläschchen stand. Unscheinbar zwischen all den glitzernden Tiegeln und Flakons, aber um wie viel wertvoller für ihre Pläne. Sie hörte noch Timos Stimme sagen:

„Sei ja vorsichtig mit dem Zeug. Das ist hochgiftig. Keinen direkten Kontakt, Du wärst tot, bevor Du es merktest. Fass es nur mit Handschuhen an. Zwei Tropfen sollten reichen und der Tee entfaltet seine beruhigende Wirkung – auf Dauer." Timo hatte dreckig gegrinst.

„Hast Du das schon mal ausprobiert?"

„Schätzchen, das werde ich Dir nicht verraten. – Sei nur vorsichtig. Es wäre doch schade um unsere Schäferstündchen. Ich würde Dich vermissen. Vergiss nicht die Handschuhe. Nimm sicherheitshalber lieber noch ein Extrapaar."

Sie hatte ihm versprechen müssen, die Flasche nur mit den Handschuhen anzufassen. Glücklicherweise waren diese so dünn, dass sie sie unter ihren Lederhandschuhen tragen konnte, ohne dass es auffiel.

„So Joe. Niemand erpresst eine Aurelia. Du willst mein Geld? Vergiss es. Es steht mir viel besser."

Sie gähnte kurz, dann drehte sie sich entspannt auf die andere Seite.

Für Sonntag war alles vorbereitet. Die Papiere, die ihr die Vollmacht über das Vermögen bringen sollten, lagen bereit. Jetzt musste sie den Notar nur noch dazu überreden, das Dokument in seinen Safe zu legen, ohne sich am Datum zu stören.

Die Unterschrift unter dem Testament zu fälschen war ihr leicht gefallen. Sie hatte Übung.

Skrupel gegenüber Matthias hatte sie keine.

Im Gegenteil: Sie empfand es als Notwehr.

24. Ein Lama namens Kalle

„Du Verräter! Du Ratte!" Kalle spuckte Gift und Galle.

Während Aurelia sich in ihrem Himmelbett rekelte, hörte sich Kommissar Michael Oder nun schon eine halbe Stunde im Verhörraum das wütende Gebrabbel von Kalle an. Der ganze Raum stank nach billigem Fusel, mit dem er wohl geduscht haben musste. Anders konnte sich Kommissar Oder den Gestank nicht erklären.

Er war erstaunt über den Wortschatz von Karl-Heinz Kowalski, wie Kalle mit vollem Namen hieß. Zwar hatte er in den Tagen auf der Straße schon einiges zu hören bekommen, denn die Sprache war rau. Aber Kalle schaffte es, zehn Minuten am Stück zu beleidigen, ohne eins der Schimpfworte auch nur ansatzweise zu wiederholen. *Respekt!*

Eine Weile ließ Kommissar Oder ihn fluchen, aber langsam langte es ihm. Krachend schlug er mit der Faust auf den Tisch, dass die Kaffeetasse tanzte, die er Karl hingestellt hatte in dem kläglichen Versuch, etwas gegen Kalles Restalkohol zu bewirken.

„Verdammt noch eins, geht dir die Luft nie aus? Jetzt halt mal die Klappe! – Hast du verstanden, was dir zur Last gelegt wird?"

„Hundsfott!" Kalle spuckte in hohem Bogen in Kommissar Oders Richtung. Der wich aus und es klatschte leise, als der Brocken auf dem Boden aufschlug.

„Spar dir die Spucke, trink lieber deinen Kaffee. Es könnte für lange Zeit der letzte genießbare sein, wenn du nicht langsam redest."

Das schien Kalle zu überzeugen. Er nahm einen großen Schluck, nur um ihn umgehend in Oders Richtung zu vernebeln.

Oder zuckte zurück. Es fühlte sich ekelig feucht an in seinem Gesicht und er wischte reflexartig mit dem Ärmel über die Stelle, dann griff er sich die Tasse und brachte sie aus Kalles Reichweite.

Mit Kuschelkurs kam man bei Kalle nicht weit. Er war wie Ronny. Ein derber Klotz, durch das harte Leben auf der Straße geformt. Ein „Lieber Herr Kowalski" war zwecklos, also ließ Kommissar Michael Oder es gleich.

„Das reicht. Ich geh jetzt raus und du wirst dir langsam klar, was du willst. Wenn du nicht sprichst, buchten wir dich ein wegen Totschlag und schmeißen den Schlüssel weg. – Du hattest Streit mit Paul. Dafür gibt es Zeugen. Wegen Evchen? Wohl etwas zu heftig geschlagen, was? Nun ist er tot. Das gibt zehn bis fünfzehn Jahre Knast. Wenn der Richter guter Laune ist, kriegst du sogar lebenslänglich. Danach kräht kein Hahn mehr nach dir. – Evchen wird nicht auf dich warten. ... Keiner wird das. ... Hast du verstanden?"

„Ich bin kein Mörder."

„Das seh ich anders. Und mit mir das ganze Kommissariat."

„Scheißbullen! Ihr wollt mir doch nur was anhängen. ... Ich mochte Paul nicht, aber ich hätte ihm nie was angetan."

„Und wer dann? Ein Bulle? Ein Lude? Oder der schwarze Mann? Vielleicht hat ja auch das Sandmännchen mit seinem Sandsack zugeschlagen."

„Nein, der, der mich zusammengeschlagen hat. Der mit dem verfickten Schlagring."

„Du lenkst doch nur ab. Was für ein Schlagring? Du warst es. Gestehe, damit ich endlich zu einem Frühstück komme."

„An dem Tag, an dem Paul abkratzte, war ich mit Kumpels einen saufen. Von Paul war weit und breit nichts zu sehen. Kannst sie fragen. Ich lüge nicht."

„Ach komm, du warst doch bestimmt viel zu voll, um überhaupt was außer deiner Flasche zu sehen. Und deine Kumpel ebenfalls. Was für ein lausiges Alibi. Hast du nichts Besseres?"

„Wenn ich's dir sage: Es war so ein Fetti mit einem Piss-Schlagring." Kalle heulte fast vor Wut und Verzweiflung.

Oder blieb gelassen. Er konnte sich vorstellen, dass Kalle im Vollsuff vielleicht die Kraft, aber nicht die Treffsicherheit gehabt hätte. Zumal es keine Erklärung für die Abdrücke in Paules Gesicht gab.

„Sagen wir mal, ich würde dir glauben ... würdest du ihn wiedererkennen?"

„Glaub schon", knurrte Kalle.

„Okay. Du kriegst deine Chance. Aber wenn du mich verscheißern willst, dann merk ich das."

Kalle nickte. Er wusste, wann er verloren hatte.

Kommissar Oder war zufrieden. Endlich. Die Beschreibung des Obdachlosen brachte ihn näher denn je an den Schläger.

Er überließ Kalle einem jungen Kollegen, der mit ihm die Bilder der Verbrecherdatei durchging. Für den Fall, dass sie dort nicht fündig wurden, hatte er noch schnell einen Termin mit dem diensthabenden Polizeizeichner ausgemacht, aber das sollte erst stattfinden, wenn Kalle etwas Alkohol abgebaut hatte.

Ein Blick auf die Uhr sagte Michael Oder, dass es Zeit für einen Besuch bei Andrea war. Er wollte ihr die neusten Erkenntnisse mitteilen. Sicher interessierte es sie ebenfalls. Zumindest hatte sie ihn aufgefordert, jederzeit wieder vorbeizukommen, wenn ihm danach wäre. Das wertete er als ausreichendes Interesse.

Er öffnete kurz seinen Spind und warf einen Blick auf sein Spiegelbild ... wenigstens sah er wieder normal aus. Da er nachher noch bei der Witwe vorbeifahren musste, hatte er, nachdem er früh von den Geräuschen der erwachenden Stadt geweckt worden war, seiner heimischen Dusche einen Besuch abgestattet, bevor er Kalle abfing. Er würde bald mal ein Pfund Kaffee bei Teichi abgeben müssen, so oft, wie er in letzter Zeit dort Kaffee trank. Aber diesen jetzt, den hatte er sich verdient. Und ein Gummibrötchen aus der Kantine.

Er hatte Hunger – auf mehrere Arten.

„Hallo, Andrea, ich habe dir einen Kreppel mitgebracht. Als Dankeschön für die Kekse."

„Das ist aber lieb, und wo ist meiner?"

Dr. Fritz Teichmeyer. Was zur Hölle ...

„Was machst du denn hier?"

„Aber hallo! Ich arbeite hier. Und das schon einige Jahre. Schon vergessen?" Fritz Teichmeyer lachte über das ganze Gesicht und griff nach der Tüte mit Andreas Kreppel. Oders Hand zuckte zurück. „Das ist Andreas. Kauf dir selbst einen."

„Sie hat Spätschicht!" Teichi angelte erneut nach der Tüte, die Oder nun freigab. Seine weiteren Worte klangen etwas undeutlich, da er sich den Kreppel schmecken ließ. „Wir wechseln uns ab. Sie hat freundlicherweise die Spätschicht übernommen."

Oder fühlte sich um den Morgen betrogen. Er hatte gehofft, sie würde diesen retten. Der widerstrebende Kalle mit seiner Lama-Tour war nicht der Beginn eines Tages, wie er ihn sich gewünscht hatte. Man musste ihm seine Enttäuschung angesehen haben, denn Teichi meinte nur: „Sie geht einem ganz schön unter die Haut, was?"

Oder zog es vor, darauf nicht zu antworten.

25. Rückschläge

Seit ihrer Heimkehr hatte Aurelia dumpf brütend in der Bibliothek gesessen. Sie hatte nur ihre Sachen ausgezogen und angewidert in den Wäschekorb geschmissen. An ihnen klebte der Gestank der Niederlage.

Das Mittagessen mit ihrem Anwalt war nicht so gelaufen, wie sie erwartet hatte. Trotz allem Charme, dessen sie fähig war, hatte er das Testament mit der nachgemachten Unterschrift ohne Pauls Anwesenheit beziehungsweise einer amtlich beglaubigten Legitimation nicht angenommen.

„Ein ehrversessener Anwalt. Seit wann gibt es das denn? Wo sind die korrupten Notare, wenn man sie mal braucht!"

Sie hatte so gebettelt, dass sie sich wie eine billige Straßendirne vorgekommen war. Zu Hause angekommen, überprüfte sie sorgfältig, ob ihre Haut noch klar und faltenlos war. Die Nacht war lang gewesen. Zwar sollten befriedigte Frauen ein rosiges, frisches Aussehen haben, aber diese klare Absage des Anwalts schmerzte ihr Ego.

Oder waren es die Pheromone ihrer Nacht mit Timo, die aus jeder ihrer Poren dringen mussten. Männer sollten ja riechen, wenn ein anderer ihr Feld beackert hatte. Ob da was dran war?

Egal, sie würde es nicht klären können.

Es blieb also nur Plan B. Das Testament im Schreibtisch einschließen, den Schlüssel vor Matthias verstecken und überrascht spielen, wenn in ihrer Anwesenheit das Testament von jemand Respektablem gefunden wurde. Das würde sie noch hinbekommen. Alles eine Frage des Timings. Mit Notar wäre es eleganter gewesen, zumal sie eine Klage von Matthias befürchten musste, wenn der Inhalt bekannt wurde, aber das Leben war eben kein Wunschkonzert.

Eine Tablette nahm sie noch in ihrem Zimmer, dann schmiss sie sich in ihr teuerstes Kostüm, als könnte es sie trösten, und ging nach unten. Das Kaffeegedeck ließ sie gleich wieder abräumen. Für Süßwaren hatte sie keine Nerven. Neben dem Angriff auf ihre Figur ließ sie allein schon der Geruch von Essen würgen. Eine weitere Tablette spülte sie in der Bibliothek mit einem Schluck aus der Wodkaflasche herunter. Ihre noblen Bekannten hätten nicht schlecht gestaunt, wenn sie gesehen hätten, wie die Frau von Paul Müller die Flasche blank an den Hals setzte und einen üppigen Schluck nahm.

Die kühle Wildseide ihres Lieblingskostüms beruhigte ihre Nerven ein wenig. Bis sie mitten in ihre düsteren Gedanken den Gong der Eingangstür hörte.

Sie erwartete keine Gäste. Bestimmt war das einer der Lieferanten. Die rafften es einfach nicht, dass sie zur Hintertür gehen sollten. Maria würde an die Tür gehen und ihn zur Küchentür umlenken, damit er seine Ware abgeben konnte.

Sie griff erneut nach der Wodkaflasche. Hier halfen nur starke Getränke. Diesmal nahm sie ein Glas. Schlechte Angewohnheiten sollte man nicht pflegen. Es war schon fast voll, als sie einen Spritzer Tonicwater ergänzte. Nur für das beruhigende Gefühl, den Wodka nicht pur getrunken zu haben.

Sie hatte gerade das Glas an ihre Lippen gehoben, als Maria an die Tür klopfte und eintrat. Aurelia reagierte extrem gereizt.

„Maria, ich habe doch gesagt, ich will nicht gestört werden. Kann man denn hier nicht einmal seine Ruhe haben, wenn man Migräne hat?"

Kommissar Oder legte Maria beruhigend die Hand auf den Arm und übernahm selbst die Vorstellung.

„Gestatten, mein Name ist Kommissar Michael Oder, Morddezernat. Vielleicht setzen Sie sich lieber wieder. Ich muss Ihnen eine traurige Nachricht mitteilen." Oder wartete, bis sie sich gesetzt hatte. Dann fuhr er fort: „Ich muss Ihnen leider mitteilen, dass wir ihren Mann tot aufgefunden haben. Nach den ersten Untersuchungen müssen wir von einem Mord ausgehen."

Er hasste das. Unzählige Male schon hatte er diese Worte gesagt, aber es wurde nicht leichter. Umso erstaunter war er über die Gefasstheit, mit der Aurelia Holofernes-Müller die schlechte Nachricht aufnahm.

Und was ist mmit mir?

„So. Ist er also tot."

Eiskalt wie eine Hundeschnauze, durchfuhr es Kommissar Oder.

„Ja. Wir haben ihn an seinem Implantat identifiziert, benötigen aber auch noch Ihre Aussage."

„Wo und wann? Sie müssen wissen, ich bin eine schwer beschäftigte Frau.“

Ach ja?

So hatte sie bei seinem Eintreten nicht ausgesehen. Das wohlgefüllte Glas in ihrer Hand war sicher nicht nur Wasser. Nun gut, was wusste er schon von ihr ... keine Vorverurteilung, Michael.

„Wenn es Ihnen recht ist, morgen früh?“

„Wenn es sein muss ...“

Na, wie ist die denn drauf?, durchfuhr es Oder.

„Ja, das muss leider sein. – Ich habe von Ihrer Hausdame schon erfahren, dass Ihr Mann bereits einige Zeit abgängig war?“

„Geschäfte – und Maria ist nicht meine Hausdame. Sie ist nur die Köchin. Und eine geschwätzige dazu.“ Dem Blick nach würde sich Maria nach Kommissar Oders Abschied einiges anhören müssen. Sie tat ihm jetzt schon leid.

„Seit wann vermissen Sie ihn schon?“

„Ich habe nicht darauf geachtet. Einige Zeit. Mein Mann ist öfter auf Dienstreise. Da ich nicht im Geschäft involviert bin, kann ich Ihnen nichts weiter dazu sagen.“

Merkwürdige Ehe. So wollte Kommissar Michael Oder nicht leben, da wäre ihm der unverkennbare Luxus, mit dem sie sich umgab, völlig schnuppe. Oder sah sich um.

Exquisit, teuer und kalt. Hatte Andrea nicht die Atmosphäre gelobt? Er erinnerte sich genau, wie er sich an alle Worte von Andrea erinnerte. »Warm und gemütlich«, hatte sie gesagt. *Na, von Wärme ist nichts mehr zu spüren.* Die kalte Einrichtung stammte eindeutig aus der Hand einer anderen Herrin und ließ ihn schauern – obwohl das Feuer im Kamin brannte.

Er beeilte sich, die nötigen Fragen zu stellen, um möglichst schnell das Haus und seine Besitzerin wieder zu verlassen.

Draußen in der Kälte entfuhr es ihm: „Paul, jetzt kann ich dich verstehen."

Aurelia blieb nervös zurück. Unruhig durchstreifte sie die Bibliothek – sich jetzt hinsetzen kam ihr nicht in den Sinn. Ihre Gedanken hetzten im Galopp und rissen die Beine mit.

„Mist! Als Nächstes werden sie Matthias informieren. Was mach ich bloß?"

Die nächsten Angehörigen waren immer als Erstes dran, das wusste sie aus dem Fernsehen. Auch, dass hier nach einem Motiv gesucht werden würde. Familienangehörige waren immer eine Zielscheibe für übereifrige Polizisten.

Zu früh, viel zu früh ..., schoss es ihr durch den Kopf.

Sie hatte noch nicht das gefälschte Testament hinterlegt, noch nicht den Fund desselben organisiert. Noch erbte Matthias alles und das hieße, ihr Bleiben hier in diesem Haus stand auf extrem tönernen Füßen. Sie konnte sich ausrechnen, wie er ihr Haushaltsgeld noch weiter einschränken würde. Das ging gar nicht. Sie kam jetzt schon nicht hin bis zum 30. eines Monats.

Und dann noch Joe. Er hatte also nicht gelogen. Dieser bescheuerte Schwachmat ... vermutlich einen

Kampf zu viel gehabt. Jetzt hatte sie den Salat … Schon bei dem Gedanken an die Erpressung sah sie wieder rot. Aber das Problem bestand ja glücklicherweise nicht mehr lange.

26. Reaktionen

Kommissar Oder hatte ohne Mühe die imposante Haustür gefunden und stand nun vor dem Haus, um sich zu orientieren. Er wollte, ohne die Absolution von Aurelia einzuholen, Maria noch ein paar Fragen stellen und suchte den Weg zum Dienstbotentrakt. Maria passte so wenig zu ihrer Herrschaft, dass er sich einiges über die dunklen Abgründe der Familie erhoffte. Ob er auch welche zu hören bekam, war nicht sicher, aber er musste es versuchen. Wenn ihn seine Intuition und Erfahrung nicht trogen, dann gehörte sie noch zu der alten Riege der Hausdamen und Köchinnen, vor denen nichts verborgen blieb, die aber verschwiegen und treu ihren Dienst taten, egal was auch immer im Haupthaus vor sich ging.

Zwei Wege führten um das Haus, rahmten es regelrecht ein. Nach kurzer Überlegung nahm Oder den Weg auf der Seite, die der Auffahrt abgeneigt war, und wurde belohnt. *Klare Sache,* dachte er sich. Gäste sollten nicht gleich den Dienstboteneingang sehen, wenn sie anreisten. So war das früher, als das Haus gebaut wurde. Dienstboten sollte man spüren, aber nicht sehen.

Neben der Tür waren einige Fenster beleuchtet. Ein paar Fenster hatte man gekippt, damit die Hitze des Backens die Küche verlassen konnte. Aus ihnen strömte ein himmlischer Geruch. Oders Geschmacksnerven reagierten sofort und stellten die Speichelproduktion auf volle Produktion. Ein tiefer Atemzug noch, dann klopfte Michael Oder an die Tür. Es dauerte keine drei Sekunden, dann stand Maria in der Tür.

„Ah, Herr Kommissar. Kommen Sie schnell herein; ich muss rasch meine Törtchen aus dem Ofen holen, dann bin ich für Sie da."

Oder trat in die Küche und fühlte sich an zu Hause erinnert. Zu Hause bei seiner Oma, bei der er so oft seine Ferien verbracht hatte, wenn seine Eltern arbeiten mussten. Und der er immer die Streusel aus der Schüssel geklaut hatte, noch bevor sie auf dem Kuchen landen konnten.

„Nehmen Sie Platz. Möchten Sie auch ein Törtchen? Die gnädige Frau wird es nicht bemerken. Kaffee ist auch frisch. Oder wollen Sie lieber einen Kakao?"

Kakao ... Er konnte nur nicken. Seine Erinnerungen kamen mit Macht und machten seinen Job nicht leichter, aber er biss die Zähne zusammen. Er musste sich auf seinen Job konzentrieren. Das war er dem Toten schuldig.

Er hatte es vermutet und gleich die erste Frage bestätigte seine Annahme. Maria war seit Jahrzehnten im Dienst der Familie, kannte noch die ehemalige

Frau Müller, hatte den Sohn mit aufgezogen und war geblieben, selbst als er sein Studium anfing. Der Klassiker. Umso mehr tat ihm leid, dass er ihr nun wehtun musste.

Als Maria vom Tod von Paul Müller erfuhr, brach sie auf einem Küchenstuhl zusammen und weinte bitterlich.

Oder ließ sie weinen. Hier fand er, was er im Haupthaus vergeblich gesucht hatte. Sicher, Trauer war etwas Individuelles, aber diese Eiseskälte von Aurelia Holofernes-Müller war ihm unheimlich. Weinen ist menschlich und gesund, denn es hilft, die ersten heftigen Emotionen zu verkraften. So wartete er geduldig, bis sich Maria wieder gefangen hatte.

Mit einem Zipfel ihrer Schürze wischte sie sich schließlich die Augen trocken. Es war ihr sichtlich peinlich, sich so gehen lassen zu haben. Sie riss sich zusammen, bereit, seine Fragen zu beantworten. Nur ihre zitternde Stimme verriet ihre Bewegung.

Von Maria erfuhr er viel. Und nein, sie war nicht geschwätzig. Vielmehr waren es die Momente, wenn sie schwieg, die ihm verrieten, wie das Leben lief, seit die ehemalige Frau Müller nicht mehr lebte. Es passte zu dem Eindruck, den er im Haus bei der jetzigen Frau Holofernes-Müller erhalten hatte.

Eine Stunde später fuhr ein nachdenklicher Kommissar Oder zu der Adresse, die Maria ihm gegeben hatte. Er war gespannt, wie man hier auf die Todesbotschaft reagieren würde.

27. Bittere Bestätigung

Matthias sah auf die Uhr: Samstag, kurz nach zwei. Die Zeit kroch zäh wie Sirup, während er versuchte, sich Mut zu machen.

Montag, Montag geh ich sicher hin. – Er hatte es schon Freitag vorgehabt, gleich nach dem Gespräch mit dieser Frau, aber da war die Delegation gewesen. Das Haus voll fremder Leute eines Geschäftspartners aus Italien. Wie hätte das ausgesehen!

Fahrig strich er sich mit den Fingern durchs Haar.

Und dann dieses Meeting am Nachmittag. Okay, dieses Meeting hatte tatsächlich länger gedauert, als er erwartet hatte. ... Obwohl mit den Gedanken nicht bei der Sache, hatte er leider nicht fehlen dürfen ... zumal er in Abwesenheit seines Vaters die oberste Instanz war. Seine Geschäftspartner hätten sein Fehlen nicht verstanden, ohne dass er sie näher informiert hätte, und das wollte er nicht, bevor er sich selbst nicht sicher war.

Matthias fuhr sich erneut durch die Haare und hinterließ eine Spur der Verwüstung. – Wem wollte er etwas vormachen? Tatsache war: Er hatte gekniffen. Feige gekniffen. Das Treffen mit der Delegation aus Italien vorgeschoben.

Er wusste, dass er richtiglag. Die Frau hatte ihn genau beschrieben. Im Grunde gab es keine Zweifel. Es war ein Hinauszögern, ein Nicht-wahr-haben-Wollen, wenn er darauf wartete, dass die Polizei sich meldete. Wie ein Kind, das vor dem Monster die Augen schloss, damit dies es nicht sah – nicht gerade passend für einen Geschäftsführer einer international agierenden Firma. Vogel-Strauß-Politik mochte in Australien funktionieren, obwohl er befürchtete, auch dort überlebten Strauße nicht lange mit der Methode.

Er seufzte tief, goss sich ein Glas Rotwein ein und setzte sich auf die Couch. Einen Schluck nahm er direkt und ließ ihn im Mund wandern, genoss den Tropfen. Ein Geschenk von seinem Vater zu Weihnachten letztes Jahr. Gute Wahl. Eigentlich war es für Alkohol noch viel zu früh, aber er wollte sich ja nicht besaufen. Tat er sowieso fast nie ... Nur kurz rasten ... die Gedanken ordnen ... überlegen, was nun als Nächstes zu tun war.

In diese trüben Gedanken hinein hörte er die Türglocke.

„Wer ist denn das schon wieder? Kann man nicht mal am Wochenende seine Ruhe haben?" Er erhob sich mühsam wie ein alter Mann. Die vielen schlaflosen Nächte forderten ihren Tribut.

„Ja, was wollen Sie?" Seine Stimme klang unwirsch und die Sprechanlage machte sie nicht sanfter.

„Ich bin Kommissar Michael Oder. Kriminalpolizei Frankfurt. Sind Sie Herr Matthias Müller? Dann muss ich kurz mit Ihnen sprechen."

Da war er, der befürchtete Kontakt; seine schlimmsten Befürchtungen waren also wahr geworden:

Sein Vater war tot.

Er hatte immer gedacht, sollte die Stunde kommen, wäre er vorbereitet. Jetzt merkte er, er war es nicht. Konnte man sich auf eine solche Nachricht überhaupt irgendwie vorbereiten? Es fühlte sich an wie ein Schlag in die Magengrube und der Kloß von der Größe einer Männerfaust schien sich in seinen Eingeweiden festzusetzen.

„Hallo! Herr Müller?“ Die Stimme aus der Gegensprechanlage riss ihn aus seinen Gedanken.

„Oh, Verzeihung. Kommen Sie hoch. Oberster Stock!“

Er drückte den Türöffner und lehnte die Wohnungstür an. Dann suchte er wieder die Couch auf, wo er sich schwer fallen ließ, griff nach seinem Glas, trank aber nicht. Er drehte den Stiel und stierte in die Flüssigkeit, als wäre die Weisheit der ganzen Erde in ihr zu lesen.

So fand ihn Kommissar Michael Oder.

Oder hielt Matthias seinen Dienstausweis entgegen. „Kommissar Michael Oder. Sie sind Herr Müller? Matthias Müller?“

„Kommen Sie herein und schließen Sie bitte die Tür.“ Matthias Müller hob den Blick nicht.

„Setzen Sie sich. Ich denke, ich weiß, warum Sie kommen.“

Erstaunt betrachtete Kommissar Oder den zusammengesunkenen Mann.

Er hatte schon viele schlechte Nachrichten überbringen müssen, aber diese hier gehörte wohl zu den Ungewöhnlicheren.

„Ich muss Ihnen leider mitteilen …“

„... dass mein Vater tot ist. Ich dachte es mir bereits. Wollen Sie auch ein Glas Rotwein? Gläser finden Sie dort im Hängeschrank. – Es ist ein Guter. Vater hätte ihn gemocht."

Michael Oder zog irritiert eine Augenbraue hoch.

„Nein danke, ich bin im Dienst. – Es stimmt. Leider bin ich hier, um Ihnen vom Ableben Ihres Vaters zu berichten. – Woher wir wissen, dass es Ihr Vater ist, weiß ich. ... Darf ich fragen, woher Sie es wissen?"

Matthias drehte sein Glas wieder komplett um die eigene Achse, bevor er antwortete.

„Ich habe gehofft, es wäre nicht so, aber ich traf jemanden, der mir glaubhaft versicherte, er hätte meinen Vater tot aufgefunden. Als Sie nun hier klingelten, wusste ich, dass es die Wahrheit sein musste."

Erstaunlich.

„Warum haben Sie sich nicht bei uns gemeldet?"

Matthias hob kurz den Kopf, blickte Kommissar Oder mit tieftraurigen Augen an. „Ich hoffte, man würde sich irren. Kennen Sie das nicht? ... Gegen jede Vernunft hoffen?" Sein Kopf sackte wieder zurück auf die Brust.

Oh doch, das kenne ich. Oder nickte verstehend.

Die ‚Hoffnung' hatte er sich erhalten. Ohne sie könnte er auch seinen Beruf nicht ausüben.

Er kannte viele Kollegen, die sie verloren hatten. Burn-out ... Depression. Im schlimmsten Fall Klinikaufenthalt ... oder Scheidung. Irgendwann hielt auch die beste Ehe das nicht mehr aus. Dann blieb nur die Trennung mit all ihren Einschnitten und Dramen.

Wenn das Privatleben hier nicht griff, blieben

nur noch gefühllose Roboter, die tagtäglich ihren Dienst mehr schlecht als recht versahen. Menschliche Wracks.

Oder hatte für sich schon lange ausgemacht, dass er den Dienst quittieren würde, sollte er seine Hoffnung je verlieren. Und er hoffte, sollte er es nicht selbst merken, dass er gute Freunde hatte, die für ihn notfalls die Reißleine zogen.

Aber da war noch etwas, was es zu klären galt.

„Sie sprachen von einem Informanten, der Ihnen vom Tod Ihres Vaters berichtete. Wer ist es? Vielleicht hat er den Mord gesehen und kann bei der Aufklärung helfen."

„Sie hat nichts gesehen. Sie hat meinen Vater nur gefunden."

„Sie ... Es ist also eine Frau. Wer ist sie?"

„Ich kenne ihren vollen Namen nicht. Sie war nach ihren Aussagen, und denen muss ich jetzt wohl glauben, in den letzten Tagen viel mit meinem Vater zusammen."

Also eine Obdachlose. Wer sonst leistete Paul in seinen letzten Tagen Gesellschaft ... oder? ... Man würde sehen.

„Können Sie sie beschreiben?"

„Ich glaub schon."

„Dann möchte ich Sie bitten, mit ins Kommissariat zu kommen. Dann können Sie auch gleich Ihren Vater identifizieren."

„Wann?"

Oder dachte kurz an das Ultimatum von Impe.

„Haben Sie jetzt etwas vor? Falls nicht und es Ihnen recht ist, gerne noch heute."

Matthias schüttelte den Kopf und erhob sich mit einem Seufzer. „Ich schätze, da werde ich nicht drumherum kommen. Gehen wir es an. Ich hole mir nur noch meine Jacke."

Oder nickte und strebte auf den Ausgang zu. Dort wartete er, bis Matthias sich angezogen hatte. Gemeinsam verließen sie schweigend das Penthouse.

Draußen stieg Matthias zu Oder ins Auto. Besser, er fuhr jetzt nicht selber, dachte er.

Ruhig lenkte Kommissar Oder das Fahrzeug durch den Feierabendverkehr. Teichi sollte noch in der Rechtsmedizin sein. Vielleicht würde er auch Andrea sehen, wenn sie die Spätschicht antrat. Schon merkwürdig, wie er sie vermisste, da er sie doch erst so kurz kannte. Er war wohl zu viel allein. Aber kurzzeitige Liebschaften zum Zeitvertreib waren noch nie sein Ding gewesen. Und ohne Alternative fraß ihn die Arbeit auf. Er konnte ja nicht immer zu Manni gehen. Die Gefahr, den Alkohol zu seiner Geliebten zu machen, wollte er nicht eingehen.

Ein kurzer Seitenblick, als er an einer Ampel halten musste, zeigte einen in sich gekehrten Matthias. Er wirkte gefasst, wusste ja auch nicht, was auf ihn zukommen würde. Michael Oder versuchte daher vorsichtig, Matthias auf den Anblick vorzubereiten. Soweit man einen Sohn auf ein zerschlagenes Gesicht des eigenen Vaters vorbereiten konnte. Also mehr schlecht als recht.

„Herr Müller, Sie wissen, dass Ihr Vater einen gewaltsamen Tod starb?"

Matthias nickte.

„Er ... er sieht nicht mehr so aus, wie Sie ihn vielleicht noch in Erinnerung haben. – Sicher, man hat ihn etwas gesäubert, aber ...“

„Machen Sie sich keine Sorgen. Ich weiß Bescheid und kann auch einiges verkraften. Man hat mich vorbereitet.“

Oder zweifelte daran, hielt aber seinen Mund.

Natürlich wurden Leichname nach der Leichenschau immer notdürftig gesäubert, aber es ging trotzdem an die Nieren, allein durch das Bewusstsein, dass dieser Körper nie wieder atmen, sprechen, leben würde. Da brauchte es nicht einmal die Male, welche die brutalen Schläge hinterlassen hatten.

Matthias versank wieder in Gedanken. Ja, die Frau hatte ihn schon vorbereitet, wenn auch nicht im Detail. Es würde schon gehen.

Trotzdem zuckte er nach dem ersten Blick auf den geschundenen Körper zurück. Matthias musste sich zwingen, erneut an die Bahre heranzutreten.

„Ja, das ist mein Vater. Das ist Paul Müller“, flüsterte er gebrochen.

Oder legte Matthias beruhigend eine Hand auf die Schulter, eine stille Form des Mitgefühls, wenn Worte keinen Trost mehr boten. „Lassen Sie sich Zeit. Ich warte draußen.“

Matthias atmete tief ein, nickte Oder zu. „Danke.“

Es war nur eine Formsache. Man hatte Paul Müller schon einwandfrei anhand der Implantate identifiziert, wenn die Information auch keine 48 Stunden her war. Kommissar Oder verstand nicht, warum

Polizeirat Impe die Anordnung ausgegeben hatte, dass auch in einem solchen Fall die Angehörigen noch gequält wurden. Ja, gequält. Denn die meisten Leichen waren nicht eben hübsch anzusehen. Er hatte schon einige frische Witwen gesehen, die mit Schock ins Krankenhaus eingewiesen werden mussten, weil der Anblick des Gatten sie bis ins Mark erschütterte. Gewiss, nach § 88 der StPO (Strafprozessordnung) musste ein Angehöriger oder guter Bekannte den Toten identifizieren. Möglichst vor Leichenöffnung, aber dafür war es jetzt zu spät gewesen.

Wenigstens Andreas Anblick entschädigte Kommissar Oder ein wenig. Mit Matthias im Schlepptau hatte er aber leider keine Zeit für ein Gespräch. Er raunte ihr nur kurz „Kaffee – nachher – hier?" zu. Ihr kurzes, knappes Nicken rettete den Moment, mehr ging nicht. Das Gespräch mit Matthias stand an. Er musste mehr über die Informantin erfahren. Michael Oder wurde das Gefühl nicht los, dass Michi, der Penner, sie bereits kannte.

Er sollte recht behalten.

28. Die Lebenden und die Toten

In seinem Büro schob Kommissar Oder Matthias Müller einen Stuhl vor den Schreibtisch. „Nehmen Sie Platz. Kaffee?", fragte er und drehte sich zur Kaffeemaschine um. Er wollte Matthias noch einen Moment Verschnaufpause gewähren. Pauls Anblick hatte diesen sichtlich mitgenommen.

Verständlich. Es ist schließlich sein Vater. Wie würde es mir gehen, wenn ich meinen Vater so sehen würde?

Zumindest war das in der Regel so, dass ein Sohn betroffen reagierte, wenn er seinen toten Vater identifizieren musste.

„Gerne. Schwarz, ohne Zucker."

Schweigend warteten sie, bis der Kaffee durchgelaufen war. Oder griff sich Webers Tasse, seinen Eintracht-Becher und füllte beide mit dem heißen Getränk. Webers Tasse hielt er Matthias hin. So war Weber wenigstens für eine Sache gut, dachte er grimmig.

Kommissar Oder setzte sich ihm gegenüber an seinen Schreibtisch und kam zur Sache.

„Also, woher wissen Sie, dass Ihr Vater tot ist, und seit wann?"

Matthias trank einen Schluck, seufzte tief, dann begann er zu erzählen. Er sprach leise, den Blick auf die Kaffeetasse gesenkt.

„Seit Freitagnacht. Obwohl ich es schon länger befürchtet hatte." Pause.

Oder wartete, bis Matthias bereit war weiterzusprechen. Vor ihm saß ein gebrochener Mann, der einiges loswerden wollte. Da brauchte es keinen Druck. Das sagte seine Erfahrung. Und er behielt recht.

Matthias berichtete, wie er auf die Spur seines Vaters gekommen war. Und wie er immer unruhiger geworden war, als die Treffen ausblieben.

„Weil er am Mittwoch zur verabredeten Zeit wieder nicht auftauchte, bin ich auch am Donnerstag hin. Da traf ich sie."

Rückblick – Matthias Erinnerungen

Donnerstagabend. Die Zeit, zu der er sich üblicherweise mit seinem Vater traf, war längst vorüber. Es war nicht sehr wahrscheinlich, dass dieser noch kommen würde. Der Abend war schon weit fortgeschritten. Ein Blick auf die Uhr überzeugte ihn, dass der Freitag nicht mehr weit war.

Matthias raufte sich seine Haare. So ging das definitiv nicht weiter. Er hatte mittlerweile die vierte Tasse Tee, und wenn er so weitertrank, dann würde er seine ohnehin schlaflose Nacht mit stündlichen Gängen auf die Toilette verbringen.

Seine innere Unruhe trieb ihn auf die Füße. „Penny, die Rechnung bitte. Es wird Zeit, dass ich gehe. Ihr wollt Feierabend machen, oder?“

„Gerne doch. Zehn Euro. ... Ach, das macht doch nichts. Wir müssen sowieso noch die Küche säubern. So lange können Sie auf jeden Fall noch bleiben.“

„Nein, schon gut. Ich weiß, wie unangenehm es ist, wenn noch ein Gast herumsitzt. – Ich wünsche euch eine gute Nacht.“ Er legte noch zwei Euro Trinkgeld auf den Tresen.

„Ihnen auch. Bestimmt kommt Ihr Freund bald wieder. Machen Sie sich keine Sorgen. Wer weiß, was ihn aufgehalten hat? Wird schon nichts passiert sein.“

Matthias nickte und hoffte inständig, sie behielt recht.

Er verließ das Café durch einen Seiteneingang. Von dort waren es nur einige Schritte bis zu der Friedhofspforte, die dem Grab am nächsten war, in dem seine Mutter lag. Er war schon lange nicht mehr dort gewesen, also beschloss er, ihr mal wieder einen Besuch abzustatten.

Der Friedhof war leer. Schatten fielen auf den Weg, in den kahlen Bäumen krächzte ein Schwarm Saatkrähen. Ihr dunkles Gefieder passte zu seiner Stimmung. Sie kamen ihm vor wie Totenvögel, die das Ende verkündeten.

Natürlich alles Schwachsinn, dachte er sich.

Woher sollten die Vögel wissen, ob jemand starb oder nicht?

Es ist die Umgebung ... Reste, die von einem Leben bleiben, die mich hier durchdrehen lassen.

Noch drei Kreuzungen, dann musste er nach rechts abbiegen. Sein Atem dampfte in der Kälte. Um sich abzulenken, versuchte er, ‚Rauchringe' mit der kondensierenden Luft zu blasen. Das hatte er als Kind immer gemacht.

„Guck mal, Mami, ich kann rauchen!", hatte er stolz gesagt. Sie hatte die Ringe bewundert, seinen Schal dichter gezogen und ihm erklärt, dass Rauchen schädlich für die Lunge war. Der Gedanke war immer präsent, selbst heute noch. Seine Klassenkameraden auf dem Internat hatten es nicht verstanden, warum er nicht rauchte, und spotteten, er wäre ein Weichei. Er hatte es ihnen nicht erklärt. Das war seine Erinnerung an seine Mutter. Die teilte er nicht.

An der nächsten Ecke musste er abbiegen. Als er den Weg entlangsah, fiel ihm eine alte Dame auf, die vor dem Grab seiner Mutter stand. Eine Freundin?

Er ging einen Schritt schneller. Aber er war nicht

schnell genug. Noch bevor er sie erreichte, war sie zwischen den anderen Grabsteinen in den Schatten der Bäume verschwunden. Sein „Hallo!“ verpuffte ungehört. Alles was von ihr übrig blieb, waren ein paar Blüten auf dem Grab seiner Mutter.

Wie seltsam.

Er richtete die Blumen, dann stellte er sich vor das Grab, die Hände gefaltet und den Blick fest auf die Inschrift auf den Stein gerichtet. Lange Zeit schwieg Matthias, dann seufzte er tief: „Ach Mami, du fehlst mir so. Wieso musstest du so früh gehen? Und jetzt ist auch noch Papa verschwunden. Weißt du, wo er sein könnte?“ Doch der Stein schwieg.

Ein Gebet später wandte er sich um und strebte dem Hauptausgang des Friedhofs zu, wo der Bus zurück zu seinem einsamen Zuhause abfuhr. Ein unangenehmer Wind war aufgekommen und blies ihm so eisig entgegen, dass es Matthias fast den Atem nahm. Als er an der Friedhofskapelle vorbeikam, folgte er einem spontanen Entschluss und öffnete die schwere Pforte.

Nur kurz verschnaufen, dachte er.

In der Kapelle herrschte Dämmerlicht. Einige Kerzen brannten auf dem kleinen Altar und erhellten sie nur spärlich. Die Bänke vor dem Altar luden zum Hinsetzen und Verweilen ein. Er konnte nicht widerstehen. Die Stille wirkte beruhigend auf seine aufgewühlte Seele. Erst als er sich setzen wollte, bemerkte er, dass auf der anderen Seite bereits jemand saß. Eine Frau, dick eingemummelt, in sich versunken. Als er sich setzen wollte, schreckte sie hoch, stand auf und wollte gehen.

„Nein, bleiben Sie doch. Ich will sie nicht verscheuchen. Ich möchte nur ein wenig rasten vor dem eisigen Wind da draußen."

Sie setzte sich langsam wieder. Ein misstrauischer Blick streifte ihn.

Sie scheint nicht viel Gutes in der letzten Zeit erfahren zu haben ... bei dem Blick, dachte er sich.

„Haben Sie auch jemand Geliebtes verloren?"

Sie nickte zaghaft. Matthias streckte ihr die Hand entgegen.

„Ich bin Matthias."

„Evchen." Ihr Griff war kräftig zupackend, wenn sie auch erst gezögert hatte.

Nach der Vorstellung lehnten sie sich schweigend zurück, ihrer beider Blicke einträchtig auf den kleinen Altar gerichtet. Er empfand das Schweigen nicht als unangenehm, aber er brauchte jemand, dem er seine Sorgen erzählen konnte, auch wenn es ihm selbst nicht klar war. Also drehte er sich halb zu der unbekannten Frau herum und sprach sie an.

„Meine Mutter liegt hier begraben. – Ich habe sie eben besucht. – Sie fehlt mir so."

Evchen nickte. Das kannte sie. Sie kam auch oft hier her. In der Nähe von ihrem Engelchen wurde sie immer ganz ruhig. Und jetzt, wo Paul ...

Matthias stand auf und schritt auf den Kerzenständer am Seitenrand der Kapelle zu. Er zog sein Portemonnaie, entnahm ihm einen Schein. Den schmiss er in einen Kasten neben dem Ständer, entnahm dem Kerzendepot zwei Kerzen. Eine entzündete er an einer der anderen brennenden Kerzen, dann drückte er diese in eine leere Halterung und hielt Evchen die andere Kerze hin. Auffordernd nickte er.

„Nehmen Sie ruhig. Sie ist bezahlt."

Evchen zögerte, dann griff sie nach der Kerze.

Ihr erster Impuls war gewesen, ihm deutlich die Meinung zu blasen und ihm zu sagen, dass sie sich eine Kerze durchaus selber leisten konnte ... dann aber sah sie in seine gütigen Augen und erkannte keine Arroganz wie in so manch anderer Leute Augen. Die Augen erinnerten sie an Paul. Genau so ein Blaugrau hatte er auch gehabt. Grau wie der Himmel kurz vor einem Gewitter, aber mit hellen, goldenen Flecken, als wolle die Sonne durch die Wolkenschicht brechen und gleich die Welt mit Licht und Wärme fluten ...

Sie seufzte leise, nahm die Kerze und tat es Matthias gleich. Dann setzten sich beide wieder auf die Bank und betrachteten die brennenden Kerzen. Nach einer Weile griff Matthias wieder das Gespräch auf.

„Und wer ist bei Ihnen gestorben?", wollte Matthias wissen.

„Mein Christkindl. Mein Engelchen." Still liefen ihr die Tränen über die Wangen. Mit dem Handrücken wischte sie sich unwirsch die Tropfen vom Gesicht. „Und jetzt ist auch noch Paule tot."

Matthias erschrak innerlich. Hatte er richtig gehört? *Ach Quatsch!* Es gab bestimmt Hunderte, wenn nicht gar Tausende, die Paul hießen. Wieso sollte es ausgerechnet ...

„Paul?", hakte er nach. „Ein Freund von Ihnen? Woran ist er gestorben?"

Sie nickte. „Ja. Sie haben ihn einfach erschlagen.

Erschlagen und liegen gelassen. Diese Schweine!“ Bei dem letzten Wort ballte sie ihre kleinen Fäuste.

„Wann? Wie lange ist das her?“

Evchen hob bei seiner Stimme den Kopf. Warum war der Mann so aufgeregt? Sie betrachtete verwundert den jungen Mann, der hier mit Pauls Augen herumlief.

„Ist ungefähr eine Woche her. Vielleicht etwas mehr.“

Irritiert bemerkte sie, wie Matthias wild in seiner Manteltasche kramte. Er zog eine Brieftasche aus braunem Leder mit goldenen Ecken hervor. Sah edel aus, das Teil. Wie wild wühlte er in den Papieren. Mit einem triumphierenden Laut zog er ein Bild hervor.

„Ha, da ist es. Hier!“ Er hielt ihr das Bild entgegen, „Ist das ihr Paul?“

Seine Hand zitterte derart stark, dass Evchen ihm das Bild vorsichtig abnahm, da sie sonst die Person nicht würde erkennen können.

Sie stand auf und ging zum Ende der Bank, wo ihre Habseligkeiten an der nächsten Bankreihe lehnten. Matthias’ brennende Augen folgten ihr. *Sie wird doch mit dem Bild nicht abhauen? Oder es verbrennen? Ach Blödsinn! Warum sollte sie es verbrennen?*

Er zählte innerlich langsam bis zehn.

In einer Seitentasche kramte sie etwas herum, dann zog sie eine dieser billigen Brillen hervor, die man für weniger als fünf Euro in der Drogerie kaufen konnte. Umständlich setzte sie sich die Gläser auf die Nase und schob den Bügel mit dem Finger etwas höher.

Der Anblick mit der Brille auf der Nase wirkte irritierend unwirklich. Er gab Evchen ein vornehmes, gebildetes Aussehen. Sie wirkte fast wie die Bibliothekarin seiner Kindheit, die Ruhestörer notfalls an den Ohren aus dem Lesesaal begleitet hatte. Dass Evchen eine Obdachlose war, hatte er spätestens bemerkt, als sie zu ihren Sachen ging und dort in den Taschen kramte. Es störte ihn nicht. In der Trauer waren alle gleich. Und war nicht sein Vater selbst zum Penner geworden? Wer war er, hier zu urteilen?

Evchen setzte sich wieder auf die Bank und hielt das alte Foto so, dass das Licht der Kerzen eine größtmögliche Helligkeit erzeugte. Dann versank sie in die Betrachtung.

Matthias hielt es kaum auf der Bank, aber er versuchte, sich zu beherrschen.

Es ist Irrsinn, sagte er sich. *Woher soll diese Obdachlose meinen Vater kennen? Es gibt so viele von ihnen.*

Und so viele Menschen der Generation seines Vaters hießen Paul. Es wäre schon ein ungeheurer Zufall ...

„Der da. – Das ist Paule ..." Evchen strich zärtlich über das Bild. „Aber wieso ... wieso hast du ein Bild von meinem Paule?"

Entgeistert blickten sie sich an. In der Stille, die nun entstand, hätte man eine fallende Stecknadel hören können.

Matthias griff vorsichtig nach dem Bild, verstaute es sorgsam wieder in seiner Brieftasche, bevor er antwortete.

„Er ist mein Vater."

An dieser Stelle der Erzählung brach Matthias ab und schluchzte ungehemmt. Michael Oder fühlte einen Kloß in der Kehle. Er hatte es geahnt und seine Ahnung hatte ihn nicht getäuscht.

Er griff nach einer Serviette, die er noch von der letzten Pizzalieferung in der Schublade hatte, und reichte sie Matthias. Mehr konnte er nicht tun; den Trost vermochte nur die Zeit zu bringen.

29. Quo vadis?

Matthias Müller hatte das Kommissariat verlassen – es wurde Zeit, die gewonnenen Erkenntnisse zu verarbeiten. Langsam kristallisierten sich Fäden heraus, denen er folgen konnte.

Kommissar Oder lehnte sich im Büro auf seinem Stuhl zurück. Seine Kaffeetasse balancierte er auf der Brust, während er mit den Gedanken den Fall durchging. Die Zeit war günstig ... das Kommissariat wochenendbedingt halb leer. Vor allem Berger nervte nicht mit sinnfreien, störenden Zwischenrufen.

Matthias' Beschreibung hatte seine Annahme bestätigt. Evchen war seine Informantin. Aber Evchen war nicht die Mörderin. Das war ihm klar, denn, abgesehen von ihrer Verbundenheit mit Paul Müller, hätte sie nie die Kraft gehabt, ihn so zuzurichten. Trotzdem musste er sie nun ernsthaft befragen. Vielleicht war sie Zeuge geworden. Oder sie hatte etwas an der Fundstelle gesehen, was ihm weiterhalf. Zumindest kannte sie diese vermutlich.

Auch die Erzählungen von Matthias, das Schweigen von Maria und seine eigenen Eindrücke beim Besuch des Herrenhauses ergaben nun ein rundes Bild. Nicht gerade schmeichelhaft für die jetzige Hausherrin, aber ein mögliches Motiv ließ sich daraus sicher ableiten.

Dann war da Matthias selbst.

Er war der Erbe, eine Tatsache, die allein schon ausreichte, um ihn in dem Kreis der Verdächtigen aufzunehmen. Es wäre nicht der erste Sprössling in Oders Karriere, der aus altem Groll der Jugendzeit oder aus Ungeduld, Verschwendungssucht oder schlichter Gier auf ein vorzeitiges Erbe erpicht war. Lange Jahre des Zusammenlebens brachten oft die tiefsten Abgründe hervor, die kaum ein Außenstehender verstehen würde. – Allein, Oder traute es ihm nicht zu. Die tiefe Trauer, die er bei der Benachrichtigung von Paul Müllers Ableben bei Matthias gesehen hatte, wirkte auf ihn mehr als echt. Und über die Firma hatte er freien Zugang zu Geldern in jedweder Höhe. Zumal man bisher von keinerlei Exzessen wusste. Aber vielleicht hatte man einfach nicht tief genug gegraben?

Wenn Michael Oder objektiv bleiben wollte, konnte er zu seinem Leidwesen Impes ‚Streit unter Penner'-Theorie auch nicht von der Hand weisen. Ob Suff oder Sex … Gründe gab es immer, wenn man nichts zu verlieren hatte. Schon der Getränkepfand einer einzelnen Flasche konnte in aufgeheizter Stimmung zum Tode führen. Das Leben auf der Straße war ein ständiger Kampf ums Überleben.

Zumindest eins war gut: Die Identifizierung von

Paul Müller würde ihm etwas Zeit bei Impe verschaffen. Immerhin war Paul Müller kein Unbekannter in der Geschäfts- und Kunstwelt. Polizeirat Impe fuhr auf die ‚High Society' total ab. Michael Oder hatte munkeln hören, dass Impe sich extra eine Loge in der Oper gegönnt hatte, um in direkten Kontakt zu kommen. Der Golfplatz hatte wohl nicht gereicht.

Angewidert bei dem Gedanken, kräuselte sich unwillkürlich Oders Oberlippe.

Leise seufzend richtete er sich auf, wischte eine kleine Stelle auf seinem Schreibtisch frei und stellte seine halb leere Tasse auf diesen.

Bis zum Abend hatte er noch etwas Zeit. Die galt es zu nutzen. Ein schneller Blick auf die Uhr sagte ihm, dass es Zeit war, einen zweiten Faden zu verfolgen: die Suche nach dem kräftigen Mann, der in Obdachlosenkreisen Keile verteilte. Nicht dass der eine oder andere nicht ab und zu welche verdient hätte, aber es musste einen weiteren Grund geben. – Sowohl Kalle als auch Ronny hatten angedeutet, dass er jemand suchte. Wen? Warum? Und falls er Paul Müller suchte, warum verprügelte er noch weiterhin die Obdachlosen, da er ihn doch schon gefunden und ermordet hatte? Und was hatte Paul Müller verbrochen, um ein so schreckliches, schmerzhaftes Ende zu finden? Auch galt zu klären, ob der ominöse ‚Bulle' den Prügler angestiftet hatte, Schwätzer, die ihm gefährlich werden konnten, mundtot zu machen, da er selbst nicht fähig war?

Fragen über Fragen und Kommissar Michael Oder wollte endlich Antworten.

Von dem ominösen ‚Bullen' wusste er zu wenig. Er entschied, erst mal das ausführende Organ zu finden. Den, der Paul definitiv zu Tode geprügelt hatte. So gezielte Schläge hatte er nicht zum ersten Mal ausgeübt. Und das ging nur mit Training.

Es war Samstag. Erfahrungsgemäß müssten die Sportstudios voll Adrenalinsammler sein, kurz vor ihrem nächsten Zug durch die Gemeinde auf der Suche nach schnellem Sex und heißen Bräuten fürs Wochenende. Und morgen, am Sonntag, wäre die Chance noch größer. Die Geschäfte geschlossen, die Zeit für einen alkoholischen Exzess zu kurz, im Fernsehen nur Wiederholungen, dröhnende Langeweile. Das alles hatte schon viele in die Sportstudios getrieben.

Er griff zum Telefonhörer und wählte eine Nummer. Angespannt wartete er, dass jemand auf der anderen Seite abnahm.

„Wer ist da? Herr Klein? Hier Kommissar Michael Oder, Kripo. Könnten Sie für mich kurz eine Suchanfrage starten? ... Ja, ich weiß. Wochenende. Es ist aber dringend. ... Ich brauche eine Liste aller Boxstudios, auch der illegalen. ... Vor allem der illegalen. Und markieren Sie mir bitte nur die reinen Boxstudios auf der Liste. Das würde erst mal helfen. Ich hole die Daten gleich ab. ... Ja, ich weiß, die Liste ist lang. – Na sagen wir in einer halben Stunde, reicht das? ... Okay. Vielen Dank. Bis gleich."

Eine halbe Stunde also, dann würde die Sucherei losgehen. Das reichte für eine weitere Tasse Kaffee, die er aber bei Andrea einnehmen würde. Er brauchte jetzt etwas Erfreuliches für die Augen.

Auf dem Weg in die Rechtsmedizin beschloss er, diese Nacht in seinem eigenen Bett zu schlafen. Die Untersuchungen nahmen Fahrt auf, sodass er sich einen Erholungstag gönnen konnte. Er vermutete, er würde sein Bett nie wieder mit den gleichen Augen sehen wie bisher.

Wer hatte noch gesagt: „Ungewöhnliche Umstände erfordern fast immer ein Umdenken." Er kam nicht darauf.

Im Zweifelsfall meine Mutter, dachte er und grinste breit. Sie war ein Füllhorn der Weisheiten und wurde nie müde, einem diese, meist ungebeten, um die Ohren zu pfeffern.

Den ganzen Weg in die Rechtsmedizin pfiff er vergnügt vor sich her. Er hatte viel zu besprechen und nur eine halbe Stunde Zeit. Aber die würde er mit Andrea verbringen.

Gab es etwas Besseres?

Sonntag

30. Dressed for success

Deprimiert ging sie am Samstag früh ins Bett. Sie hatte Schlaf nachzuholen, damit sie fit war, falls sie Joe ins Jenseits befördern musste. Wenigstens da sollte nichts schiefgehen ... und auf die geplante Oper hatte sie sowieso keine Lust gehabt. Sie hasste das Stillsitzen, aber es wurde in ihren Kreisen erwartet. Ein Rockkonzert wäre eher ihr Fall gewesen, aber das war undenkbar.

Sie erwachte mit rasenden Kopfschmerzen, die nicht vergehen wollten. Trotzdem beging sie den Sonntag mit einem ausgiebigen Frühstück. Bei einer weniger Abgebrühten hätte man auf Nervennahrung getippt, aber bei ihr traf das nicht zu. Sie genoss schlicht den Luxus. Dafür war sie geboren – dafür und für nichts anderes.

Dass sie womöglich in wenigen Stunden einen Mord begehen würde, beeinträchtigte ihren Appetit in keiner Weise.

Wenig später stand Aurelia vor ihrem Kleiderschrank und überlegte. Was zog man an, wenn man sich einen Erpresser vom Leib schaffen wollte?

„Gute Frage", murmelte sie und stützte nachdenklich das Kinn auf den Daumen, den Zeigefinger senkrecht ausgestreckt an der Wange. Eine Haltung, die sie sich angewöhnt hatte, weil sie verhältnismäßig wenig Make-up verschmierte. Sie überlegte weiter.

Zog sie sich zu gut an, würde er noch gieriger werden. Andererseits würde eines ihrer edlen Gewänder ihr mehr Rückhalt geben, sie bestärken, alles Mögliche zur Wahrung ihres Lebensstandards zu leisten.

Ein kleiner Teil ihrer Seele hatte die Hoffnung noch nicht aufgegeben, eine dauerhafte Einigung mit Joe zu erzielen, ohne dass sie das Gift einsetzen musste. Etwas in ihr scheute sich davor. – Lügen gingen ihr leicht von den Lippen. Sie waren Selbstschutz, seit jüngster Kindheit erprobt, aber um Mord war sie bisher herumgekommen. Nicht umsonst hatte sie die Beziehung zu ihrem Ex verlassen. Der Schritt von Drogen zu kalkuliertem Mord war nicht mehr weit, das hatte sie gesehen. Einige von Timos Kunden waren nicht an Drogen interessiert – zumindest nicht für den Eigenbedarf. Timo hinterfragte die Nutzung nicht, aber ihr war das nicht geheuer. Doch sollte es unumgänglich werden, würde sie nicht zögern, das Gift einzusetzen.

Sie zuckte mit der Achsel. Joe hatte es in der Hand, ob er leben oder sterben würde. Es stand und fiel mit seiner Dämlichkeit. Eine Chance hatte Joe noch, wenn auch eine sehr winzige, nur wusste er nichts davon. *Besser so*, fand Aurelia. Sie seufzte tief.

„Schwarz“, fand sie passend. „Schwarz mit einem Hauch lila Morbidität.“ Sie grinste und fand so ihre gute Laune kurzfristig wieder. Stand die Farbe Lila nicht auch für Gift? Sie grübelte kurz, nickte bestätigend, dann war sie sich sicher. Sie hatte noch ein

Wollkostüm, schwarzer Boucle-Stoff mit winzigen lila Noppen im Gewebe und dunkellila Futter. ... Dunkel genug, damit man sie in dem hereinbrechenden Abend nicht sofort sehen würde, warm genug, um der Kälte zu entgehen, und edel genug, um ihr eine imaginäre Stütze zu sein. Zumal sie sich von ihrer Schneiderin den Seitenschlitz hatte verlängern lassen. Schlug sie nun die Beine übereinander, konnte man den Ansatz ihrer halterlosen Strümpfe sehen, was auf das männliche Geschlecht, und nur auf dieses kam es an, nicht ohne Wirkung blieb.

Frauen interessierten sie nur insoweit, wie sie den Kontakt zu anderen Männern herstellen konnten. Und natürlich, um in deren Augen den Neid zu sehen. Welches größere Kompliment konnte eine Frau erhalten als den Neid der anderen? Die pure Befriedigung – Aurelia kannte keine bessere, zumindest was Frauen betraf.

Sie warf einen Blick auf ihre kleine, blitzende Armbanduhr, die sie beim letzten Treffen verraten hatte. Nun, da Joe die Uhr kannte, hatte es keinen Sinn, diese zu verstecken. Es wurde Zeit.

Sie zog die Latexhandschuhe an und griff sich das kleine braune Fläschchen. Prüfend hielt sie es gegen das Licht. Eine klare, lilafarbene Flüssigkeit.

Zu gerne hätte sie es ausprobiert, einfach um die Wirkung zu testen, aber es gab niemand um sie, der entbehrlich genug gewesen wäre. Auf Maria konnte sie nicht verzichten, wenn auch deren Gesicht sie jedes Mal an ihre abgebrannte Situation erinnerte. Der Pferdepfleger, die Friseurin – allen war ihre klamme finanzielle Lage bekannt, aber sie warteten auch mal auf die pünktliche Bezahlung der Rechnungen … Gold wert in ihrer Lage. Außerdem waren sie viel zu dicht an ihr dran. Undenkbar, würde man sie mit deren Tod in Verbindung bringen.

Wenn sie ehrlich war, hätte sie ihre Bridge-Gesellschaft umnieten müssen, allesamt, da sie bisweilen Aurelia zu Tode langweilten. Aber leider brauchte sie die Kontakte, obwohl diese seit Pauls Verschwinden merklich nachgelassen hatten. Sie musste es also einfach riskieren.

Wie schnell würde das Zeug wirken? Musste sie vielleicht flüchten? Hoffentlich nicht. Die passenden Stiefel zu dem Kostüm hatten hohe, extrem spitze Absätze und waren nicht für einen Spurt geeignet. Zu dumm, sie hätte Timo genauer ausfragen sollen.

Sie packte das Fläschchen sicherheitshalber in einen der Latexhandschuhe, dann in ihre Tasche, in der schon ihr Mobiltelefon, ihr Lippenstift, ein kleines Portemonnaie mit ihren Kreditkarten und anderes Sammelsurium, das eine Damenhandtasche so füllte, lagerten.

Sie richtete das Einstecktuch am Blazer ihres Kostüms, Schottenkaro in Schwarz-Lila, passend zum dunkellila Farbton des Stofffutters, dann griff sie die Tasche und begab sich zu ihrem Auto, nicht ohne ein Meer der Verwüstung auf ihrem Bett zu hinterlassen. Zwei Stunden Vorbereitung hatten ihre Spuren hinterlassen.

31. Zukunftssicherung extrem

Joe freute sich. Nicht mehr lange, und er war um einige Scheinchen reicher. Der Anblick von einem Bündel Geld ließ sich mit kaum etwas anderem vergleichen, zumal er auf beiderlei Geschlecht seine Wirkung entfaltete.

Obwohl die Zeiten mit Frauen hinter ihm lagen. Zu viel Anabolika während seiner aktiven Zeit als Boxer hatten ihre Spuren hinterlassen. Es interessierte ihn aber auch nicht.

„Es ist sowieso immer nur das gleiche Raus-und-wieder-rein-Spielchen", pflegte er zu sagen. Außerdem kostete die Pflege seines ‚Astralkörpers' eine Menge, die er lieber selbst ausgab, als sie einem Flittchen für neue Titten in den Ausschnitt zu pulvern. Hatte er noch einen Cent übrig, trug er ihn lieber auf die Rennbahn oder ins Wettbüro. Man wusste ja nie ... Genug Pech hatte er schon gehabt, jetzt war er dran, fand Joe. Irgendwann musste die Gerechtigkeit auch bei ihm vorbeischneien und Fortuna ihr Füllhorn über ihm ausschütten.

Er überlegte kurz, ob er ausnahmsweise sein Büro aufräumen sollte, entschied sich dann allerdings dagegen. Wehe, wenn die Alte die Nase rümpfen würde! Das würde sie einen Tausender mehr kosten. Jede einzelne Falte einen Tausender. Joe grinste bei dem Gedanken und rieb sich unwillkürlich die fleischigen Hände.

Er holte sich noch eine Tasse des abgestandenen Kaffees und setzte sich wieder in seinen Ledersessel. Die Beine mit den Cowboystiefeln über eine Ecke gehängt, balancierte er die Kaffeetasse auf seiner Brust und wartete. Er hatte ja auch nichts anderes zu tun. Sein Geschäft lief schlechter denn je. Vorweihnachtszeit und Weihnachten machten sich wie jedes Jahr bemerkbar. Verständlich, wenn auch ärgerlich, aber wer wollte schon erfahren, dass der Partner fremdging, wenn der seine Weihnachtsgeschenke noch nicht abgeliefert hatte? Weihnachten war Kommerz geworden.

Außerdem, käme man allein zu den Festen, wären die blöden Bemerkungen der buckligen Verwandtschaft so gut wie sicher. Also deckte man den Mantel des Schweigens über das eigene Misstrauen und lächelte den Kummer weg. Zu Fastnacht/Fasching/Karneval, wie auch immer man es nannte, zog Joes Geschäft wieder an. Aber bis dahin ...

Gedankenverloren streichelte er seinen Lieblingsschlagring und ließ ihn auf dem Zeigefinger kreisen.

Ein Schluck aus seinem Kaffeebecher erinnerte ihn daran, dass er die Brühe doch besser entsorgen sollte. Sie war noch vom Mittag, als er nach dem Frühschoppen mit seinen Kollegen versucht hatte, halbwegs nüchtern zu werden. Auf jeden Fall war der Kaffee kalt und bei den erwarteten 20.000 Euro konnte er freigiebig genug sein, einen frischen zu kochen.

Er grinste. 20.000 Euro ... Für eine Auszeit in der Karibik sollte das reichen. Flüge mit zwei Wochen ‚all inclusive' gab es schon für einen Tausender. Na gut, über Weihnachten zogen die Preise noch mal an.

Aber Hauptsache, er war aus dieser elenden ‚Weihnachts-Sülze' endlich raus. Er konnte das ewige ‚Jingle Bells' in den Kaufhäusern nicht mehr hören. Es kam ihm zu den Ohren heraus. Und die vielen gestressten Kunden machten Observationen auch nicht leichter, falls er doch mal einen Fall hatte. Mit ihrem Kaufrausch erinnerten sie ihn schmerzlich, dass er allein auf der Welt war. Kein Hahn krähte mehr nach ihm. Seine Eltern hatten sich totgesoffen, die Verwandten wollten mit dem ‚Abschaum' nichts zu tun haben. Die Weiber waren weggeblieben, als er seine Karriere aufgeben musste. Die Rennbahn war geschlossen, konnte also auch nicht als Ablenkung dienen. Einzig seine Kollegen waren ihm geblieben, aber den traurigen Haufen auch noch an Weihnachten?

Energisch schüttelte er den Kopf. Dann lieber ein kaffeebraunes Mäuschen mit Baströckchen oder Blumenkette als alleiniges Kleidungsstück, das sich um ihn kümmerte.

In seine Gedanken hinein hörte er das Quietschen der Haustür. Ein kurzer Blick auf die Uhr über dem Türrahmen überzeugte ihn, dass es sich nur um seinen Besuch handeln konnte.

„Pünktlichkeit ist die Höflichkeit der Könige", grinste er und rappelte sich auf, um die Tür zu öffnen.

Er hatte recht; kaum stand er an der Tür, schnarrte schon der Summer. Ein Blick durch den Spion, und er pfiff unwillkürlich kurz durch die Zähne.

Junge, Junge, was für ein scharfes Gerät!, dachte er sich und riss die Tür auf, um Aurelia einzulassen.

Sie rauschte an ihm vorbei, königlicher als die Queen, und nahm auf dem Besucherstuhl in seinem

Büro Platz, nicht ohne mit ihrer behandschuhten Hand über die Sitzfläche zu wedeln.

Einundzwanzigtausend, dachte sich Joe, der sich ärgerte, nicht doch noch den Staubsauger gequält zu haben.

„Haben Sie die Negative?“

„Klar doch, aber bevor wir zum Geschäftlichen gehen: Kaffee?“ Er wandte sich zur Kaffeemaschine, die auf einem Sideboard neben dem Schreibtisch stand, in Armlänge zu seinem Ledersessel.

„Kaffee ist gut. Draußen ist es kalt.“ Sie rieb sich die Oberarme, als würde sie frieren, während sie sich in seinem Büro umsah. *Blöde Kuh!*, dachte er, denn es war mindestens 25 Grad warm in Joes Kanzlei. Er fror nicht gerne, daher hatte er nach dem Frühschoppen die Heizung bis zum Anschlag aufgedreht.

„Haben Sie auch was zum Aufwärmen?“ Lasziv schlug sie die Beine so übereinander, dass der gewünschte Effekt eintrat und der Schlitz im Rock sein Geheimnis offerierte.

Joes Blick saugte sich an ihrem Oberschenkel fest. Auch wenn sich in seiner unteren Etage nichts mehr rührte, sein Hirn wusste noch, was Verlangen war. Er leckte sich über seine trocken gewordenen Lippen.

Aurelia schauerte bei dem Anblick.

Zweiundzwanzigtausend. Joe hatte es bemerkt. Sein Preis stieg.

Abschätzend betrachtete er den Anblick, den Aurelia ihm bot. Erst mal würde er sie ausnehmen, bis sie nichts mehr hatte. Aber danach wüsste er eine noch bessere Beschäftigung für sie, die mehr einbringen würde. Shorty hatte da so seine Kontakte. Wenn er mit ihr fertig war, konnte er sie locker dort unterbringen. Er hatte es nicht geglaubt, aber Harems gab es immer noch und für gut gebaute Blondinen, besonders echte, zahlte man im Orient ein stolzes Sümmchen. Die Frauen, die dort landeten, wurden niemals mehr gesehen. Das würde ihr ihren Hochmut austreiben. Er grinste dreckig.

„Haben Sie das Geld?"

Gieriger, ungehobelter Klotz!

„Einen Teil."

„Was heißt: ‚Einen Teil'? Zweiundzwanzigtausend und keinen Penny weniger."

„Sie sagten zwanzigtausend."

„Mein Preis hat sich gerade etwas erhöht."

„Sie ..." Den Ausdruck, der ihr auf der Zunge lag, verkniff sie sich im letzten Moment. Er war nicht geschäftsfördernd.

Sie stand auf und näherte sich seiner Gestalt. Kurz vor ihm strich sie mit ihrer behandschuhten Hand zärtlich über die Brust – wie ein Werben um Verständnis.

„So schnell habe ich keinen Käufer gefunden. Es war wirklich zu wenig Zeit."

Joe wusste das. Er sah seinen Urlaub in der Karibik flöten gehen. Wenn er noch einen Platz kriegen wollte, musste er bis nächste Woche gebucht und bezahlt haben. Und er wollte nicht auf die zwanzigtausend verzichten.

„Lady, abgemacht ist abgemacht. Wie viel haben Sie denn nun dabei?"

„Erst mal fünftausend. Sobald ich meinen Schmuck verkauft habe, bekommen Sie den Rest. Versprochen."

Timo hatte ihr das Geld aufgedrängt, aber mehr hatte er nicht im Haus gehabt. Er wollte das Geld auch wieder zurück. Geliebter hin oder her – bei Geld verstand er keinen Spaß.

Joe schenkte sie einen Augenaufschlag vom Feinsten, mit dem sie ihr Versprechen krönte.

„Zeigen. Wo ist das Geld?"

„Und wo sind die Fotos von Paul?"

Joe setzte sich auf seinen Ledersessel und zog eine Schublade auf. Dieser entnahm er ein Paket mit Fotos und Negativen und reichte Sie Aurelia. Die griff gierig danach, aber Joe zog das Päckchen zurück.

„Erst das Geld."

„Ja doch." Aurelia stöhnte, dann wühlte sie in ihrer Tasche, bis sie den Umschlag mit den fünftausend Euro von Timo fand. Sie entnahm das Geld und zählte es auf den Schreibtisch. Joe ließ den Umschlag mit den Fotos fallen. Sofort grapschte sie danach, öffnete ihn und hielt die Negative gegen das Licht.

Negative ... tzzz. Hat der keine SIM-Karte? Das ist ja Steinzeit. Aber auch gut. Dann konnten keine weiteren Kopien irgendwo herumschwirren. Volltrottel!

Sie schüttelte innerlich den Kopf, dann konzentrierte sie sich auf die abgebildeten Inhalte.

Ja, das war Paul. So weit, so gut.

Mit einer fließenden Bewegung zückte sie ein Feuerzeug und hielt es an die Negative.

Bloß weg mit dem alten Kram!

Die Flamme griff rasch auf das Material über und schmolz Paul zu etwas Undefinierbarem. Joe sah gelassen zu und zählte das Geld. Er wusste ja, dass er noch die Aufnahmen von Shorty hatte. Sollte sie ruhig glauben, mit der Zahlung wäre es ausgestanden. Sie rettete damit auch ihn, schoss es ihm durch den Kopf. Denn so konnte auch er nicht mehr in Verbindung gebracht werden mit Paul Müllers Derangierung. Wäre nicht das erste Mal, dass einer wegen vergessener Negative doch noch aufflog.

„Vielleicht etwas Stärkeres zum Anstoßen auf unsere Geschäfte?", forderte Aurelia ihn erneut auf und riss ihn aus seinen Gedanken.

„Klar doch. Whiskey? Wodka? Cognac? Ich habe noch einen guten von einem Kunden ... Und dann besprechen wir, wie ich an mein restliches Geld komme." Joe machte eine künstlerische Pause, um sich an ihrem Gesichtsausdruck zu weiden. Um nichts in der Welt wollte er gleich auch nur eine Sekunde verpassen.

„Und es wäre besser für Sie, wenn Sie die Ratenzahlung auch einhalten würden." Dabei zog er gelassen einen weiteren Umschlag aus der Schublade, der die Bilder von Shorty enthielt. Er wedelte kurz vor Aurelias Nase, dann schmiss er den Umschlag wieder in die Schublade und verschloss sie sorgfältig.

Aurelia sah ihn irritiert an.

„Nichts Weltbewegendes", klärte er sie auf, „nur ein paar Aufnahmen eines guten Freundes, als wir uns neulich in der Stadt getroffen haben."

Aurelia schnappte kurz nach Luft, versuchte sich aber nichts anmerken zu lassen, doch es gelang nur kläglich. Augenblicklich hatte sie seine Drohung verstanden und kochte innerlich vor Wut. Das hätte sie sich denken können, dass dieser elende Erpresser noch ein Druckmittel gegen sie in der Hand hatte. Er war zu ruhig geblieben auf ihre fünftausend. Viel zu ruhig.

Diese Ratte, dieser Kretin, dieser Schmalspurganove ... krepier in der Gosse, aus der du gekrochen bist. – Aurelia bekam sich kaum noch in den Griff, so schäumte sie innerlich. Oh, wie hatte sie nur so bescheuert sein können, den Ort nicht besser zu kontrollieren! Sie war sich so sicher vorgekommen in der Öffentlichkeit. Wie dämlich von ihr ...

Beiß ins Gras ... und das schnell. Zeit für Plan B oder in diesem Fall: Plan G wie Gift.

Es wurde Zeit, das Versäumnis schnellstens aus dem Weg zu räumen, wollte sie nicht für den Rest ihres Lebens für einen winzigen Fehler zahlen müssen.

Sorry, Joe, aber deine Freude an den fünftausend wird nicht mehr lange währen. Es sind sowieso MEINE!

Joe ahnte nichts von Aurelias düsteren Gedanken. Er grinste über das ganze Gesicht und wedelte mit seinen Alkoholika, völlig Herr der Lage, wie es schien. Er war wohl sehr sicher, sie würde zahlen. *Welch ein gutgläubiger Narr. Ich habe nicht vor, ewig deinen fetten Wanst zu füllen.*

Aurelia prüfte mit einem schnellen Blick die Pegelstände in den offerierten Flaschen. Der Whiskey war am meisten ausgetrunken, die Wahrscheinlichkeit hoch, dass er dieses Getränk den anderen vorzog und eine geschmackliche Veränderung schneller bemerken würde. Das Gift sollte zwar geschmacklos sein, aber sie wollte kein Risiko eingehen. Als sie weitersprach, glich ihre Stimme einem sanften Säuseln.

„Cognac. Einen Cognac zum Kaffee passt hervorragend. Der wärmt so schön. Und Sie trinken doch einen mit, oder?“

„Sicher. Auf unsere guten Geschäfte.“ Er öffnete das Sideboard, auf dem die Kaffeemaschine stand. Im unteren Fach standen mehrere Gläser, darunter zwei Cognacschwenker. Joes klobige Finger griffen nach den zierlichen Gläsern, und als er sich erhob, war er leicht außer Atem. Er schob die Papiere auf seinem Schreibtisch etwas zur Seite und stellte die Gläser auf die frei gewordene Kante. Dann griff er nach der Cognacflasche.

„Geben Sie ruhig her. Ich schenke uns ein, dann können Sie den Kaffee kochen“, bot Aurelia freundlich lächelnd an und stand auf. Ihre Oberweite streifte dabei seinen Arm, durchaus nicht unbeabsichtigt, während sie noch der Flasche griff. Ein Hauch ihres sorgsam gewählten Parfüms wehte zu ihm herüber, sodass er sich schnell erleichtert zu der Kaffeemaschine umdrehte, weil sie ihm eine Verschnaufpause gewährte.

Er schnappte sich die Kanne mit dem alten Kaffee und verschwand in der Küche, um die Kanne für sie erst mal zu säubern und dann Wasser zu holen. Sein Abgang glich fast einer Flucht.

Diese Frau hatte es in sich. Er kannte nicht viele ihres Schlages, die sich von der Androhung einer erneuten Erpressung so schnell erholt hätten. Auf irgendeine kranke Weise nötigte sie ihm Respekt ab.

Die Idee mit dem Getränk fand er nicht schlecht. Es würde ihren Abgang verzögern und er hatte es nicht eilig. Die Gesellschaft einer so schönen Frau, die dazu noch Stil hatte, wollte er bis zur letzten Minute auskosten.

Wenn er gewusst hätte, wie lange Aurelia noch für ihn geplant hatte, wäre er nicht so gelassen geblieben.

Kaum war er weg, kam Leben in Aurelia.

Das Fläschchen hatte sie in ein Seitenfach der Tasche gesteckt, damit sie es gleich zur Hand hatte. Sie wollte auf Nummer sicher gehen und sowohl die Kaffeemaschine als auch den Cognac mit dem Gift versehen. Irgendetwas würde schon funktionieren, hoffte sie.

Sie griff nach dem Fläschchen und versuchte es aufzumachen, aber es blockierte.

„Oh verdammt!" Sie hätte es zu Hause probieren sollen. „Mist!"

Ihre Lederhandschuhe rutschten auf dem glatten Verschluss ab und mit den zusätzlichen Latex-Handschuhen, die sie darunter trug, hatte sie kaum Gefühl.

„Wieso geht das Ding nicht auf?"

„Sagten Sie was?", wollte Joe aus der Küche wissen.

Verdammt, das war wohl zu laut. Ablenkung ... aber schnell!

„Nein, nein. Ich habe nur gefragt, ob Sie auch Milch haben!"

„Kleinen Moment, da muss ich nachsehen, ob die noch gut ist."

Aurelia kam nun tatsächlich ins Schwitzen. Sie musste die Flasche aufbekommen. Jeden Moment konnte Joe wieder zurückkommen. Es gab keine zweite Chance.

Ihr Einstecktuch. Das könnte klappen.

Hastig zupfte sie das Tuch aus seiner Halterung

und versuchte es erneut. Diesmal gab der Flaschenhals mit einem Ruck nach und ein kleiner Spritzer schwappte auf das Einstecktuch, war jedoch nicht zu sehen, da er die gleiche dunkellila Farbe hatte.

Auch das noch!, stöhnte Aurelia innerlich. Sie würde es nicht zurück in ihre Brusttasche stecken können. Hoffentlich würde Joe das Fehlen des Tuches nicht bemerken. Aber wenigstens war die Flasche offen. Sie schüttete die Hälfte in die Kaffeemaschine und warf einen Blick hinterher. Die dunkellila Flüssigkeit fiel in dem Wasserbehälter nicht mal auf. Sie versickerte sofort im Ansaugstutzen. *Gut so.*

Der Cognacschwenker bekam auch noch einen guten Schluck ab, dann verschraubte sie das Fläschchen und verstaute es wieder in der Handtasche. Genau in dem Moment kam Joe wieder aus der Küche mit der Glaskanne voll Wasser.

Zu früh, du fettes Schwein!

In Eile schmiss sie das Einstecktuch mit der linken Hand dem Fläschchen hinterher in die Tasche. Dann drehte sie sich so, dass sie den Blick auf die Gläser abschirmte, und griff mit der rechten Hand nach dem präparierten Glas. Es war höchste Zeit, den Alkohol einzugießen und es leicht zu schwenken, damit sich die Farbe verteilte.

Misstrauisch betrachtete sie die Mischung. Das Ergebnis konnte sich sehen lassen. Der Cognac war nur unwesentlich dunkler als vorher. Es würde ihm nicht auffallen, da war sie sich sicher. Schnell füllte sie noch das andere Glas, griff sich das saubere und atmete tief durch, während sie sich wieder auf dem Besucherstuhl niederließ.

„Ja, der Kaffee ist ganz frisch. Ich kaufe die Bohnen immer in Sachsenhausen. Frisch gemahlen von der Rösterei. Man gönnt sich ja sonst nichts", missverstand Joe ihren Seufzer und schnüffelte an der Tüte mit dem Kaffeepulver, während er sich im Small Talk versuchte.

„Mmhh." Aurelia stand nicht der Sinn nach langen Reden. Sie wollte nur die zweiten Negative, bevor er das Zeitliche segnete. Äußerlich die Ruhe selbst, nippte sie an ihrem Drink. Lässig hatte sie den Stiel des Glases zwischen Zeigefinger und Mittelfinger gelegt, sodass der Bauch des Glases in ihrer Handfläche lag. Es wirkte, als wollte sie nur das Glas schwenken, aber die Finger schirmten so mögliche Farbdifferenzen ab. Alles in allem wirkte sie entspannt und gelassen, ganz die Dame, die sie zu sein vorgab. Nur ihre Zehenspitzen in den eleganten Schuhen vermittelten den Eindruck einer Klapperschlange kurz vor dem Angriff, aber dazu hätte man schon einen genauen Blick auf sie richten müssen. Nur wer sah schon auf Schuhe, wenn doch ihr Dekolleté so viel verlockender war?

Joe war endlich fertig mit dem Kaffee und setzte sich in seinen Ledersessel. Sie beugte sich über den Schreibtisch und reichte ihm sein Glas, dann lehnte sie sich zurück und wartete.

Der Detektiv hatte es nicht eilig. Er ließ den Blick, den er gerade in ihren Ausschnitt hatte werfen können, noch nachwirken. Cognac war sowieso nicht sein Ding.

Gemeinsam schwiegen sie und hörten dem Blubbern der Kaffeemaschine zu. *Wäre auch mal wieder*

Zeit, die zu entkalken, dachte sich Joe. Ach was – von den fünftausend würde nach der Buchung noch genug übrig bleiben, damit er sich eine dieser modernen Kaffeepad-Maschinen kaufen konnte. Sicher, nicht so toll für die Umwelt, aber die Umwelt konnte ihn mal.

Der Kaffee war fertig und er goss zwei Becher voll, die er ebenfalls dem Sideboard entnommen hatte. Einen davon stellte er mittig auf den Schreibtisch, einen reichte er Aurelia.

„Erst mal anstoßen." Sie beugte sich mit ihrem Glas über den Tisch.

„Genau. Auf gute Geschäfte!" Joes Oberkörper lehnte sich etwas vor, die Gläser klingelten. Beide nippten.

„Wann kann ich mit der Restsumme rechnen?", wollte Joe wissen. Er schien etwas zu lallen.

Aurelia beobachtete ihn scharf.

„Ich brauche das Geld noch vor Weihnachten. Ich will Silvester in der Karibik feiern."

„Das wird sich machen lassen ... Karibik ... so, so ... Ja, ein feiner Platz für einen Lebensabend." *Träum schön von deiner Karibik. Du wirst Frankfurt nicht verlassen.*

„Ja, endlich Wärme satt und all die Frauen ..." Er lallte eindeutig. „Obwohl, Sie sind auch nicht ohne. Es ist toll, mit Ihnen Geschäfte zu machen. Immer wieder gerne."

Nur über DEINE Leiche, freute sich Aurelia. Und das hoffentlich bald. Sie wurde ungeduldig. Wenn der so langsam weitertrank, würde sie noch Ewigkeiten hier sitzen müssen, um Small Talk zu betreiben. Aurelia beschloss, das Verfahren abzukürzen, und hob ihr

Glas, während sie laut und nicht ohne Hintergedanken rief: „Ex und hopp!“

Joe hob ebenfalls das Glas. „Jawohl, ex und hopp!“ Er schüttete den Inhalt in einem Zug herunter und schüttelte sich.

Aurelia erschrak. Merkte er doch etwas? Würde er Verdacht schöpfen und sie würgen, hätte sie keine Chance. *Jetzt nur die Ruhe bewahren, Aurelia*, predigte sie sich selbst.

Joe griff nach dem Kaffee und kippte seine Tasse zur Hälfte hinterher.

„Cognac ist nicht so meins ...“ Joe musste aufstoßen, „Mensch, ist mir übel.“ Schnell griff er erneut nach der Kaffeetasse und nahm einen großen Schluck.

Es wirkt, triumphierte Aurelia. Fünf bis zehn Minuten, hatte Timo gesagt. Da hatte sie wohl die Dosis etwas zu groß gewählt. *Na egal, besser so als anders.*

„Moment mal.“ Nuschelnd hob Joe die Hand, „’sch muss mal kurz für kleine Könichstiiiischer. ... Nich wegrennen ... bin gleich widder da.“ Er brachte seinen massigen Körper in Bewegung, während er sich mit einer Hand immer wieder über die Augen wischte, als hätte er einen Schleier vor der Linse, den es zu entfernen galt. Leicht torkelnd, tastete er sich an der Wand entlang in den Flur und von dort ins Badezimmer. Dann hörte man einen dumpfen Schlag und ein Würgen. Danach war alles still.

Aurelia nippte noch einmal an ihrem Glas, während sie darauf wartete, dass das Gift seine volle Wirkung entfaltete. *Sicher ist sicher.*

Nach weiteren drei Minuten stand sie auf, griff sich ihre Tasche und wischte den Lippenstift mit dem

Einstecktuch von ihrem Glas. Das stellte sie in den Schrank ganz nach hinten, schmiss das Tuch eilig in ihre Tasche und begab sich auf die Suche nach Joe. Sie fand ihn in seinem eigenen Erbrochenen vor der Toilettenschüssel. Bis hinein hatte er den Mageninhalt nicht mehr bringen können. Sie ließ ihn liegen, schließlich hatte sie wichtigere Dinge zu erledigen.

Schnell huschte sie zurück ins Büro, bevor ihr von dem beißenden Geruch auch noch schlecht werden konnte. Das Büro untersuchte sie so gründlich, wie es bei der Unordnung von Joe möglich war. Sie konnte nur hoffen, alle Unterlagen mit ihrem Namen gefunden zu haben, und jagte sie durch einen Reißwolf, der in einer Zimmerecke auf Futter wartete. Die Bilder fand sie nicht, aber die Schreibtischschublade war fest verschlossen, ließ sich auch durch Rütteln nicht öffnen. Sie würde also Joe noch einmal bewegen müssen. Irgendwo an seinem Körper musste der einen Schlüssel haben.

Aurelia atmete tief ein, dann hielt sie den Atem an und betrat erneut das Bad.

»Oh nein ... natürlich!«, fauchte sie. Aurelia hätte Wetten darauf abschließen können ... Joe lag genau auf dem Schlüssel. Sie musste ihn mühselig umdrehen, denn Joe hatte mehr als das Kampfgewicht eines Boxers im Ruhestand. Um an seine Hosentasche zu kommen, in die er den Schlüssel gesteckt hatte, brauchte sie ihre ganze Kraft. Plötzlich bewegte sich sein Körper noch einmal in einer Art Krampf. Sie erschrak, ließ ihn los und er knallte in dem schmalen Bad mit dem Kopf an die Heizung. Es rumste ordentlich, aber danach lag er still.

Aufatmend lehnte Aurelia an der Wand, die Tasche fest an sich gepresst. Erst als ihr Herz ruhiger schlug, startete sie einen zweiten Versuch, der endlich gelang. Sicherheitshalber beschloss sie, ihm eine letzte Dosis zu verabreichen, zumal er nun auf dem Rücken lag und er mit offenem Mund ihr seine Zunge fast entgegenstreckte.

Angewidert und mit spitzen Fingern öffnete sie seinen Mund etwas weiter und träufelte noch zwei Tropfen des Giftes pur auf die Zunge. Die dunkellila Tropfen bildeten ein interessantes Muster auf den Noppen der Zunge, aber sie beachtete es nicht lange. Es stank und sie wollte nur hier raus. Also wandte sie sich ab, holte die Fotos und verließ hastig Joes Kanzlei.

Einem ersten Impuls, ihm das Fläschchen in die Hand zu drücken, widerstand sie. Klar hätte es wie Selbstmord ausgesehen, aber bei der Wirkung – sie war immer noch erstaunt – hatte sie bestimmt noch bessere Verwendung dafür. Die Liste ihrer Feinde war lange und wuchs mit jedem Tag. Einer mehr oder weniger konnte da schon hilfreich sein.

„Nur nichts verschwenden, was man noch gebrauchen kann."

Es war der Wahlspruch ihrer Mutter gewesen und das Leitbild der Plattenbausiedlung, in der sie aufgewachsen war und die doch stärkere Spuren hinterlassen hatte, als sie je zugeben würde.

32. Boxerfreud und Boxerleid

Es war Abend geworden. Sonntagabend. Kommissar Michael Oder war müde, ihm war kalt, und wenn er noch einen dieser aufgepumpten Idioten erwischen würde, für den Sport gleich Steroide hieß, würde er zum Tier mutieren.

Meine Güte, was fanden die Trottel nur an künstlich aufgepumpten Muskeln, wenn der wichtigste Teil, das Hirn, nicht arbeitete? Waren Frauen tatsächlich so oberflächlich, dass sie auf so Luftpumpen hereinfielen?

Nein, selbstverständlich nicht, korrigierte er sich umgehend. Andrea war nicht so. Hoffte er zumindest.

Nur noch diese eine Muckibude, dann würde er seine Suche an einem anderen Tag fortsetzen. Die lag schön nah bei seiner Stammkneipe. Ein Bier und eine Bulette bei Manni hatte er sich redlich verdient. Wie auf Befehl knurrte sein Magen empfindlich laut.

„Kriegst ja gleich was", versuchte er ihn zu beruhigen. Der kümmerte sich aber nicht darum und krampfte sich erneut zusammen. Michael Oder ignorierte es, so gut er konnte.

Der Eingang war schlecht beleuchtet. Hinterhof. Keins dieser Hochglanz-Studios mit Pilates oder Bauch-Beine-Po-Räumen, bei denen man sich am liebsten durch den Hintereingang schleichen würde, weil man das Gefühl hatte, die Bodybuilder und Supermodels auf den Werbeplakaten schauten einen abfällig an, da die Figur nur als Wal-Double am Strand taugte.

Die schwere Stahltür fiel überraschend leise ins Schloss. Drinnen stank es nach Schweiß von Jahrzehnten, echtem Männerschweiß, vermischt mit stinkenden Socken. Gedämpft konnte man die Schläge eines Boxers hören, der einen Sandsack verdrosch. Oder nickte. Ja, das hier konnte was werden.

Der Raum war fast leer, nur ganz hinten an der linken Wand, gleich neben dem Trainer-Kabuff, trainierten zwei Boxer tatsächlich an einem Sandsack. Einer von ihnen musste der Trainer sein, denn er hielt den Sandsack und gab Anweisungen, während der andere verschwitzt und rotgesichtig auf den Sack prügelte.

Der Rest des Raumes war leer. Oder sah kurz auf seine Uhr. Gerade mal 18:00 Uhr – dafür war verdammt wenig los. Oder vermutete, der Boxstall hatte seine besten Zeiten hinter sich.

„Los, Murat, jetzt gib dir mal Mühe. Das ist doch nichts, was du da veranstaltest. Wenn du Babys streicheln willst, dann werd Präsident. Aber dann bist du hier falsch."

„Ja, Trainer."

„Deine Recht-links-Kombi sitzt noch nicht. Und die Fußarbeit ist echte Scheiße. Selbst meine Omma war schneller und die saß im Rollstuhl."

„Ja, Trainer."

Eingespieltes Team, grinste Oder. *Wie ein altes Ehepaar.*

Er schlenderte langsam auf die beiden zu und betrachtete sich das Drama. Schön war anders.

Michael Oder mochte wohl bis auf zwanzig Meter an die Boxer herangekommen sein, als der Trainer ihn bemerkte und seinem Schützling ein Zeichen zum Aufhören gab.

„Trockne dich ab. Fünf Minuten Pause und dann rennste mir 20 Runden im Kreis.“ Er deutete auf die Umrandung der Halle. Der Boxer nickte und ließ sich auf eine Bank an der Wand fallen.

„Ja?“

„Sind Sie Friedrich Tiegel, der Besitzer dieses Boxstalls?“

„Fitty, Fitty reicht, und wer will das wissen?“, kam die knurrige Antwort.

Oder zog seinen Ausweis.

„Kommissar Michael Oder. Ich hätte da mal eine Frage.“

„Frach und dann sieh zu, daste Land gewinnst. Ik muss arbeiten. Und der da auch!“ Er deutete auf den völlig fertigen Boxschüler.

Fitty Tiegel kam hörbar nicht aus Frankfurt, wenn er auch mehr als sein halbes Leben hier verbracht hatte, was seinen Dialekt stark verwässerte.

„Watt willste? Meine Bubis arbeiten legal. Alle mit Lizenz.“

„Nein, darum geht es mir nicht.“

„Watt'n sonst?“

„Sie sind schon lange im Geschäft?“

„Seit ik so 'n kleener Stöppke war.“ Fitty hob zur Verdeutlichung seine Hand bis zum Bauchnabel.

„Und Sie kennen viele Boxer?“

„Klar. Habe den meisten das Handtuch hingehalten.“ Er schnaufte verächtlich. „Kaum kommen se zu

Kohle, kennse dich nich' mehr." Er blickte sich um, als würde er den abblätternden Glanz alter Tage noch sehen.

„Is nich' mehr, wat et ma' war. Früher ... ja früher warste noch wer." Er seufzte. „Heute geht nur noch die Schickimicki-Bande zum Kampf. Keene Ahnung von det Janze, aber 'n Nerz uff 'er Schulter."

„Ich such noch einen von früher. Kennen Sie vielleicht einen Boxer, der einen besonderen Schlagring hatte? So einen mit einem Buchstaben drauf."

„Klar doch. Det is' Joe. – Der hat sich och schon lange nicht mehr blicken lassen. – Macht jetzt enen 'uf Privatschnüffler."

„Was wissen Sie von Joe? Kennen Sie seinen vollen Namen oder wissen Sie, wo er wohnt?"

„Wo der wohnt, wes ick nich'. Der heeßt auch nich Joe. Joachim heeßt der. Aber dat war dem nich' fein genug. Wat amerikanisches musst' et sein." Fitty schnaufte empört. „Als wäre es wat Schlechtes, wenn ma' 'n Deutscher is'. Pff! – Joachim Bienek hieß der. – Hehe, hamm den immer aufgezogen, weil er 'n Stachel vonner Biene hat ... un auch so 'ne Wirkung, wenn de weeßt, wat ik meene ..." Fitty kicherte bei dem Gedanken.

„Schnell war der mal, bis dat ville Fastfood, wat er gefressen hat, und die Nächte in Bars ihn versaut haben."

Fitty wandte sich zu seinem Schüler um, der mittlerweile begonnen hatte, um die Halle zu joggen. „Da kannste dir mal ankieken, wat es aus enem macht, der sein Training schleifen lässt."

„Und der Schlagring?"

„Ach ja. So ’ne Sonderanfertigung, als er aufgehört hat. Ham ihm die Kumpels damals geschenkt. Da war ’n ‚B‘ für Bienchen drauf. Da war er mächtig stolz drauf. Hat er überall mit rumgeprahlt. Is nie ohne dat Ding aus’m Haus.“ Fitty malte mit der rechten Hand kleine Kreise an seine Schläfe. Klarer Fall, was er von Joes Marotte hielt.

„Danke. Sie haben mir enorm weitergeholfen.“

Fitty nickte nur und drehte sich erneut zu seinem Schützling um, nur um ihn anzuschreien.

Oder wandte sich Richtung Tür und wollte gerade die Halle verlassen, als Fitty ihn noch nachrief: „Ey, mir is’ noch wat einjefallen. Mir hat mal einer gesacht, weiß nich’ mehr, wer, aber der hätt’ seine Detektei im Osthafen. Jetzt fällt’s mir wieder ein. Joe Bryan hat er sich genannt. Affig. Zumindest is’ er bei den Initialen geblieben. Wäre auch zu schade, wegen dem Schlagring.“ Fitty kicherte erneut dreckig.

Oder grinste, nickte und verschwand in der Dunkelheit.

„Na das war doch mal echt erfolgreich“, fand er und griff zu seinem Mobiltelefon. So eine Detektei musste sich doch ausfindig machen lassen. Er sollte recht behalten. Keine fünf Minuten später hatte er die Auskunft und machte sich auf den Weg.

Nur eine Viertelstunde später – die Stadt war wie leer gefegt gewesen – stand er vor dem Komplex.

Alles stank nach Armseligkeit. Er überlegte, ob er Verstärkung anfordern sollte, entschied sich dann jedoch dagegen. Er hatte noch nichts in der Hand außer der Aussage von Fitty, der auf seine alten Kumpane von der Boxzunft nicht eben gut zu sprechen war.

Michael Oder beschloss, sich als Kunde auszugeben. Vielleicht konnte er etwas entdecken, was eine spätere Hausdurchsuchung rechtfertigte.

Die Haustür stand offen. *Praktisch*, dachte sich Oder. Er orientierte sich an den Klingelschildern und stieg langsam die Stufen zu Joes Kanzlei empor.

Oben angekommen, fand er die Tür nur angelehnt. Seine Nackenhaare stellten sich umgehend auf, ein ungutes Zeichen, das zur Vorsicht riet. Daher griff er zu seiner Waffe, entsicherte die Pistole, um dann mit der anderen vorsichtig die Tür aufzudrücken.

In der Wohnung war alles still.

Das erste Zimmer schien die Küche zu sein. Leer. Der Spülstein voll mit dreckigem Geschirr. Joe hielt wohl nicht viel von Sauberkeit.

Gegenüber: das Büro. Der Saustall setzte sich fort, wenn auch die Unordnung etwas erzwungen wirkte. Als hätte jemand nach etwas gesucht. Der Raum selbst war jedoch ebenfalls leer.

Noch zwei Türen, und bisher kein Mensch zu sehen. Neben der Küche musste das Bad liegen. Er konnte die Lamellen im Türblatt erkennen. Als er näher kam, konnte er den widerlich durchdringenden Gestank von Erbrochenem und Exkrementen riechen. Gewarnt stieß Kommissar Oder die Tür auf und so fand er Joe. Er war noch warm.

Joe Bryan, die einstige Hoffnung für den Boxsport, inmitten seines Erbrochenen.

Scheiße … technischer K. o. so kurz vor Schluss.

33. Allein

Auf das Prozedere, dass dem Fund von Joes Leiche folgte, hätte Kommissar Oder gerne verzichtet, aber: „Was muss, das muss!"

Für seinen Geschmack hatte er genug gesehen und die Spusi angerufen. Die hatten noch am gleichen Abend Joes Bude auf links gedreht. Eine Weile sah sich Oder das Gewusel noch an, dann verabschiedete er sich. Er erwartete nicht, dass es sofort neue Erkenntnisse gab, hatte er doch sehen können, dass jemand Joes Kanzlei durchsucht hatte. Gab es was zu finden, war es vermutlich gefunden worden. Ansonsten würde er in der nächsten Woche einen Bericht bekommen und hatte dann immer noch Zeit, alles abzuklopfen nach den drei Profiler-Kriterien:

1. Was ist da?
2. Was fehlt?
3. Was passt nicht dazu?

Das Wichtigste hatte er bereits gesehen und den aufnehmenden Beamten als besonders wichtig signalisiert: der Schlagring mit dem B. Nachdem dieser eingetütet und beschriftet war, verließ er den Leichenfundort, nicht ohne den Kollegen einzuschärfen, dass sie den Schlagring als Erstes Teichi abzuliefern hätten. Es wäre dringend. Man versprach es und Oder empfand, er hatte für heute genug getan. Er hatte die Schnauze gestrichen voll, um es klar zu sagen.

Draußen vor dem Gebäude blieb er stehen und atmete er erst mehrere Male tief durch. Die Abendluft erfrischte, besonders nach dem Gestank in Joes Kanzlei, biss aber auch gleichzeitig unangenehm. Seinem ersten Plan folgend, suchte er daher sein Auto auf. Es war spät geworden.

Er verließ er die Hafengegend, und fuhr zu Manni, seinem Lieblingskneipier, auf ein Absacker-Bierchen. Es war nicht einfach, einen guten Parkplatz zu finden, denn sonntagsabends waren alle aus dem Wochenende zurück. Parkplätze in Bornheim zu finden, war auch zu anderen Zeiten schon eine Herausforderung. Nach einer Viertelstunde Fahrt um den Block fand er eine winzige Parklücke, in die er seinen Wagen stellen konnte. Misstrauisch beäugte er die Anhängerkupplung des vor ihm stehenden Autos, aber er hatte keine Wahl. Bornheim war voll und sein Magen schrie nach der Bulette von Mannis Frau. – Außerdem brauchte er etwas Gesellschaft. Obwohl er im Laufe seiner Jahre bei der Kripo Kummer gewohnt war, hatte der einsame Tod von Joe doch bei ihm einen kaum stillbaren Hunger nach Gesellschaft ausgelöst. So sollte kein Mensch sterben. Egal was er gemacht und wie er gelebt hatte.

Ein Schauer lief ihm über den Rücken und er schlug den Mantelkragen höher.

„Was für eine Saukälte!“, fluchte er. – Was wohl seine neuen Freunde von der ‚Pflaster-Fraktion‘ jetzt machten? – *Vermutlich frieren,* dachte er grimmig. *Blöde Frage!,* schimpfte er sich selber und hielt sich mit der einen Hand den Mantelkragen zu, während die andere, fest zur Faust geballt, in der Manteltasche nach Wärme suchte. Er beschleunigte seine Schritte. Dort vorne war das Schild von Mannis Pinte.

Mannis Kneipe war nichts Besonderes. Ein großer Tresen, auf der rechten Seite mit einer Eckbank, davor einige Barhocker, auf der anderen Seite einige Tische und Bänke. Raumteiler aus Holz an den Rückwänden der Bänke vermittelten eine Illusion von Abgeschiedenheit, die trügerisch war. Aber hier wurden keine Geschäftsgespräche abgehalten, und ob Knut seine Else betrog oder Justin sich mit gleich zwei Schnecken verabredete, während zu Hause seine Chantal mit dem plärrenden Neugeborenen auf ihn wartete, interessierte keinen. Was die Kneipe zu etwas Besonderem für Michael Oder machte, stand auf und hinter dem Tresen: ein Teller mit Glaskuppel, auf dem die Männerfaust-großen Buletten von Mannis Frau lagen, und Manni selber.

Oder schob sich auf einen Barhocker, direkt vor die Zapfhähne, und nickte Manni zu, der gerade den letzten Schuss Bier auf die Schaumkrone eines Glases fallen ließ. Kommissar Oders Magen verbündete sich mit seinen Augen und knurrte vernehmlich, als er die Buletten sah. *Elender Verräter!*

„Na, Micha, auf dem Kriegspfad?“, grinste Manni, der das Knurren gehört hatte.

„Später. Gib dem hungrigen Indianer erst mal ein Bierchen und eine von deinen Fleischbomben. Leerer Bauch kämpft nicht gerne!“, grinste er und schlug sich auf den Magen.

„Hier, du arme Seele. Nimm dies!“, er reichte Oder das frisch gezapfte Bier, „Ich kann für Wilhelm ein Neues zapfen, wenn's sein sollte. Aber der hat eigentlich schon genug für heute.“ Manni deutete mit dem Kopf in eine Richtung, in der ein alter Zausel mit dem Kopf bereits auf dem Tisch lag. Leise Schnarchgeräusche deuteten an, dass er die Weitergabe seines Bieres wohl nicht so schnell mitbekommen würde.

Oder sah auf die Uhr. Neun Uhr vorbei. Der Tod von Joe hatte Zeit gekostet. Wie zur Bestätigung knurrte sein Magen erneut.

„Wo ist Ruth? Müsste sie Willi nicht schon längst abgeholt haben?“

„Kommt später. Hat angerufen. Ich soll ihn parken, bis sie kommt. Elternabend in der Schule. Haben sich wohl festgequatscht.“ Ruth war Willis geschiedene Tochter, bei der er nach dem Tod seiner Frau untergekommen war. Man kannte sich flüchtig, grüßte sich, aber ging gewöhnlich seiner Wege.

Manni stellte Oder einen Teller mit einer Bulette neben das Bier. „Senf?“

„Ne, lass mal. Mein Magen macht jetzt schon Kapriolen.“

„Harte Nacht gehabt?“

Oder brummte nur mit vollem Mund und nickte. Manni würde nicht weiterfragen. Er wusste, dass Oder nichts erzählen durfte und auch nicht würde. Michael Oder sah sich um. In der Ecke lief ein Fernseher, der auf einem Podest an der Wand stand. Irgendeine Familienshow. Bis auf Willi und Manni war die Kneipe leer.

„Nicht viel los heute, was?“

„Sonntagabend. Was willste erwarten, wenn die alle morgen arbeiten müssen?“

Oder nickte.

Montag ... Besprechung mit Impe ... Kotzwürgreiher.

Er griff nach dem Bier und trank es auf einen Zug halb leer, als könne er damit den Gedanken an seinen Chef wegspülen. Half aber leider nicht.

„Manni, machst' mir noch eins?“ Wie zur Bestätigung hob Michael Oder das halb leere Glas und spülte damit die Reste der Bulette aus den Zähnen.

Manni nickte und machte sich an die Arbeit. „Du musst mal entspannen. – Wie lange ist das jetzt mit Petra her? Wär mal Zeit für 'ne Neue. Habt ihr keine Frauen in eurem Bunker?“ Er meinte das Kommissariat, das war Oder schon klar.

„Hmpf.“ Michael Oder gab sich wortkarg. Es widerstrebte ihm, von seiner Wie-auch-immer-Beziehung zu Andrea zu berichten. Zumal er sich selbst noch nicht im Klaren war, wie er weiter verfahren sollte. Aber Manni konnte er damit nicht abschütteln. Der kannte seine Pappenheimer ... oft sogar besser als die sich selber.

„Aha. Da ist schon wer, stimmt's? Na, wer hat das Herz unseres Hagestolzes erobert? Die Kleine aus der Kantine oder habt ihr 'ne Neue in der Abteilung?“

„Weder noch. Und das mit der Kantine kannst du knicken. Nettes Gesicht, aber ich bin doch kein Kinderschänder. Die ist höchstens, wenn überhaupt, um die zwanzig. Na ja, vielleicht fünfundzwanzig.“

„Kinderschänder? Nun mach mal langsam, Methusalem. Was soll ich dann sagen?“ Demonstrativ fuhr sich Manni durch sein struppiges, überwiegend graues Haupthaar, sodass er wie eine Mischung aus Catweazel und Albert Einstein aussah. Es war Winter, da trug Manni ‚lang'. Erst im Frühjahr legte er sich wieder unters Messer. Nur den Bart änderte er mindestens alle zwei Wochen. In der Regel trug Manni ihn als Dreitagebart, außer an Tagen, an denen seine Frau auf Kultur bestand. Dann war er glatt rasiert und hatte die Kopfhaare mit einer halben Tube Gel zementiert.

Kultur hieß für seine Frau: Theater, Essen gehen, Sex. Notfalls auch mal: Kino, Burger, Sex ... Die dritte Zutat musste sein, sonst hätte sie ihn nicht zu dem Programm überredet bekommen. Mittlerweile ging er sogar gerne, aber das würde er nie zugeben. Er hatte zu viel Angst, dann würde man die dritte Zutat einschränken oder gar fallen lassen, wo er sich doch besonders DARAUF freute. Also zog er alle zwei Wochen ein bedröppeltes Gesicht und freute sich innerlich wie ein Schneekönig.

„Also los, ... bleibt unter uns. Ist keiner hier, der dummsabbeln könnte", kam Manni auf das Thema zurück.

Kommissar Oder wusste, er hatte recht. Die Kneipe von Manni war erbaulich wie eine Kirche und Manni selbst wie ein Priester im Beichtstuhl. Er sah alles, hörte alles, gab auch mal Ratschläge, aber was bei ihm ankam, blieb verschlossen.

„Hast recht, gibt jemand. Aber das ist nicht so ganz einfach."

„Ist es nie. Deshalb heißt es Beziiiiiehung." Manni zog das ‚i' in ‚Beziehung' auf die fünffache Länge, bevor er weitersprach.

„Es ‚zieht', vorzugsweise im Herzen. Vorher, während und nachher. Und trotzdem will man es unbedingt."

Oder nickte bestätigend.

„Und wie heißt nun die Holde?"

„Andrea."

„Ist das nicht die neue Karbolmaus bei deinem Leichenfledderer?"

„Ärztin der Rechtsmedizin."

„Ja doch. Oder so ..." Manni lehnte sich halb auf den Tresen und war ganz Ohr.

Kommissar Oder merkte, aus der Schiene kam er nicht mehr heraus. Wollte er, wenn er ehrlich war, auch gar nicht. Es wurde Zeit, sich mal ordentlich ‚auszukotzen'. Teichi, mit dem er sonst alles bereden konnte, kam hierfür nicht infrage. Er war befangen. Und seine Kollegen? „Nichts ist schlimmer als der Tod und das Geschwätz der lieben Kollegen", hatte schon sein Vater gesagt ... und recht damit gehabt.

Oder beschrieb Andrea, so gut er konnte. Interessanterweise bekam sein Gesicht dabei eine rosige Farbe, ein leicht verträumtes Aussehen, und seine Beschreibung fand Worte, die eher ungewöhnlich für den wortkargen Kommissar waren.

Manni staunte nicht schlecht. Den hatte es ja ordentlich erwischt. Vermutlich mehr, als der es selbst ahnte.

Manni goss zwei Schnapsgläser ein und stellte sie ungefragt neben Oders Bier. In stillschweigender Übereinkunft prosteten sie sich zu, tranken, dann fragte er: „Hast du sie schon eingeladen?"

„Nee. Besser nicht. Sie hat sich vor nicht allzu langer Zeit erst von ihrem Ex getrennt. So ein Chauvi-Arschloch. Einer, für den der Witz erfunden wurde mit der Länge des Fußkettchens einer Frau."

„Ach ja, Distanz zwischen Küche und Schlafzimmer. Kenn ich." Manni nickte verstehend. Die Sprüche hörte er oft genug, wenn die Hobbykicker des regionalen Fußballvereins ihren Trainingsabend bei ihm ausklingen ließen.

„Ja. Muss man sich mal vorstellen: Der unterschlägt ihre Benachrichtigung zur Prüfung, weil er sie nicht ernst genommen hat. Dachte, sie vertreibt sich nur die Zeit mit dem Studium." Er schüttelte den Kopf.

„Sach bloß. Was für ein Idiot. – Aber du bist doch nicht so! Was hindert dich daran, sie von dir zu überzeugen?"

„Hmm. Sie wohnt in einer Frauen-WG. Bestimmt nicht ohne Grund. – Und ich will unsere Freundschaft nicht riskieren. Was, wenn es ihr nicht passt? Wenn sie noch nicht so weit ist? Oder sie Abstand nimmt, weil sie denkt, ich wäre wie ihr Ex?"

„Ach komm, seit wann bist du so zurückhaltend? – Liebe ist was für Mutige. Mutig, auch mal verletzt zu werden, aber fähig zu den höchsten Gefühlen. – Kleingeister leben höchstens kleine Liebschaften."

„Hmmpf." Ein tiefer, schwerer Seufzer entrang sich Oders Brust.

Eine Weile schwiegen sie gemeinsam, jeder seinen Gedanken nachhängend. Dann griff der Wirt das Gespräch wieder auf.

„Na komm, wenn du sie das nächste Mal siehst, lad sie auf ein Getränk nach der Arbeit ein. Dann siehst du, wie sie reagiert. Beim nächsten Mal auf einen Mittagsimbiss ... dann auf ein Abendessen. Und wenn du es nicht ganz verlernt hast, darfst du dann vielleicht sogar bis zum Frühstück bleiben."

Sie grinsten sich beide an und Michael Oder lief ein Schauer über den Rücken bei der Vorstellung.

„Komm, schenk noch einmal ein. Dann wird's Zeit für mich. Morgen muss ich meinen Chef wieder ertragen. Der ist schon nervig, wenn man ausgeschlafen ist, aber unausgeschlafen: die Hölle. Und glaub mir, die Woche war härter, als du dir vorstellen kannst."

So machten sie es. Während des letzten Absackers kam auch Ruth und holte Willi ab. Manni ergriff die Chance, stellte mit Oder noch schnell die Stühle hoch, damit die Putzfrau am Morgen ordentlich sauber machen konnte, löschte das Licht und gemeinsam traten sie auf die leere Gasse. Mit einem letzten Gruß verabschiedeten sie sich, dann ging jeder seiner Wege.

Oder warf einen Blick auf die Uhr und staunte: „Oh, doch so spät." Die Zeit bei Manni war ihm nicht so lange vorgekommen, aber er fühlte, dass sie ihm gutgetan hatte. Mit großen Schritten bahnte er sich seinen Weg durch die dunklen Straßen und ließ sich das Gespräch mit Manni noch einmal durch den Kopf gehen.

Als er die Stufen zu seiner Wohnung hinaufstieg, beschloss er, Andrea bei nächster Gelegenheit auf einen Drink einzuladen. Mehr als absagen konnte nicht passieren. Was hatte er zu verlieren außer etwas Stolz?

„Manni hat recht. Liebe ist nichts für Kleingläubige. Sie ist was für Mutige."

Mit dem Gedanken schlief er ein.

Montag

34. Gegenwind

Wochenbesprechung mit Impe. Der Lieblingstermin der ganzen Abteilung. Oder griff sich seinen Eintracht-Becher und füllte ihn randvoll. Er würde jeden Tropfen benötigen, um an Impes Gesabbel nicht zu ersticken.

Eine Viertelstunde später kämpfte er darum, nicht einzuschlafen. Er malte kleine Kästchen auf seinem karierten Block, bis ihm einfiel, dass man die ausgemalten Blöcke von Weitem sehen konnte.

Ein Blick aus dem Fenster war wie eine Bestätigung seiner Laune. Nieselregen. Grau in grau. Petrus hatte mal wieder eine extrem feuchte Aussprache, sagte man. Welcher Trottel hatte dieses Wetter nur Petrus angehext? Der arme Kerl hatte doch schon für genügend Mist seinen Namen herzugeben.

Er bemerkte, dass seine Gedanken abschweiften.

„Kurze Runde: Wo stehen wir?", wollte Impe wissen. Sein Zeigefinger deutete auf den ersten Kollegen, der links von ihm saß.

Oder sah sich die Truppe an. Strategisch clever rechts platziert, gleich neben der (Flucht-)Tür, hatte er noch circa drei Minuten. Gegenwehr war von seinen Kollegen nicht zu erwarten. Allerhöchstens Weber hätte sich in Szene gesetzt, ganz das Spiegelbild von Impe, aber ihn hatte eine Grippe erwischt. So zumindest hatte es seine ‚Holde' ins Telefon geheuchelt. Männergrippe vermutlich. – Ihm sollte es recht sein. Keiner vermisste Weber.

„Oder, ist der Penner endlich im Krematorium? Wir brauchen die Fächer. Ich habe Herrn Teichmeyer schon angehalten, dies schnellstmöglich einzuleiten."

„Es ist kein Penner mehr. Der ‚Penner' hat einen Namen."

„Und? Wen kümmert's?"

„Die ganze Künstler- und Galeristenszene." Impe runzelte die Stirn und ruckte mit dem Kinn aufwärts in einer Geste, die auffordernd wirken sollte.

Kommissar Oder ließ sich nicht hetzen. Seinen Triumph wollte er kalt genießen.

„Also los. Was ist so Besonderes an dem Mann?"

„Es ist Paul Müller ... DER Paul Müller. Irrtum ausgeschlossen. Wir fanden ein Implantat in seinem Knie, das er vor einiger Zeit in der Schweiz gelegt bekommen hat."

Impe bekam große Augen. „Verdammt! Das wird Wellen schlagen." Seine Augen begannen zu glitzern. Man konnte förmlich sehen, wie die Gedanken hinter seiner Stirn Kapriolen schlugen. Er hatte blitzschnell kalkuliert und fand, das klang ausbaufähig. Ihr letzter größerer Fall, der U-Bahn-Schubser, war nur ein kleiner Elektriker[1] auf Amok. Unbekannt, schnell vergessen. Durch und durch unbefriedigend.

Nach diesem Fall, der ‚leider nicht so förderlich für seine Karriere' gewesen war, wie er sich das erhofft

---

[1]*Morgenmuffel* – Agatha van Wysn (ISBN 978-3-947221-06-6)

hatte – vor allem bei dem Aufriss, den man in Berlin um einen ähnlichen Schubser gemacht hatte –, fand er, dass er sich einen eigenen prominenten Fall verdient hatte.

Er hasste seine Entscheidung, ausgerechnet in Frankfurt den Aufstieg zu wagen. Warum zum Teufel bin ich nicht nach Berlin gegangen? Dann könnte er sein Ziel schon erreicht haben.

Frankfurt? Pfff! Echte Provinz, zumindest gegenüber Berlin. Keine Strukturen. Vitamin B half hier nur in den seltensten Fällen. Nicht mal der Golfclub hatte sich bisher bezahlt gemacht. Und auf der Rennbahn war er bisher auch nicht erfolgreicher.

Aber Paul Müller ... eine echte Größe in der Kunstwelt ... also wenn das nicht zog, wusste er auch nicht mehr. Also eine Ansage ans Volk:

„Okay, Männer. Da müssen wir groß ran. Hier müssen wir alles aufbieten, was wir haben. Wo ist Weber?"

„Krank!" Das kam von Oder.

„Grippe", meinte Engelbrecht.

„Stangenfieber!" Wolbinger zu Peters, der grinsen musste und einen Hustenanfall bekam.

Impe fand das weniger amüsant. Empört klopfte er mit seinem Dupont-Kuli auf den Tisch.

„Das ist nicht lustig."

Peters wisperte leise zu Wolbinger zurück: „Doch."

Jetzt war Wolbinger am Grinsen.

„Was gibt es da zu lachen, wenn ein Kollege krank ist? Ist es wieder so weit, dass wir teambildende Maßnahmen beantragen müssen? Können wir gerne. Wenn ich mich so umsehe, wäre ein Halbmarathon perfekt. Könnten alle etwas für Ihre Kondition tun."

Impe tobte. Und wenn Polizeirat Impe tobte, wurde er gefährlich. Die Stimmung war schlagartig zehn Grad kälter.

Nachdem das Lachen erstorben und auch das Grinsen in den Gesichtern nicht mehr zu sehen war, fuhr Polizeirat Impe fort.

„Also, ich will eine einwandfreie Arbeit. Da müssen mir alle Kräfte mobilisieren. – Da Weber ausfällt, werden sie, Oder, mit unserem Witzbold Peters zusammenarbeiten. Wolbinger unterstützt sie. – Sobald Weber zurück ist, übernimmt er die Leitung."

Ich hör wohl schlecht. Das konnte der nicht so meinen. – Gaaanz ruhig ... nachfragen.

Oder atmete tief durch, um sich zu beruhigen, bevor er sich an Impe wandte.

„Verstehe ich Sie richtig: Sie wollen mir doch wohl nicht den Fall wegnehmen?"

„Was gibt es da nicht zu verstehen? Weber verkehrt in den Kreisen, der weiß sich zu bewegen, kann besser agieren. Sie sind mir da zu ungeschickt. Undenkbar, wenn wir da schlechte Presse bekommen, nur weil Sie sich mal wieder nicht benehmen können."

Holla? Der hat doch einen Sockenschuss.

Oder spürte es heiß vom Magen aufsteigen. Es fühlte sich an, als wollte seine Galle gleich überkochen. Wundern würde es ihn nicht.

Zähl bis drei, befahl sich Michael Oder. Er atmete tief ein, als würde er Anlauf nehmen.

Eins ...

Ausrasten war kontraproduktiv.

Zwei ...

Es würde Impe nur in seiner Meinung bestätigen.

Drei ...

Aber wehren musste er sich.

„Mit Verlaub, aber das ist mein Toter. Ich betreue den Fall schon seit Beginn. – Ohne mich hätte es ihn erst gar nicht gegeben. – Davon abgesehen: Keiner ist so mit den Einzelheiten vertraut wie ich. Ich protestiere energisch dagegen, dass mir der Fall weggenommen wird."

Kommissar Michael Oder war fuchsteufelswild. Was fiel dem denn ein? Und dann ausgerechnet Weber, der Schleimbeutel! Dieses Zerrbild eines Ermittlers.

„Ihr Toter? Wovon träumen Sie nachts? Ihre Impertinenz hängt mir zum Hals raus."

Das sagte der Richtige ...

„Und diese Alleingänge hören mir auf. Wenn was passiert, weiß keiner Bescheid. – Wenn es in dem Fall etwas zu wissen gibt, dann bringen Sie es den anderen Kollegen bei. Das hört mir auf."

Stille.

Impe erhob die Stimme. „Habe ich mich klar ausgedrückt?" Auffordernd blickte er in die Runde.

„Glasklar." Alle nickten geschockt. Einem Kommissar vor versammelter Mannschaft den Fall zu entziehen, war schon ewig nicht mehr vorgekommen. Klar, es konnte vorkommen, dass man jemand wegen Befangenheit abziehen musste, aber dann fand das im Büro unter vier Augen und mit vernünftiger Begründung statt. Und man reichte sich danach freundschaftlich die Hände. Keiner konnte sich erinnern, wann das letzte Mal ein Vorgesetzter seine Macht so ausgespielt hatte.

Impe schien mit sich zufrieden. Er packte ernst seine Sachen zusammen, beendete das Meeting und verließ den Besprechungsraum mit durchgedrücktem Kreuz.

Keiner hielt ihn auf. Wie geprügelte Hunde folgten sie ihm mit hängenden Köpfen. Geschockt und schweigend.

Allein Impes Körperhaltung sagte überdeutlich: »Sprecht mich nur ja nicht an, sonst fallen mir noch mehr Disziplinierungsmaßnahmen ein.«

Kommissar Michael Oder verkniff es sich, direkt in seinem Büro an die Arbeit zu gehen und die teils mitleidigen, teils hämischen Blicke seiner Kollegen zu sehen. Oder noch schlimmer: geheuchelte Zustimmung. Das war mehr, als er jetzt ertragen konnte oder wollte. Er stellte nur schnell seine Tasse vor die Kaffeemaschine, dann schloss er die Tür von außen. Kurz spielte er mit dem Gedanken, in die Kantine zu verschwinden, aber bei dem unpersönlichen Ambiente und den harten Stühlen? Nein danke.

Mitten in seinen Gedanken schrak er hoch und fand sich vor der Tür zur Rechtsmedizin wieder. Teichis Seelentröster – flüssig und weiblich – hatten seine Schritte gelenkt. Michael Oder hinterfragte es nicht. Er entschied, das hatte er sich jetzt verdient.

Doppelte Dröhnung.

„Morgen, irgendjemand im Haus?"

„Sicher, wo denkst du hin?" Teichi deutete auf die Kästen mit Leichen und machte ein seliges Gesicht wie ein Pastor bei der Grabrede. „Ich kann doch meine Schäfchen nicht alleine lassen.“ Nur seine Lachfältchen um die Augen und Mundwinkel straften den salbungsvollen Spruch Lügen. Ein prüfender Blick glitt über Kommissar Oder.

„Junge, Junge, die Laus, die dir über die Leber gelaufen ist, muss grau, 3.000 kg schwer und mit einem Rüssel ausgestattet gewesen sein.“

Oder verzog dermaßen leidend das Gesicht, dass Teichi blitzschnell schloss: „Impe!“

Oder nickte nur.

„Na, was will deine Führungsebene denn diesmal, dass es dir so die Petersilie verhagelt hat? – Kaffee?“, fragte er.

„Hmpff!“, verneinendes Kopfschütteln. „Hast du etwas gegen Magenbeschwerden?“

Teichi bückte sich zu seiner Notapotheke in dem Schreibtisch. „Klar doch. Muss schlimm sein, wenn es dir schon vormittags auf den Magen schlägt.“ Er griff nach seinen Glasbechern und goss zwei Becher voll, für sich zwei, für Oder drei Finger hoch. „Trink, aber lass es dir nicht zur Gewohnheit werden. Das ist der Kerl nicht wert. Dann komm lieber hier vorbei und erzähl dem lieben Onkel Teichi dein Leid.“ Obwohl seine Mundwinkel grinsten, seine Augen blickten besorgt. So grau hatte er Michael Oder selten gesehen. Am liebsten hätte er nach seinem Stethoskop gegriffen und Oder gründlich durchgecheckt, aber er konnte sich denken, was der ihm sagen würde. Also beschränkte er sich aufs Zuhören, wie ein guter Freund das eben machte.

Oder griff nach dem Glas, nahm einen großen

Schluck noch im Stehen, dann setzte er sich und betrachtete die bernsteinfarbene Flüssigkeit, als läge die Weisheit der Welt darin. Fritz Teichmeyer wartete derweil geduldig.

„Impe hat mir den Fall entzogen", platzte es aus Kommissar Oder heraus. Teichmeyer riss die Augen auf. Er musste nicht fragen, welchen Fall. Andrea hatte ihm schon berichtet, was Oder die letzte Woche getrieben hatte. So engagierte Kommissare gab es nur noch wenige. Umso unverständlicher die Entscheidung von Polizeirat Impe.

„Wann?"

„Gerade eben. Vor versammelter Mannschaft."

„Du machst Witze!", rief Teichi, aber er wusste, dem war nicht so.

„Keine Spur."

„Und wer macht nun weiter?"

„Weber."

„Unser Weber? Na danke."

„Eben."

Beide hoben die Gläser und schütteten die Flüssigkeit herunter, als könne die den faulen Geschmack vertreiben, der beiden plötzlich auf der Zunge und im Hals klebte.

Kommissar Oder fing sich als Erster.

„Mensch, ich dachte, das Niveau des Kommissariats könne nicht weiter sinken, aber es geht doch immer noch tiefer. Kann mir schon denken, wie das weiterläuft. ... Geht's gut, ist es Weber gewesen, obwohl der den Fall nicht mal gesehen hat. Geht's in die Grütze, bin ich schuld und Impe kann mich loswerden."

„So schlimm wird es hoffentlich nicht werden." Wenn auch der Umstand, die Entziehung mitten in einer Abteilungsbesprechung loszutreten, von einer erheblichen Respektlosigkeit – oder zerfressendem Neid und Machtgier – zeugte. Auf jeden Fall ein eklatanter Mangel an Führungsstil. Teichmeyer war froh, dass Impe nicht sein Chef war. Auch hatte er mehr Möglichkeiten als die Kollegen aus dem Polizeidienst ... Wo sollten sie hin, wenn sie aufhörten? Detektive gab's wie Sand am Meer, und Eheschlampen hinterherzujagen, befriedigte keinen auf Dauer. Unterbezahlter Wachdienst mit 12-Stunden-Schichten? Schlimmer ging's nimmer. Er dagegen konnte immer noch als Arzt arbeiten; Landärzte wurden händeringend gesucht. (Und frische Luft sollte gut für den Teint sein. Vielleicht half das sogar bei grauen Haaren, damit die nicht so schnell kamen.) Teichmeyer beneidete Michael Oder nicht, der den Faden weiterspann.

„Wundern würde es mich nicht. Der hat mich genauso auf dem Kieker wie ich ihn. Bin halt kein Speichellecker."

„Sei froh. Sonst hättest du jetzt nicht dieses exzellente Tröpfchen in den Händen. Hier ist Speichellecker-freie Zone."

„Ja, der ist gut." Sie schwiegen wieder für eine Minute.

„Willst du die Bilder vom Tatort noch ansehen oder soll ich sie direkt an Weber schicken?"

„Der ist nicht da. Krank, vermutlich bis Mittwoch. Kann auch bis Freitag sein, ich vermiss den nicht."

Teichmeyer stand auf, griff hinter sich in einen

Ablagekorb und holte einen braunen Umschlag heraus. „Schöne Sauerei, die ihr mir da gebracht habt." Er reichte die Bilder an Kommissar Oder weiter. Der stellte sein geleertes Glas auf Teichis Schreibtisch und griff zu.

Es half ja nichts – er musste weiterkommen. Oder versuchte, sich zu konzentrieren.

Außerdem war Arbeitsverweigerung nicht seins, und bockig zu reagieren, brachte ihn in der Sache leider nicht weiter. Er verfluchte die Erziehung seines Vaters, der immer einen Spruch von Molière zitiert hatte:

„Wir sind nicht nur verantwortlich für das, was wir tun, sondern auch für das, was wir nicht tun."

Blöde Erziehung, dachte er sich. *So haute man sich immer selbst in die Pfanne.*

Machte er jetzt Dienst nach Vorschrift und ließ alles liegen, würde Weber den Fall versemmeln. So viel konnte er jetzt schon mit Sicherheit sagen.

Er seufzte leise.

Zu dumm, dass die Versetzung von Weber sich so zog. Ob schon durchgesickert war, dass man sich keinen Gefallen damit tat, auf dessen eingesammelte Empfehlungen Wert zu legen? Möglich wäre es. Hier im Kommissariat konnte man nicht mal husten, ohne gleich vom anderen Ende des Flures eine ansteckende Tuberkulose angedichtet zu bekommen. Die Wände hatten Ohren wie Rhabarberblätter.

Mit dem ersten Bild, das er sich ansah, hatte die Arbeit ihn wieder – sie war immer noch das beste Beruhigungsmittel. Langsam und sorgfältig ging er Bild für Bild durch.

„Hat Andrea die Bilder auch schon gesehen?"

„Nein, aber sie kommt gleich. Um 12 Uhr löst sie mich ab, aber du kannst gerne noch eine Weile bleiben. Kann mir vorstellen, dass du jetzt auf dein Büro nur wenig Bock hast. Setz dich doch einfach an den freien Schreibtisch dort drüben." Er deutete auf einen Schreibtisch in der Ecke, an dem sonst seine Praktikanten ihre Berichte schrieben.

„Gerne. Hast du mal eine Lupe?"

„Ist in der Schublade links."

Kommissar Oder vertiefte sich erneut in die Bilder. Eine ganze Weile hörte man nichts mehr außer dem Tippen von Dr. Teichmeyer, der seine Dokumentationen erledigte, und dem Rascheln, wenn Michael Oder die Bilder neu ordnete. Schweigend arbeiteten sie nebeneinander, aber es war ein produktives Schweigen, das die Seele beruhigte.

Das ging so lange, bis die Tür aufging und Andrea zu ihrem Dienstantritt erschien. Sie wirkte nicht überrascht, als sie Kommissar Oder sah. „Hallo, Michael, ich dachte mir schon, dass du wissen willst, was es gegeben hat mit deinem Toten."

„Hallo, Andrea, hast du gut geschlafen? Ist etwas spät geworden, schätze ich mal." Andrea nickte, warf ihre Jacke über den Kleiderständer und strebte, sich die kalten Hände reibend, auf die Kaffeemaschine zu.

„Du hast doch gestern Abend noch den ersten Check gemacht. Lass mich raten: Vergiftung, oder?"

„Stimmt. Aber ich kann noch nicht sagen, mit was. Das dauert noch. Glücklicherweise hast du ihn schnell gefunden. Das kann helfen." Andrea füllte ihren Kaffeebecher randvoll und klemmte ihn zwischen ihre Handflächen. „Auch?"

Oder schüttelte den Kopf.

Andrea fuhr fort: „Sicher scheint nur: Die Wunde am Hinterkopf hat er sich vermutlich erst geschlagen, als er umgekippt ist in dem winzigen Bad. Am Heizkörper waren Blutspuren und Haare. Sind das die Bilder?"

„Ja. Übliches Chaos."

„Zeig mal her."

Oder fing an, die Bilder, die er seiner Erinnerung nach zu Räumen sortiert auf dem Schreibtisch ausgelegt hatte, zusammenzuschieben.

„Nee, lass mal. Geht schon", wehrte Andrea ab. Sie stellte den Becher auf ihren Schreibtisch, dann kam sie zu Oder herüber und beugte sich über seine Schulter. Ein zarter Duft nach Apfel wehte zu ihm und er verspürte in der Magengegend etwas, was er für Hunger hielt. Warum fiel ihm gerade jetzt Mannis Rat ein ...?

Blödsinn!, schimpfte er sich. *Ist auch kein Wunder – Mittagszeit.*

Sie drehte sich zurück zu Dr. Teichmeyer und begann mit der Übergabe. Oder versank wieder in die Betrachtung, aber merkte, er war etwas abgelenkt. „Wenn's euch recht ist, nehm ich die Bilder mal kurz mit, Ihr kriegt sie nachher wieder."

Die beiden schauten kurz auf, nickten und versanken erneut in ihren Papieren. Oder kratzte die Bilder zusammen, schob sie in den Umschlag und verließ die Rechtsmedizin. Auf dem Weg zu seinem Büro holte er sich noch ein Brötchen aus dem Automaten.

Der Lärmpegel, der aus der Kantine drang, war gigantisch und er brauchte Ruhe, um zu entscheiden, wie es jetzt weitergehen sollte. Das Brötchen, in das er auf dem Weg biss, war so zäh wie die Cellophanfolie, in die es verpackt war. Misstrauisch beäugte er das Teil, ob er aus Versehen oder Gier etwas von der Plastikfolie erwischt hatte, aber er konnte nichts entdecken … musste das Brötchen sein.

„Na toll, 2,50 € für Pappe. Da hätte ich auch in meine Akten beißen können."

Zurück im Büro, kippte Oder seinen mittlerweile kalten Rest Kaffee aus der Tasse in den Ausguss. Die Lust darauf war ihm vergangen, als hätte Polizeirat Impe ihm in die Tasse gespuckt. (Hatte er vermutlich auch, denn Oder hatte neben ihm gesessen. Und bei der Standpauke war nicht auszuschließen, dass kleine Nebeltröpfchen aus Spucke in Michaels Tasse gelangt waren.)

Allein von dem Gedanken angewidert, gönnte er der Tasse eine zweite Runde mit Spülmittel und Bürste. Danach schrubbte er mit einem nicht mehr ganz sauberen Handtuch die Tasse, als wollte er das eingebrannte Logo herausreiben. Er versuchte noch einmal, in das Brötchen zu beißen, aber blieb auf halbem Weg mit den Zähnen im Teig hängen. Nur mit Mühe riss er einen Brocken ab und würgte ihn herunter. Fast wäre er daran erstickt. So ging das nicht.

„Zeit für einen Kaffee, anders kann man das Ding ja nicht runterkriegen!", fluchte er.

Während neuer Kaffee dunkel in die Kanne floss und sein betörendes Aroma verbreitete, stand Oder wie paralysiert vor der Maschine, lauschte auf das Gluckern des Wassers und wartete ...

... Kaffeemeditation ...

... Ob man das gewinnbringend vermarkten konnte?

... Vermutlich nur an echte Kaffee-Junkies ...

... Aber das wäre doch mal geil ...

Oder geriet ins Träumen.

... Hier in den Sack hauen, den ganzen Tag umsonst Kaffee trinken auf Firmenkosten (Man musste schließlich die Qualität kontrollieren!) und Andrea konnte den Kur-Doc machen ...

... Gemeinsam würden sie dann den Gequälten Geld abzocken und als Zusatzleistungen aus dem entstandenen Kaffeesatz lesen ... in der Karibik ... mit Kokosnuss-BH ... und Palmwedelrock ... STOPP!

An dieser Stelle angekommen, musste er sich bremsen. Um runterzukommen, stellte er sich die Bekleidung der Männer vor und war schlagartig ernüchtert.

Kopfschüttelnd musste er über sich selbst grinsen und langsam stellte sich seine Laune wieder her.

Er goss sich seinen Becher voll, ging zu seinem Schreibtisch und grübelte vor sich hin, während er die Bilder so sortierte, wie er sie bereits unten in der Rechtsmedizin liegen hatte.

Er war sich sicher, dass er den Mörder von Paul gefunden hatte. Nur warum? Aggro, die nicht zielgerichtet auf den Sandsack ging?

‚Penner' galten nicht viel auf der Straße. Fast jeder glaubte heutzutage, dass er sie ungestraft herumschubsen, anmachen, ja sogar anzünden konnte. Was, wenn es nur die pure Lust am Prügeln war? Dann wäre hier und jetzt alles zu Ende. Joe konnte man nicht mehr nach seinen Motiven befragen – den hatte die letzte Biene gestochen.

Aber: Paul war kein Feld-Wald-und-Wiesen-Obdachloser. Er war DER Paul Müller, der Kunstmäzen, der schwerreiche Kaufmann. Mit Familie, Haus, Leben. Warum warf so einer seine Zukunft in die Gosse? Impe interessierte Paul auch nur, weil er ‚jemand war'. Besser ‚jemand gewesen war'. Wenn Michael Oder ehrlich sein wollte, war er nur wenig weiter als letzte Woche und immer noch rannte ihm die Zeit weg. Obwohl ...

Zwar hatte er, wenn man es genau betrachtete, nicht so viel Zeit geschenkt bekommen, wie er erhofft hatte, aber immerhin ... mindestens drei Tage länger waren allemal drin. Mit Glück auch eine ganze Woche. Er würde gleich mal bei Elke in der Perso, der Personalabteilung, anrufen, wie lange Weber mit gelbem Schein (Arbeitsunfähigkeitsbescheinigung) ausgecheckt hatte. Dann hieß es die Terminplanung aufnehmen. Zeugen suchen ... Alibis überprüfen ... Polizeiarbeit eben.

Er trank geistesabwesend einen Schluck und prustete die Hälfte über die Bilder, die kleine braune Sprenkel bekamen.

„Autsch ... verdammt!"

Hechelnd riss er hektisch alle Schubladen auf. Irgendwo mussten doch noch Servietten vom letzten Burgerladen-Besuch rumliegen.

Ah da!

Er tupfte vorsichtig die Kaffeeflecke von den Bildern. Das ging recht gut, nur ein Bild hatte eine größere Pfütze erwischt. Bis er es bemerkte, begann sich dort bereits das Papier zu wölben.

Kommissar Oder fluchte erneut. Zwar waren es nur Abzüge, aber er pflegte sorgsam mit geliehenen Sachen umzugehen.

Er betrachtete sich den Fleck genauer. Irritiert schüttelte er den Kopf, dann griff er nach einer Lupe.

Die Augenbrauen zusammengezogen, die Stirn gerunzelt, suchte er etwas, von dem er nicht wusste, was es sein sollte. Er wusste nur, es war da.

Irgendwas passte nicht in das Bild. Etwas, was er leider mit Kaffeeflecken ruiniert hatte. Er schnaufte verärgert und presste die Lippen aufeinander und versuchte es erneut.

Es half nichts. Er würde wohl in die Asservatenkammer gehen müssen in der vagen Hoffnung, dort die Nadel im Heuhaufen zu finden, die ihm weiterhalf.

Hoffentlich irrte er sich nicht.

35. Trauer will geübt sein

Aurelia schlief schlecht in dieser Nacht. War es der Mond, himmlische Gerechtigkeit oder zu spät aufgetretene Skrupel ... wer wusste das schon? Sie selbst vermutlich am allerwenigsten. Böse Zungen hätten jetzt gesagt, sie graue sich vor dem Abschaum, den sie erblicken würde, sollte sie versehentlich in sich schauen. Aber nein, das war es nicht.

Es war einfach nicht ihre Art, sich selbst zu analysieren ... Kopfschmerztablette, ein Cognac und die neuste Ausgabe der *Vogue* ... Mehr brauchte sie nicht.

Maria hatte sich erschreckt, als Aurelia lange vor ihrer Zeit in der Küche erschien und einen frisch gepressten Orangensaft verlangte. – Aber es gab viel zu tun, fand Aurelia. Sie brauchte dringend eine Ausstattung für die Trauerfeier. Es widerstrebte ihr, in Lumpen vom letzten Jahr gesehen zu werden. Ein kurzer Blick in ihren Kleiderschrank direkt nach dem Aufstehen hatte gezeigt, dass sie nur ein adäquates Kostüm hatte, das auch nur ansatzweise zur Situation passte – ihr Mordkostüm. Angewidert musste sie dieses nun einen zweiten Tag hintereinander tragen.

Nicht, dass sie nichts zum Anziehen hatte, aber fast alles schillerte in den bunten Farben des Regenbogens. Die wenigen schwarzen Sachen, die in der Ecke für Opernbesuche schlummerten, hatten einen Schlitz bis zum Bauchnabel und waren daher nicht alltagstauglich. Und das obligatorische kleine Schwarze war in ihrem Fall ein Paillettenhängerchen, das für die Jahreszeit zu kalt war und der Situation auch nicht entsprach.

Lästig, die Angelegenheit. Auf die Schnelle war vermutlich nur ein Kleid von der Stange zu kriegen. Sie würde es ‚aufhübschen' müssen. Hoffentlich konnte man die Trauerfeier so lange schieben, bis die Schneiderin mit den Änderungen fertig war. Erst dann wollte sie die Beerdigung festsetzen. Bloß nicht daran denken, jemand könnte die Garderobe als eine von der Stange entlarven. Eine Holofernes-Müller im Stangenfieber. Undenkbar!

Ja, und deshalb musste sie mit Matthias sprechen. Sie brauchte eine letzte Aufstockung ihres Budgets. Das musste er einsehen. Eine Trauerfeier, wie sie einer Person von ihrem und Pauls Rang in der Gesellschaft zustand, kostete nun mal. Und man sollte doch echt nicht annehmen, dass seine Witwe unversorgt zurückblieb. Das würde garantiert auch auf das Geschäft zurückfallen und das konnte er nicht ernsthaft wollen.

Während sie darauf wartete, dass Maria ihr den Orangensaft presste, ließ sie ihren Blick gelangweilt schweifen. In der Küche hatte Maria schon mit den Vorbereitungen für das Mittagessen begonnen. Sie wollte Rouladen machen, die etwas Zeit benötigten, und hatte schon mit den Vorbereitungen angefangen. Speck und Zwiebel lagen einträchtig nebeneinander auf ihrem Schneidebrett und dufteten um die Wette. Aurelia verzog die Nase.

Vulgär, dieser Geruch. Der beißende Geruch der Zwiebel trieb Aurelia die Tränen in die Augen. Ungeduldig klopfte sie mit der Fußspitze auf den gefliesten Küchenboden. Kaum hatte sie ihr Glas, verließ sie fluchtartig die Küche. Im Foyer blieb sie stehen und überlegte kurz. Dann hechtete sie förmlich zurück in die Küche.

„Ach, Maria, bitte bereiten Sie einige Häppchen für den Nachmittag vor." Maria hob den Kopf und sah Aurelia fragend an. „Sie haben doch mitbekommen, dass mein Mann ...", Aurelia versuchte sich in trockenem Schluchzen und krallte sich dabei am Küchentisch fest, als würde die Trauer sie niederdrücken, „... dass mein Paul umgekommen ist?" Wieder ein

Schluchzen. Aurelia rieb sich die Augen. Es klang selbst für Aurelias Ohren falsch. Das würde sie noch üben müssen. Dringend.

Sie fuhr fort: „Wir werden mit Kondolenzbesuchern rechnen müssen ... Dass mir da keine Klagen kommen. Es soll keiner sagen, wir würden seinen Tod nicht würdigen. Sehen Sie doch bitte gleich mal nach, was wir noch anbieten können. Ich muss nachher in die Stadt. Ich habe ja nichts anzuziehen für so einen Trauerfall. Dann kann ich gleich Ihre Bestellung weiterleiten."

Maria hob erstaunt die Augenbrauen. Madam Pompadour ließ sich herab, eine Bestellung bei Lieferanten abzugeben? Nun gut, vielleicht trauerte sie tatsächlich um Paul Müller. Vermutlich hielt die Phase nicht lange an, aber egal. Maria zuckte mit der Schulter und verschwand in der Speisekammer.

Als sie zurückkam und berichtete, dass noch ausreichend Material für Schnittchen am Nachmittag vorhanden war, rieb sich Aurelia in Trauer die Augen und seufzte tief. Für einen Moment glaubte Maria, sie hätte Tränen in ihren Augen gesehen. Irritiert schüttelte sie den Kopf und wollte noch einmal genauer hinsehen, aber da hatte Aurelia schon die Küche verlassen.

Draußen musste Aurelia einige Male blinzeln, dann hatte sie wieder freie Sicht.

Das hat ja super geklappt. Sie musste grinsen. Ihr war das ungläubige Staunen von Maria ob ihrer Trauer aufgefallen. Wenn sie die alte Hausdame täuschen konnte, dann hatte sie es doch noch drauf.

Aurelia betrat wieder die Bibliothek. Kurz überlegte sie, das Telefon von Pauls Schreibtisch zu nutzen, aber die Atmosphäre gefiel ihr nicht. Sie erinnerte zu sehr an Paul und das konnte sie gerade so gar nicht gebrauchen.

Für das vermaledeite Gespräch mit Matthias benötigte sie ihre volle Konzentration. Sie zog dafür den Schutz ihrer eigenen Räume vor. Also griff sie nur ihr Smartphone und stieg die Stufen zu ihren eigenen Räumen empor. Hier wäre sie auch sicher vor Lauschern, die zufällig vorbeikämen. Maria würde unten schon jeden abfangen.

Das Bett sah verlockend aus nach der unruhigen Nacht. Also schmiss sich Aurelia erst mal aufs Bett und machte es sich gemütlich. Ein Kissen im Kreuz, eins im Genick, wackelte sie lustig mit ihren Füßen, während sie die Nummer von Matthias suchte, um ihm erneut Geld aus dem Kreuz zu leiern.

Betrachtete man ihr Leben aus ihrer Sicht, so tat sie nur, was zum Überleben notwendig war. Sozusagen hatte das Leben sie ‚gezwungen'. Sie korrigierte nur die empfundenen Ungerechtigkeiten bei der Verteilung von Glück.

Glück, das hieß für sie, sich alles zu gönnen, was auch andere hatten. Schließlich gab sie der Welt ja auch eine Menge. Ihre Schönheit, ihren Esprit. Und Schönheit brauchte den entsprechenden Rahmen. Den musste sie sich allerdings noch schaffen. Leider.

Sie hatte es anders geplant, aber darauf kam es

jetzt nicht mehr an. Sie würde für Ausgleich sorgen, ihren Ausgleich – koste es, was es wolle.

Obwohl getauft, war sie nicht gläubig. So kam ihr auch nie der Gedanke, sie könne versucht haben, mit Joes Tod Gottes Schöpfung zu korrigieren. Sie dachte tatsächlich nur, falls … hätte sie eine bessere Welt als Gott gemacht. Aber es war mehr als fraglich, ob sie damit auch recht hatte.

Nur noch den Fund des ‚verbesserten' Testamentes arrangieren … und diese lästige Trauerfeier …

Sie verzog genervt das Gesicht, griff nach dem Smartphone und rief in der Firma an. Der Sekretärin teilte sie ihren Wunsch mit, Matthias umgehend zu sehen.

Besser gesagt: Sie befahl es.

Mit Untergebenen muss man gleich die richtige Sprache anwenden, sonst tanzen sie einem auf der Nase herum. – Und da sie bald die Chefin war, konnte man nie früh genug damit anfangen.

„Herr Müller ist den ganzen Tag in Meetings. Und abends hat er geblockt. Es tut mir leid, aber der früheste Termin, den ich Ihnen anbieten kann, ist Mittwoch."

„Was bilden Sie sich ein? Wenn ich sage, ich will meinen Stiefsohn dringend in einer privaten Angelegenheit sprechen, dann machen Sie das möglich. Sofort!"

„Es tut mir leid. Ich frage gerne für Sie nach, aber versprechen kann ich nichts."

Aurelia stieß einen lästerlichen Fluch aus und schmiss ihr Smartphone auf das nächstgelegene Beistelltischchen, wo es über die gesamte Tischplatte rutschte. Mit einem wackeligen, gefährlichen Überhang kam es zum Liegen. Jeder kleine Huster von Aurelia würde es zum Absturz bringen, aber dafür hatte sie keine Augen. Sie blies wütend ihren Atem durch die Nase, dass sich die Nasenflügel blähten wie bei einem Rassepferd am Start.

Nun gut, dann eben erst der Einkauf. Sie würde die Rechnungen einfach an die Firma schicken. Mit etwas ‚Tränendrüse' wäre sie vor unangenehmen Fragen nach der Begleichung ihrer ausstehenden Rechnungen sicher.

Sie beendete eilig ihre Garderobe, schnappte sich ihr Smartphone, die Kostümjacke, die Schlüssel und rief im Vorübergehen: „Maria, ich bin in der Stadt. Wenn Gäste kommen, führe sie in den Salon. Zum Tee bin ich zurück."

Dann eilte sie zu ihrem Auto. Nur Sekunden später hörte Maria den Kies der Einfahrt knirschen und sie war wieder allein.

Der Fahrtwind zerzauste Aurelia die Locken, aber das machte ihr nichts aus. Trotz Winter fuhr sie offen, wollte den Wind spüren, die Freiheit genießen. *Nicht mehr lange*, jubelte ihr Herz. *Bald bin ich frei.*

Vor der exklusiven Boutique, die sie für ausreichend würdig erachtete, griff sie noch einmal in ihre Handtasche, zog ein Taschentuch hervor und betupfte ihre

Augen, die sich umgehend mit Tränen füllten. Ein kurzer Blick in den Rückspiegel verriet ihr, dass das Make-up noch saß, aber die Augen kummervoll gerötet wirkten. *Passt*, dachte sie und startete ihre Einkäufe.

Im Laden gab sie noch einmal die Show der trauernden Witwe. Diesmal klappte es noch besser als bei Maria. Einzig die Auszubildende, die ihr die gewählten Sachen in die Umkleidekabine schleppte, wunderte sich, dass sie so einen Zwiebelgeruch in der Nase hatte, aber sie schob es auf ihre Diät oder die bevorstehende Mittagspause und schwieg. Wie hätte sie auch ahnen können, dass Aurelia auf ‚Nummer sicher' gegangen war und Maria nun etwas weniger Füllung für ihre Rouladen hatte.

Zumindest stand nun fest, dass sie ab Mittwoch ihre Sachen für die Trauerzeit abholen lassen konnte. Sie hatte die Rechnungen an die Firma adressieren lassen. Immerhin tat sie es ja auch für deren Image, und da es bald ihre sein würde.

Ein kleiner Vorschuss auf das Erbe, mehr nicht, lächelte sie zufrieden. Sie besuchte noch schnell ihre Kosmetikerin und den Friseur ihres Vertrauens. Einige aschblonde Strähnen würden gut zum Anlass passen. Wie gut, dass graue Haare gerade total ‚en vogue' waren. Sie bewirkten, dass man ihr die Trauer tatsächlich noch ein Stück mehr abnahm. Für maximal vier Wochen war das okay. Danach wäre sie sowieso auf Kreuzfahrt. Die nette Dame aus dem Reisebüro neben dem Friseur hatte ihr versichert, dass nur hochrangige Gäste auf dem Schiff zu finden waren. Wie hatte sie da nicht zusagen können?

Zu Hause teilte ihr Maria mit, dass Matthias angerufen hatte, um die Beerdigung zu arrangieren. „Sagen sie ihm, ich bin in tiefer Trauer und vor Mittwoch nicht zu sprechen.“ Eine kleine Verschnaufpause hatte sie sich verdient. Da die Boutique sich mit der Rechnung an die Firma einverstanden erklärt hatte, brauchte sie ihn nicht mehr. Den Rest konnte ihr Anwalt dann regeln, sobald man das Testament gefunden hatte. Der war schon informiert und würde Mittwochnachmittag mit einem Schlosser vorbeikommen, um den Tresor in Pauls Arbeitszimmer zu knacken – in Matthias’ Beisein. Sie freute sich schon auf dessen Gesicht, wenn man das verbesserte Testament fand. In Pauls Tresor – dem Tresor, dessen Zahlenkombination sie längst kannte.

Aber das musste sie ja keinem verraten ...

Mittwoch

36. Das Grauen hat einen Namen

Der Dienstag verlief mit der üblichen Polizeiarbeit. Es war doch viel liegen geblieben. Da Oder auf den Bericht der Toxikologie warten musste, versuchte er, Joes Spuren der letzten Tage zu verfolgen. Als Boxer, Türsteher und Schmalspur-Detektiv mochte sein Tod auch andere Gründe haben. Schnell trat man in seiner Branche jemandem auf die Füße, der Niederlagen nicht so gut einstecken konnte. Kommissar Oder wollte nicht, dass man ihm einseitige Ermittlung nachsagte.

Weber, das hatte die Perso mitgeteilt, würde die ganze Woche fehlen. Viel Zeit, mochte man meinen, um den Fall abzuschließen, ohne dass dessen Inkompetenz etwas gefährdete. Schließlich kannte man den Toten, hatte Joes Totschläger gefunden und mit den Wunden abgeglichen. Aber die Verbindung war immer noch nicht klar. In der chaotischen Ablage von Joes Geschäftsvorgängen war nichts zu finden gewesen. Kein Auftraggeber. Bis die Spurensicherung die Schnipsel aus dem Reißwolf sortiert hatte, konnte noch einiges an Zeit draufgehen. Und ob dabei was rauskam, stand in den Sternen. Er würde also erneut zum Anfang zurückkehren müssen. Die alten Fragen stellen.

Wer profitierte von Pauls Tod? Mit wem hatte er sich die letzten Tage umgeben?

Wenn er ehrlich war, hoffte er inbrünstig, dass seine Nächte unter den Obdachlosen nicht umsonst waren. Ermittlungen, wollte man sie gründlich machen, dauerten ihre Zeit. Start-Ziel-Erfolge waren die Ausnahme. Allein um ein Protokoll aufzusetzen, brauchte man Stunden, manchmal fast einen Vormittag, je nachdem, wie umfangreich die Befragung sich gestaltete. Immer vorausgesetzt, man fand den zu Befragenden auch.

Evchen zum Beispiel entzog sich seinem Zugriff. Dabei hatte er eine Menge Fragen, die vermutlich nur sie beantworten konnte. Wenn er doch nur früher gewusst hätte, wie eng sie mit Paul zusammen gewesen war. Oder dass sie Matthias kennengelernt hatte ... Vielleicht kannte sie Pauls Gründe abzutauchen, unsichtbar zu werden. Sie hatten ja viel Zeit miteinander verbracht. Möglich wäre es ...

In seine Grübeleien hinein schrillte das Telefon. Intern. Konnte er sich die vollständige Litanei mit Nennung von Dienststelle und Rang sparen. Ihm war gerade nicht nach überschäumender Höflichkeit.

„Oder“, blaffte er ins Telefon.

„Dir auch einen schönen Mittwoch. Ich hätte da was für dich. Kommst du kurz runter?“, Andrea ließ sich nicht erschrecken.

„Die Ergebnisse? Endlich! Bin sofort da.“ Er schmiss den Hörer auf die Gabel, dass es nur so schepperte, ohne Andrea ausreden zu lassen. Was sollte es? Wem wollte er etwas vormachen? Er hatte den ganzen Tag schon nach einer Ausrede gesucht, bei ihr vorbeizuschauen, und das ohne Teichis dreckiges Grinsen. Nichts gegen Teichmeyer, er war immer noch sein bester Freund im Polizeipräsidium, aber er war zu hellsichtig. Mehr, als Michael Oder momentan gebrauchen konnte, war er sich doch immer noch nicht schlüssig, wie er Andrea einladen konnte, ohne eine Abfuhr zu kassieren. Ja, auch Männer waren sensibel und eine Abfuhr schmerzte. Er verzog in Selbstironie die Mundwinkel.

„Da bin ich. Na, was hast du Schönes für mich?"

„Kaffee?" Andrea wusch sich gerade die Hände an einem der großen Waschbecken. „Ich brauche dringend eine Pause."

„Nie fragen, immer eingießen!", lautete Michaels lakonische Antwort. Er setzte sich auf die Kante des Praktikantenschreibtisches und sah ihr zu. Erst als die Maschine gurgelte, drehte sie sich zu ihm um und berichtete.

„Puh, das war ein anständiges Stück Arbeit. Wir hatten recht mit unserer Vermutung. Joachim Bienek wurde ermordet. Vergiftet. – Das Problem war das Gift. Da war einer echt kreativ." Sie nickte anerkennend.

„Wie meinst du das?"

„Hättest du die Leiche nur eine Stunde später gefunden, würde ich immer noch im Dunklen tappen. Das Gift ist höchst selten und schwer nachzuweisen, wenn man nicht genau weiß, wonach man suchen muss. Aber ich kann dir sogar sagen, wer es vermutlich hergestellt hat."

Jetzt war es an Kommissar Oder, die Augen aufzureißen.

„Du willst damit sagen, du kennst die Herkunft?"

„Ja. Besser noch: Ich kenne den Designer. Dr. Max Milgram." Sie legte eine kleine Pause ein, um die Wirkung ihrer Worte zu genießen.

Oder, der seine Tasse zum Mund erhoben hatte, um zu trinken, erstarrte mitten in der Bewegung. Das war ja mal echt was Neues.

„Sein Sohn war ein ehemaliger Kommilitone an der Uni. Hat vor ein paar Jahren sein Studium der Pharmakologie hingeschmissen. Dabei war der echt gut. Timo Milgram war der Beste seines Jahrgangs. Ich vermute, er macht jetzt in Partydrogen. Würde zu ihm passen. Wenn einer Prüfungsangst hatte, war er die erste Adresse."

„Und das hat keiner gemeldet?"

„Geheimtipp. Und Studenten halten zusammen. – Ich muss ehrlich sagen, ich hatte ihn auch nicht mehr auf dem Schirm. Bis jetzt. Bis ich die Zunge von deiner Leiche gesehen habe. Der dunkellila Farbton kam mir sehr bekannt vor. Ich wusste nur nicht, wo ich ihn hinstecken sollte. Also habe ich die Abstriche auf verschiedene Substanzen kontrolliert und dann kam mir die Erleuchtung. Xypriol[1] heißt das Gift. Tiefviolett, geruchlos, geschmacklos, hochgiftig. Hier, sieh selbst." Sie machte sich am PC zu schaffen, tippte

[1] Darf gerne bei Wikipedia nachgeschlagen werden. Vielen Dank dem Ersteller der Seite.

einige Worte ein, dann trat sie zur Seite und machte für Kommissar Oder Platz.

Wikipedia? – Oder staunte nicht schlecht. Was er las, stellte seine Haare zu Berge. „Ach du meine gequirlte Scheiße! Und das steht so einfach im Netz? Unfassbar!"

„Ja. Je öffentlicher, umso weniger denkt einer daran. War schon immer so. ‚*Viel von sich reden kann auch ein Mittel sein, sich zu verbergen*', sagte schon Friedrich Nietzsche."

„Nietzsche. Soso. Jetzt sag mir noch, du hast den gelesen, und ich sprech dich nur noch mit Frau Doktor an."

Andrea lachte. „Nein, nein. Brich dir nur keinen ab. Stammt aus einem Kalender, aber weil ich den so passend für viele Gelegenheiten fand, habe ich den auswendig gelernt."

„Na da bin ich aber beruhigt."

„Kannst du sein. Ich habe übrigens noch mehr. Auf seiner Kleidung fand ich Stofffasern, die nicht zu seiner Kleidung passten. Weder in Farbe noch in Struktur. Hochwertig verarbeitet und viel zu edel für seinen Zwirn. Vielleicht kannst du damit etwas anfangen." Sie reichte ihm ein Blatt mit ihren Auswertungen.

Oder zog sich den Praktikantenstuhl heran und plumpste schwer auf die Sitzfläche. Binnen Sekunden war er in den Bericht versunken. Es dauerte allerdings nicht lange und er sprang wie von einer Tarantel gestochen hoch. Er schnappte sich Andrea, drückte ihr einen fetten Schmatzer auf die Lippen und rannte zur Tür, mit dem Bericht über seinem Kopf wedelnd. Die Klinke in der Hand, drehte er sich kurz um und fragte: „Ich kann den doch schnell mitnehmen? Brauche nur eine Kopie, dann kriegst du den gleich zurück, aber ich hab's eilig. Verdunkelungsgefahr. – Wenn ich recht behalte, hast du ein Essen frei."

Andrea stand noch verdattert an der gleichen Stelle. Sie hob eine Hand und legte die Fingerspitzen auf die Lippen, die Michael eben noch berührt hatte, nickte, dann fing sie sich wieder.

„Aber nicht verlieren."

„Wo denkst du hin? Ich bringe dir den Bericht höchstpersönlich wieder vorbei. So schnell es geht." Und das meinte er wörtlich.

37. Höllisches Temperament

Die Kleider wurden morgens gegen neun Uhr geliefert. Aurelia verbrachte den Rest des Vormittags mit Anproben, denn sie hatte sich komplett ausgestattet. Und wenn man ‚komplett' sagte, dann war es das auch. Als sie endlich zum Mittagessen ihr Zimmer verließ, war das Chaos perfekt. Das Bett quoll über und über von Hüten, Röcken, Handtaschen, Strümpfen. Selbst der passende Schmuck schimmerte zwischen Klamotten. Matthias würde einen Anfall bekommen, sobald er die Rechnung sah, aber auf so Kleinigkeiten konnte sie keine Rücksicht nehmen. Mit Glück war sie schon auf dem Schiff, bevor die Rechnung eintraf.

Außerdem war es gut angelegtes Geld. Noch drei Wochen, dann würde sie nach Übersee einschiffen und sich nach neuen Ufern umsehen. Ihre dabei angestrebten Traumzahlen waren 0-80-42.

Sollte heißen:

0 Verwandtschaft

80 Jahre

42 Grad Fieber

Wohlgemerkt: steigend ... und nach der Hochzeit selbstverständlich ... Aber im Anheizen war sie spitze, und wenn das nicht ausreichte, hatte sie immer noch die Reste von Joes Elixier.

Heute Nachmittag hatte sich Matthias angesagt, um die Beerdigung zu besprechen. Würde nicht einfach werden, aber sie gedachte, das Event im entsprechenden Rahmen zu begehen. Sie war vorbereitet.

Die Stunden vergingen zäh, während sie auf Matthias wartete. Gestern, nachdem bekannt geworden war, dass man den großen Paul Müller, den Kunstmäzen und großzügigen Gönner, tot aufgefunden hatte, war noch ein amüsanter Tag daraus geworden.

Sie hatte den Kamin in der Bibliothek anheizen lassen und konnte so auch mit dem dünnen Paillettenkleid ihre Kondolenzgäste empfangen. – Zu komisch, wie peinlich es manchen war, die zu Lebzeiten Pauls nicht mit ihr sprechen wollten, weil sie sie für eine Glücksjägerin hielten. Was hatte sie innerlich gelacht. Nun, als Witwe von Paul, kamen sie nicht um sie herum. Das Ehepaar Münzer zum Beispiel. Er war nur ein einfacher Buchhalter der regionalen Sparkasse, aber beide waren hochnäsig, als würde ihnen die Bank gehören. Besonders Mareike Münzer, die sich immer so gerade hielt, als hätte sie einen Stock verschluckt und die bestimmt zum Lachen in den Keller ging ... falls sie jemals lachte. – Oder Henriette Schwarz. Die hatte sie sogar umarmt, wobei Aurelia gerne darauf verzichtet hätte. Henriette Schwarz hatte ihr gutes Leben etwas zu sehr ausgekostet. Daher hatte ihr Mantel die Maße eines Beduinenzeltes und stank übel nach ihrem Parfüm, das ihre Ausdünstungen eindämmen sollte, welche die Körperfülle mit sich brachte. Wie ein türkischer Bazar waberte es im Raum und noch Stunden später schien es ihrer schon längst entschwundenen Person hinterherzukrabbeln. Aurelia hatte zwar umgehend die Fenster öffnen lassen, aber der Duft klebte förmlich an allem, was Henriette berührt hatte. Es musste einen guten Schuss Patschuli enthalten.

Nun gut, Berühmtheit hat eben ihren Preis, dachte sich Aurelia. Glücklicherweise hatte die Hilfe, die Maria bei dem großen Haus zur Hand ging, ein Mittel, das es gegen die Duftinvasion schaffte. Heute Morgen, als sie die neue Garderobe probierte, war alles wieder wie immer.

Sie beschloss, dem Gespräch einen entsprechenden Rahmen zu verleihen, und betrat die Bibliothek. Durch die schweren Vorhänge aus dunkelrotem Samt drangen nur an den Stoßkanten einige Sonnenstrahlen des kalten, aber klaren Wintertages. Entspannt lehnte sie sich in Pauls Ohrensessel. Von hier aus hatte er sein Reich regiert. Nun war es ihres.

Der Sitz war etwas hart. Sie versuchte eine andere Sitzposition – es half aber nicht. Zum Schluss lehnte sie sich an das Seitenteil und hängte ihre Beine über die gegenüberliegende Lehne. Doch irgendetwas pikte sie in die Seite. Sie beschloss, sobald ihr Erbe festgestellt worden war – und daran hegte sie keine Zweifel –, die Bibliothek komplett zu entrümpeln. Aber das Stechen wollte sich nicht ignorieren lassen.

„Oh, das nervt!", beschwerte sie sich halblaut. „Verdammt, was ist das nur?" Aurelia erhob sich aus dem Sessel und tastete die Rückwand ab. Irgendwas war da. Sie zog und zerrte, aber die dicken Nietnägel, die das Lederpolster hielten, wollten nicht weichen. Aber sie gaben ein kleines papiernes Dreieck frei. Aurelias Neugier war geweckt.

„Du alter Fuchs! Hier also hast du deine Kohle versteckt. Du hast wortwörtlich auf deiner Kohle gesessen." Aurelia lachte erleichtert. „Darauf hätte ich auch früher kommen können."

Erneut versuchte sie, eine der Nieten zu lösen. Das nahm ihr der Zeigefinger ihrer rechten Hand übel. Fast hätte sie sich einen Nagel abgebrochen.

„Autsch! Du drecksverdammtes Stück! Na warte. So leicht gebe ich nicht auf."

Sie riss sämtliche Schubladen auf, bis sie einen Brieföffner fand. Mit diesem bewaffnet, hebelte sie erneut wie von Sinnen an der Niete.

Sie kniete auf der Sitzfläche, den prallen Hintern in dem engen Rock zur Tür gewandt. Unter wüsten Schimpftiraden stach sie, was das Zeug hielt, auf die Rückseite des Sessels, der sie in die Seite gepikst hatte. Sollte er doch kaputt gehen. Von Pauls Geld würde sie sowieso die Bibliothek neu einrichten lassen. Der altmodische Lederquatsch war ihr zutiefst zuwider.

Geh auf, du widerspenstiges Ding. Gib mir, was du vor mir verbirgst. Mein Geld und mein Leben.

Völlig in ihre Arbeit vertieft und ohne einen Gedanken, wie das auf einen Außenstehenden wirken musste, zerrte sie an dem Leder des Sessels. So bekam sie auch nicht mit, dass es am Tor läutete.

„Sag mal, was ist denn hier los? Bist du nun von allen guten Geistern verlassen? Reicht es dir nicht, die Wohnräume zu ruinieren?"

Matthias!

Oh verdammt sollst du sein!

Mit hochrotem Kopf drehte sie sich blitzartig um, händeringend nach einer Ausrede suchend. Aber die Worte starben, als sie seinen Begleiter sah.

„Kommissar Oder kennst du ja bereits, nehme ich an."

„Ja." Tief einatmen, Puls beruhigen, lächeln, aber nicht zu viel. Schließlich war man ja in Trauer.

„Guten Tag, Frau Holofernes-Müller! Wenn Sie fertig sind ...", Kommissar Michael Oder wechselte von Matthias zu Aurelia und zurück, „... möchte ich mir gerne Ihr Haus ansehen." Er griff in seine Brusttasche und holte ein Schriftstück heraus und gab es ihrem Stiefsohn. Der faltete es auseinander, las und meinte nur: „Selbstverständlich. Das Haus ist ihres."

„Was soll das? Was geht hier vor? Und es ist immer noch MEIN Haus. Sehen Sie nicht, dass ich in Trauer bin?", geiferte Aurelia völlig undamenhaft. „Was ist das?" Sie deutete auf das Schriftstück in Matthias'

Händen, der das Papier gerade wieder zusammenfaltete und Kommissar Oder zurückgab. Ihre Stimme klang unangenehm schrill.

„Ein Hausdurchsuchungsbescheid." Durch die geöffnete Tür konnte man leise Stimmen vernehmen.

„Wozu? Zeigen Sie her. Das will ich auch lesen."

„Hier ist es." Der Ruf kam aus dem ersten Stock. Die Tür hinter Kommissar Oder wurde noch etwas weiter aufgezogen und ein weiterer Mann kam zum Vorschein. Er flüsterte Michael Oder etwas ins Ohr. Oder nickte, der Mann verschwand wieder.

Kommissar Oder wandte sich wieder an Aurelia. „Gerne. Aber für Sie habe ich noch etwas anderes zu lesen." Er griff erneut in seine Brusttasche und zog einen weiteren Brief hervor.

„Frau Aurelia Holofernes-Müller, ich erkläre Ihnen hiermit die vorläufige Festnahme wegen des Verdachts des Mordes an Joachim Bienek. – Bitte legen Sie den Brieföffner zur Seite und leisten Sie keinen Widerstand." Dann erklärte er Aurelia ihrer Rechte.

Aurelia stand wie erstarrt, den Brieföffner in der erhobenen Faust. Die Worte des Kommissars rauschten an ihr vorüber, sie bekam nichts mit. Hätte er das Telefonbuch von Frankfurt vorgelesen, auch das hätte sie nicht mitbekommen. Nur langsam löste sie sich aus der Schockstarre. Als erblickte sie erst jetzt den Kommissar, weiteten sich ihre Augen zu Wagenrädern. Dann wanderte ihr Blick zu Matthias, der sich ein bitteres Lächeln nicht verkneifen konnte. Sein Anblick ließ alle Sicherungen bei Aurelia durchbrennen.

„Aaaaaaaarrrg ...! Du ... Das ist alles dein Werk ..."

Sie rannte auf Matthias zu, willens, ihm wehzutun. Aber bevor sie ihn erreichte, fing Kommissar Oder die Wütende ab. In seinen Armen hing sie und zappelte wie wild, während sie nach Matthias spuckte.

„Du und deine Brut … Ich bring dich um. … Du hast mir das alles nie gegönnt."

„Es war nie DEINS und wird es auch NIE sein."

„Aaaaaaaaaaaah, lassen Sie mich los, Sie Kretin! Sie tun mir weh."

Aber sie tobte weiterhin, sodass der Kommissar sie noch fester halten musste, da sie sich wand wie eine Schlange. Je mehr sie sich wehrte, desto mehr gerieten beide in Schweiß. Kommissar Michael Oder musste seine ganze Kraft einsetzen, da der Schweiß sie glitschig werden ließ wie ein Aal. Und genau so wand sie sich auch in seinen Händen. Allein war es schwierig, ihr Handschellen anzulegen.

Ihre Konzentration jedoch richtete sich weiterhin völlig auf Matthias. Mit ihren hohen Hackenschuhen versuchte sie, ihn zu treten, aber Matthias trat lässig nur einen Schritt zur Seite und war außer Reichweite.

Was sie nur noch mehr in Rage brachte …

„Krepiere, wie dein Vater krepiert ist. … Hätte ich dich doch gleich umbringen lassen, wie ich es gewollt habe!"

„Lass es gut sein. Du hattest deine Zeit." Matthias blieb gelassen. Je mehr sie tobte, desto ruhiger wurde er. *Es ist vorbei. Endlich hat der Spuk ein Ende. Wären wir doch nur früher auf ihre Spur gekommen. Nur läppische zwei Wochen früher.*

Diese zwei Wochen kreiselten in seinen Gedanken und ließen ihn nicht mehr los.

Nur zwei Wochen. Fahr zur Hölle, Aurelia!

„Alles im Griff?“ Kommissar Peters tauchte hinter Kommissar Oder auf. Wolpinger und er hatten im Obergeschoss mit der Hausdurchsuchung begonnen, aber das hysterische Gekreische von Aurelia hatte ihn angelockt.

„Ich habe sie. Dann kommen Sie mal mit, junge Dame ... hey, nicht so stürmisch.“ Aurelia bockte weiterhin. Sie hatte mittlerweile gänzlich die Kontrolle über sich verloren. Ihre Augen rollten, als wollten sie gleich herausfallen. Daneben bäumte sie sich auf, als hätte sie einen epileptischen Anfall oder wäre von der Tollwut infiziert.

„Wolpinger ist noch oben und tütet alles ein. Wir sind fündig geworden. Genau, wie Sie es beschrieben haben. Gleich zweimal.“

Während Michael Oder die Tobende festhielt, legte sein Kollege Peters ihr Handschellen an, doch trotz der ‚eisernen Acht‘ brauchte es zwei Beamte, um sie zum Polizeiauto zu führen.

In der Bibliothek blieben aufatmend zwei Männer stehen und sahen sich an.

„Höllisches Temperament“, grinste Oder.

Matthias nickte ernst.

„Eins der Dinge, die sie zu so einer guten Liebhaberin machte. – Ich kann es meinem Vater nicht verübeln, dass er auf sie hereinfiel. – Bin es ja selbst mal.“

Oder nickte nur.

38. Wo die Eitelkeit anfängt ...

Langsam kehrte wieder Ruhe ein. Aurelia hatte man ins Polizeipräsidium verfrachtet. Maria war wieder in ihre Küche zurückgeeilt, aus der sie der Lärm geholt hatte. Sie hatte etwas von einem kleinen Imbiss gemurmelt. „Für die Nerven. Haben wir jetzt alle nötig."

Matthias glaubte zwar, er würde nie wieder etwas essen können, so groß schien der Stein, den er in seinem Magen wähnte, aber er widersprach nicht.

Er goss sich einen Drink ein und blickte durch das Fenster, wie Aurelia das Gut im Streifenwagen verließ.

Oder überwachte noch den Abtransport der Beweismittel. Dann erinnerte er sich daran, wie sie Aurelia vorgefunden hatten. Er suchte Matthias in der Bibliothek auf.

„Wollen doch mal sehen, was sie so intensiv gesucht hat", murmelte er und ging auf den Ohrensessel zu. Matthias folgte ihm.

„Das ist der Sessel, in dem mein Vater immer saß, wenn er über den Büchern brütete."

Michael Oder drehte den schweren Sessel ins Licht, das durch die halb geschlossenen Vorhänge drang. Matthias öffnete sie vollends. Im Schein der schwächer werdenden Nachmittagssonne erkannten sie, wonach Aurelia gefischt hatte. Der Brieföffner war zu dick gewesen, aber Matthias hatte ein Taschenmesser dabei, so eins mit weißem Kreuz auf rotem Grund, mehr eine Werkzeugkiste als ein Taschenmesser. Damit konnten sie mit vereinten Kräften drei Nieten lösen. Zum Vorschein kam ein Umschlag. Neugierig blickten sie sich an. Dann griffen sie erneut nach dem Brieföffner und schlitzten den Umschlag vorsichtig auf.

Zu neugierig, um auf eine Untersuchung im Labor des Kommissariats zu warten, nahm Oder ein Papiertaschentuch, um möglichst keine Fingerabdrücke zu hinterlassen, und fischte damit einige vollgeschriebene Blätter heraus, die er auf den Paul Müllers Schreibtisch legte.

Auf einem der Blätter hatte jemand Pauls Namen geübt. Noch und noch und noch. Immer wieder. Auf einem anderen war ein Testament aufgesetzt worden.

„Kennen Sie die Handschrift?“

„Diese hier“, Matthias wies auf die Unterschriften, „hätte ich jederzeit als die meines Vaters anerkannt.“ Er zeigte auf den Testamentsentwurf: „Das hier ist Aurelias. Das Papier ist eindeutig ihres. Nur sie benutzt es. Es wurde speziell für sie zur Hochzeit mit meinem Vater hergestellt.“ Sein Finger zeigte auf ein rosafarbenes Wasserzeichen.

„A H M“ stand da in verschnörkelter Schrift. Aurelia Holofernes-Müller.

Ihr privates Briefpapier ... dann war das Pauls Beweis für Aurelias Betrugsversuch. Seine Versicherung.

„Sieht so aus, als hätte Ihr Vater alles gewusst. Absolut alles. Nun sollte klar sein, warum Ihr Vater so urplötzlich verschwand. – Kein Erbe ohne Tod. – Er muss um sein Leben gefürchtet haben.“

„So etwas habe ich geahnt. Meine Güte, hätte er doch vorher mit mir gesprochen! Vielleicht ..." Matthias verstummte. Sein Gesicht sah grau aus. Kummerfalten überall.

Oder griff ein. „Das sollten Sie nicht machen."

„Was?"

„Machen Sie sich keine Vorwürfe. Ihr Vater war ein erwachsener Mann. Es war seine Entscheidung. Hätte er jemand einweihen wollen, dann hätte er das auch getan. – Akzeptieren und respektieren Sie bitte seinen Wunsch. – Erinnern Sie sich ... Sie erzählten mir von Ihren Treffen in dem Café am Friedhof. Kam er Ihnen bedrückt vor? Nein! Wozu auch? Es war das Leben, das er gewählt hat, und die Gesellschaft, die er um sich haben wollte ... und Sie gehörten dazu."

Oder legte seine Hände Matthias auf die Schulter und wartete, bis er dessen ungeteilte Aufmerksamkeit hatte. Dann sagte er eindringlich: „Vergessen Sie das nie. SIE GEHÖRTEN DAZU."

Nach dieser Ansprache, man könnte beinahe schon sagen ‚Standpauke', schwiegen beide. Ein leiser Seufzer von Matthias machte klar: Er hatte verstanden, was Oder versuchte, ihm zu sagen. Ohne Worte streckte er Michael Oder die Hand hin. Mit einem festen Händedruck dankte Matthias dem Älteren. So besiegelte sie ihre Freundschaft.

Nachdem sie sich wieder gefangen hatten, meinte Oder: „Das nehme ich dann mit Ihrer Erlaubnis auch mal mit. Das wird dem Staatsanwalt gefallen. Sieht mir nach einem fetten Motiv aus."

„Selbstverständlich. – Wenn ich nur kurz fragen darf: Was genau hat sie auf Aurelias Spur geführt?"

„Der exklusive Geschmack Ihrer Stiefmutter."

Matthias zog fragend eine Augenbraue hoch.

„Wer morden will, sollte nicht eitel sein. Oder es anderen überlassen, die es besser draufhaben." Michael Oder kicherte.

„Sie musste ja unbedingt gut aussehen, also hat sie ein Kostüm gewählt, zu dem ein passendes modisches Einstecktuch gehört. – Als sie Joe Bienek, den Mann, der Ihren Vater vermutlich zu Tode prügelte, umgebracht hat, fiel ihr das Einstecktuch herunter. Sie hat es nicht bemerkt, weil sie Joe gedreht hat und sein Körper genau darauf zum Liegen kam. – Das passende Kostüm fanden wir oben in ihrem Schrank. Und sie konnte es nicht lassen und hat vermutlich auch noch etwas von dem Gift aufbewahrt. Wir haben zumindest ein Fläschchen in ihrer Handtasche gefunden, das verdächtig danach aussieht. Papiere haben wir zwar nicht gefunden, aber wir nehmen an, sie hat den Reißwolf gefüllt, aber nicht geleert. Unsere Kollegen sind gerade dabei, die Streifen zu sortieren. Wir sind uns sicher, auch dort noch etwas zu finden. Falls nicht, so reicht uns aber auch der Rest, den wir schon haben."

Er machte eine Pause, dann sagte er: „*Wo die Eitelkeit anfängt, hört der Verstand auf.* Ein Sprichwort von Marie Ebner-Eschenbach. Meine Mutter sammelte solche Sprüche. An diesen erinnere ich mich gut. Er hing neben dem Flurspiegel. Auf keinen passt er besser als auf ihre Stiefmutter."

Darauf wusste Matthias nichts mehr zu sagen. Was sollte man auch die Worte verwässern, wenn sie so treffend waren?

„Und wie geht es nun weiter?"

„Frau Holofernes-Müller wird dem Haftrichter vorgeführt. Wenn sie weiter so tobt, schätze ich, wird er sie in die geschlossene Anstalt einweisen. Sie scheint eine massive Gefährdung für sich selbst und ihre Umgebung zu sein. – Sie, Herr Müller, erhalten bald die Benachrichtigung, wann sie Ihren Vater zwecks Beerdigung überführen lassen können. – Für mich bleibt noch einiges zu tun. Es muss jetzt alles lückenlos dokumentiert werden. – Wenn ich nur wüsste, wo Evchen ist. Ich habe noch einige Lücken, die sie sicher beantworten könnte, aber ich finde sie nicht."

„Da kann ich Ihnen weiterhelfen."

„Sie? Wie das?"

„Evchen ist hier."

„Wo? Hier auf dem Gut?"

„Ja. Im ehemaligen Gärtnerhäuschen. Ich habe es ihr angeboten, weil sie für meinen Vater da war, als er sie am dringendsten brauchte. – Als ich sie nach der Obduktion aufsuchte, um ihr zu danken, hustete sie zum Gotterbarmen. So konnte ich sie nicht auf der Straße lassen. Zum Arzt wollte sie nicht, da sie nicht krankenversichert ist. – Ich hätte sie auch gerne zu mir genommen, aber sie lebt schon so lange auf der Straße, dass ich sie mit der plötzlichen Nähe nur erschreckt hätte. Also habe ich ihr das Gärtnerhäuschen angeboten, das auf dem Grundstück liegt, aber so abgelegen ist, dass Aurelia sie nie gefunden hätte. Dort kann sie kommen und gehen, und keiner fragt sie, wer sie ist und was sie da will. – Ich bin froh, dass sie mir so weit vertraut, dass sie das Angebot angenommen hat. – Nachdem sie eingezogen ist, habe ich meinen Hausarzt hingeschickt, der sie nun behandelt."

„Vielen Dank. Na, da hätte ich lange suchen können. Aber es freut mich für Evchen. Sie hat es verdient. Sie ist eine sehr liebevolle Frau, der das Leben nicht immer freundlich gesinnt war. Es ist an der Zeit, dass auch ihr das Glück mal etwas winkt."

„Ach, Sie kennen Evchen näher?"

„Ein wenig. Wir waren Weggenossen." Mehr sagte Michael Oder nicht. Er lächelte nur leise vor sich hin. „Zeigen Sie mir den Weg?"

„Ja kommen Sie. Ich bringe Sie hin."

39. Teestunde

Das Gärtnerhäuschen lag versteckt inmitten von Büschen, umstellt von großen Nadelbäumen, wie ein Hexenhäuschen von Hänsel und Gretel, nur ohne Lebkuchen. Dabei war es nicht mal weitab vom Schuss. Eine Straße lief in nicht mal 50 Meter Entfernung an dem Grundstück vorbei und eine Zufahrt für die Gärtner gab es auch. Aber die Büsche schirmten die Sicht auf das Haus fast vollständig ab, besonders wenn man vom Gutshaus kam wie Matthias und Kommissar Michael Oder.

Eine hohe Reihe von dichten Zypressen trennte den Vorgarten ab und versperrte den Blick. Nur eine Holzpforte trennte sie noch. Eine altmodische Messingglocke auf einem hüfthohen Ständer daneben ersetzte eine Türklingel. Der Vorgarten war als Kräutergarten angelegt und maß circa vier Meter tief mal sechs Meter breit. Er nahm die ganze Front des eingeschossigen Hauses ein, nur geteilt durch den Weg zur Haustür.

Michael Oder war erstaunt, denn das Haus war groß genug für eine kleine Familie. Dabei hätte er es nicht entdeckt, hätte Matthias ihn nicht begleitet. Der nahm einen Klöppel, der versteckt neben der Glocke an dem Ständer hing, und ein wohltuender tiefer Klang ertönte.

Dong ... dong ... dong.

„Das Zeichen haben wir vereinbart", beantwortete Matthias die unausgesprochene Frage des Kommissars.

Eine Gardine wackelte kurz, dann ging die Tür auf. Evchen erschien, in dicken Socken, mit einem kribbelbunten, selbst gestrickten Schal um den Hals und stutzte.

Oh, verdammt! Ich Idiot! Kommissar Michael Oder schluckte.

Jetzt musste er Farbe bekennen. Hoffentlich nahm Evchen ihm die Verkleidung als Penner Michi nicht übel. Das würde die Ermittlungen massiv behindern. Er war so überrumpelt gewesen, dass Evchen doch näher war, als er gedacht hatte, dass er völlig vergessen hatte, welche Wirkung seine Demaskierung auf sie haben würde.

„Hallo, Evchen! Geht es dir besser? Sieh mal, ich habe dir jemanden mitgebracht."

„Kenn ich." Evchens Augenbrauen zogen sich zusammen. „Wer bist du und was willst du?"

Michael Oder atmete tief durch, dann trat er einen Schritt näher, blieb aber gleich wieder stehen.

„Es tut mir leid."

Pause.

Evchen legte misstrauisch den Kopf in den Nacken, wobei sie ihn etwas schief legte, was ihr Kinn angriffslustig wirken ließ. Aber sie schwieg abwartend, was Michael als gutes Zeichen wertete. Sie war bereit, seine Entschuldigung zumindest anzuhören.

„Bitte ... Es war für Paul. Ich wollte dich nicht hinters Licht führen, aber es gab keine andere Möglichkeit, an Informationen zu kommen."

„Hättest fragen können."

„Oh komm ... Glaubst du, das habe ich nicht versucht?"

Matthias' Kopf wechselte verdutzt von einem zur anderen und zurück wie auf einem Tennisplatz. Was ging da vor sich?

Stolz grinste Evchen Michael an: „Wir halten eben zusammen. Wir sind wie eine Familie."

„Ich weiß", bestätigte Oder nur. Ihr zu sagen, dass er Pauls Mörder längst hätte kriegen können, wenn man nur früher mit der Polizei gesprochen hätte, brachte ihn hier nicht weiter. Das Leben und die Gesellschaft hatten ihre Gesetze. Besser man akzeptierte sie. Sie zu ändern, hatte schon Stärkere und Mutigere an ihre Grenzen gebracht.

„Wir haben seinen Mörder. – Lässt du uns ein, damit wir dir das erzählen können?" Michael Oder bat bewusst um Einlass, auch wenn er als ‚Kommissar' das Recht gehabt hätte, einfach einzutreten oder Evchen mit auf die Wache zu nehmen.

Respekt, so hatte er gelernt, bekam nur, der bereit war, auch Respekt zu geben. Das Gärtnerhäuschen mochte nicht ihr gehören, aber es war zurzeit ihr Zuhause. Da polterte man nicht einfach herein, benahm sich wie eine unsensible Wildsau und konnte dann noch Antworten erwarten.

Evchen überlegte, dann gab sie wortlos die Tür frei und verschwand im Inneren des Hauses. Kommissar Michael Oder kümmerte sich nicht um das neugierige Gesicht von Matthias und folgte. Matthias schloss sich an.

Im heimelig eingerichteten Wohnzimmer setzte sich Evchen in einen Ohrensessel. Auf einem Beistelltischchen simmerte golden schimmernder Tee in einer Teekanne auf einem Stövchen. Auf der anderen Seite bollerte ein Heizradiator auf voller Kraft. Es war so warm, dass Kommissar Oder der Schweiß auf die Stirn trat und er den Mantel öffnete.

„Nun?"

„Lass mich raten: Du hast Paul gefunden und auf das Grab gelegt?"

„Ja."

„Wieso dieses Grab?"

„Wo sonst? Dort liegt seine Frau."

„Wo hast du ihn gefunden? Wie hast du Paul überhaupt kennengelernt?"

Evchen schwieg und goss sich ihre Teetasse voll. Dann wandte sie sich an Matthias.

„Du weißt ja, wo noch Tassen sind."

„Sicher." Matthias stand auf, verließ den Raum und kam mit zwei Teetassen wieder. Die goss er voll und reichte Michael Oder eine.

Jeder nahm einen Schluck, dann brach Evchen als Erste das Schweigen.

„Ihr habt das Schwein? Wer war es? Und warum musste mein Paule sterben?"

Okay, dann rollen wir das von hinten auf. Sie hatte ein Recht auf die Ergebnisse der letzten Tage.

„Es muss noch bestätigt werden, aber wahrscheinlich war es ein ehemaliger Boxer. Joachim Bienek alias Joe Bryan."

„Habt ihr die Sau? Warum hat er das getan? Paul hat nie jemand wehgetan. Er war so ein feiner Kerl."

„Das wird er uns nicht mehr sagen können. Er ist tot."

„Gut. Hoffentlich hat er leiden müssen!"

Oh ja, das hat er wohl, dachte sich Oder, als er sich an den Anblick erinnerte, wie Joe vor seiner Toilette im eigenen Erbrochenen gelegen hatte. Er konnte sich nicht vorstellen, dass sein Tod ein leichter gewesen war.

„Wir haben Anzeichen gefunden, dass er beauftragt war, Paul zu finden. Seine Witwe ..."

Bei dem Wort ‚Witwe' verzog Evchen das Gesicht, als hätte sie auf Galle gebissen.

„Paul hat mir von ihr erzählt."

„Wir nehmen an, sie hatte es auf sein Geld abgesehen. Wir haben Testamentsentwürfe gefunden, die sie vermutlich gefälscht hat."

„Auch das hat mir Paul erzählt."

„Du wusstest davon?" Matthias schreckte hoch.

„Aber sicher. Paul und ich hatten keine Geheimnisse."

„Wo habt ihr zwei euch eigentlich kennengelernt?",

wollte Oder wissen. Sie hatte ihr eigenes Tempo, ihre eigene Reihenfolge. Er passte sich an.

„Auf dem Friedhof. Ich habe mein Engelchen besucht und Paul seine erste Frau. Weil das Wetter schön war, haben wir uns auf der gleichen Bank in die Sonne gesetzt. Und da sind wir ins Reden gekommen." Sie lächelte versonnen. Dann goss sie sich erneut die Tasse voll und nippte daran.

„Wir haben uns öfter dort unterhalten. Dann hat mir Paul berichtet, was DIE gemacht hat. Ihr Mädchen hatte die Proben im Mülleimer gefunden und ihm gezeigt. Da wusste er, er musste da weg."

„Warum ist er nicht zu mir gekommen? Ich bin doch sein Sohn."

„Das ging nicht. Ihr hattet euch ihretwegen zerstritten ... und Paul war zu stolz, um seinen Fehler einzugestehen. Er dachte, er müsse es mit sich alleine ausmachen. Gut möglich, dass er dich auch nicht gefährden wollte – DIE ist gefährlich." Dem war wenig hinzuzusetzen.

„Nachdem du weg warst, erkannte Paul schnell, dass sie gierig und geldgeil war. Damit hätte er leben können. Aber erst als er die Testamentsfälschungen erhielt, wusste er, dass er in Gefahr war. Ein Testament nutzt Lebenden nur, wenn einer tot ist."

„Viel hätte ihr das nicht genutzt. Da war doch nur noch die Firma. Die Konten waren leer, Vater hatte alles aufgelöst, und das Gutshaus hätte sie nie bekommen, da es mein Erbe von meiner Mutter war. Und glaub mir, ich wäre sie schon noch irgendwie losgeworden. Sie wohnte nur wegen meines Vaters noch im Haus." Er lachte bitter.

Der Tee war ausgetrunken und Matthias fragte in die Runde, ob er noch einen aufsetzen sollte. Evchen nickte und Michael Oder schloss sich an. Er trank zwar lieber Kaffee, aber irgendwie schien der nicht in dieses Puppenstübchen zu passen. Evchen saß in dem Ohrensessel wie ein Großmütterchen, das seine Enkel erwartete und jeden Moment neben sich nach dem Märchenbuch greifen würde, um ihnen eine Geschichte vorzulesen.

Sie schwiegen, bis Matthias mit dem frisch aufgebrühten Tee zurückkam. Als er sich gesetzt hatte, wandte er sich abermals an Evchen.

„Aber als ich ihn dann getroffen habe, da wusste er doch bereits, wie Aurelia ist. Warum ist er da nicht zurückgekommen? Wir hätten doch gemeinsam gegen sie vorgehen können."

„Oh, das hatte er vor. Irgendwann. Doch seine Seele musste erst einmal heilen. – Aber er war unter Freunden. Echten Freunden." Evchen sah Kommissar Oder scharf an, dass dieser sich wie ein Kleinkind gemaßregelt fühlte.

„Entschuldigung, Evchen, für die Maskerade. Ich tat es für Paul. Keiner hat so ein Ende verdient. Und mir lief die Zeit davon. Niemand wollte seinen Mörder suchen; der Fall sollte eingestellt werden."

„Schon gut. Hast ja deinen Job gemacht. Und wenn SIE jetzt weggesperrt ist, dann hast du ihn gut gemacht." (Wie Michael Oder später erfuhr, nannte Evchen aus Prinzip nie Aurelias Namen.)

Matthias kramte in seiner Tasche. „Ich habe noch was für dich", sagte er und zog eine goldene Kette mit einem Medaillon hervor. Er öffnete es und reichte es geöffnet Evchen. Sie nahm es, blickte hinein und ihre Augen füllten sich mit dicken Tränen.

„Paul …", hauchte sie. Mit zitternden Händen strich sie über das Bild, als könnte sie sein Gesicht streicheln. Einige Tränen liefen still ihre Wangen herunter. Sie drückte das Bild an ihre Brust und blickte Matthias fragend an.

„Ja, das ist für dich. So hast du Paul immer bei dir. Das Medaillon gehörte meiner Mutter."

Sofort reichte Evchen die Kette wieder Matthias, aber der umschloss sanft ihre kleine Faust und schob sie zurück. „Nein, ist schon gut. Ich will, dass du die Kette behältst."

„Jetzt habe ich zwei Sachen von Paul." Evchen lächelte selig.

„Was hast du noch von Paul?" Kommissar Oder stutzte.

Evchen deutete in eine Nische neben der Haustür. Dort standen sie: Pauls Schuhe.

Kommissar Michael Oder saß am dichtesten und stand auf, um sie zu holen und anzusehen.

„Paul sagte immer: ‚Evchen, wenn ich tot bin, nimm meine Schuhe. Es sind gute Schuhe. Du wirst sie brauchen.' Also habe ich das gemacht."

„Also hast du sie." Oder ging ein Licht auf. Nein, ein ganzer Kronleuchter. „Und du wolltest nicht, dass Paul friert. Daher hast du seine Füße in den Karton gelegt und mit dem Papier umwickelt."

„Ja. Paul war immer so schick. Ich konnte ihn doch nicht barfuß auf das Grab legen. Das ging nicht. Das wollte ich nicht. Nein …"

„Wo hast du ihn überhaupt gefunden?"

„In einem Trümmerhaus. Da waren wir oft, wenn es uns in der B-Ebene zu laut wurde. Aber das Dach dort war undicht, es war nicht geheizt und nachts war es in der B-Ebene wärmer und sicherer. – Als ich ihn fand, war er schon tot. Er lag auf der Seite, an einen Stuhl gefesselt. Ich habe ihn losgemacht und zum Friedhof gebracht."

Das Wichtigste war gesagt, jetzt endlich bekam Michael Oder seine Antworten.

„Und wie? Paul war kein Riese, aber auch kein Federgewicht."

„Einkaufswagen." Sie kicherte. „Keiner achtet auf eine alte Frau mit Einkaufwagen." Matthias und Michael mussten mitgrinsen, so ansteckend war ihr Lachen.

Kommissar Oder fuhr mit der Hand in einen Schuh und drehte ihn im Licht. Eine gute Arbeit. Vermutlich handgenäht. Kein Wunder, dass Paul Evchen die Schuhe empfohlen hatte. Als er den Schuh umdrehte, um sich die Sohle anzusehen, fiel etwas aus dem Schuh. Er bückte sich und hob es auf.

„Was ist das denn?"

„Pauls Sohle. Hat er vermutlich hineingelegt, weil der Boden immer so kalt war."

Merkwürdige Sohle.

Oder besah sich das Konstrukt. „Darf ich mir das mal näher ansehen?"

Evchen und Matthias nickten.

Das Plastik war fest verbacken. Darunter schimmerte etwas. Kommissar Oder zückte sein rotes Taschenmesser und schlitzte vorsichtig das Plastik am Rand auf. Mit spitzen Fingern versuchte er, das Papier zu greifen, das zwischen dem Plastik lag. Es wehrte sich, gab aber dann doch nach. Einige Seiten, mehrfach sorgsam zusammengefaltet, kamen zum Vorschein. Oder faltete sie bedächtig auseinander und staunte nicht schlecht.

Vor ihm breiteten sich einige Aktien aus. Hohe Beträge standen auf ihnen, aber ob sie den Wert auch wert waren, konnte er nicht greifen. Also reichte er sie Matthias weiter, der staunend auf die Schriftstücke blickte.

„Können Sie die Summe einschätzen?", fragte Kommissar Oder.

„Ich bin mir nicht sicher, aber wenn ich nicht total falschliege, dann könnte es sich um das Geld handeln, das verschwunden ist. Dasjenige, das Aurelia so dringend gewollt hat."

„Oh Paule, du Fuchs!" Evchen, der Geld nichts bedeutete, fing haltlos an zu kichern.

Irritiert blickten Matthias und Michael sie an. Die beiden Männer brauchten eine Weile, um die Dimension des Fundes zu verkraften. Dann registrierten sie, was da passiert war, und sie ließen sich von Evchens ausgelassener Stimmung anstecken. Gemeinsam kicherten sie um die Wette.

„Und das Beste ist ...", japste Evchen gurgelnd vor unterdrücktem Lachen, „Paule hat SIE genau an der Stelle getroffen, die IHR am meisten wehtun würde. Mit jedem Schritt, den er ging, trat er nicht das Pflaster, sondern geradewegs IHR in den Hintern, denn er trat das Geld mit Füßen. Seinen Füßen."

Die Männer stutzten, überlegten kurz und brachen vor Lachen zusammen. Beide stellten sich vor, wie

Aurelia abdrehen würde, sollte sie das je erfahren, und davon konnte man ausgehen.

Es dauerte eine gute Weile, bis sie sich wieder fingen. Denn sobald einer von ihnen ernster wurde, kicherte ein anderer so ansteckend, dass der eine wieder ins Gelächter einfiel.

Irgendwann ebbte dann allerdings der Lachflash ab. Matthias wurde ernst und meinte: „Das ist selbstverständlich deins."

Evchen wehrte ab. „Nein, nein. Ich habe es nur für dich aufbewahrt. Es ist deins. Du bist sein Sohn. Es gehört dir ..." Als Matthias abwehren wollte, setzte sie hinzu: „Was soll ich alte Frau mit so viel Geld. Es würde mir nur gestohlen. Nimm es für deine Kinder, wenn du es nicht haben willst. Ich nehm es definitiv nicht."

Kommissar Oder griff ein. „Erst mal nehme ich es mit, aber Sie bekommen es wieder, sobald die Ermittlungen abgeschlossen sind. – Ich denke, Sie werden sich schon einigen." Er tauschte einen Blick mit Matthias und wusste, der würde schon dafür sorgen, dass Evchen ihren Teil abbekam.

Ein halbes Stündchen gönnte sich Michael Oder noch, dann verabschiedete er sich von den beiden. Als er an der Pforte einen Blick zurückwarf, standen Matthias und Evchen Arm in Arm in der Haustür und winkten ihm nach. Sie sahen aus wie eine Familie, die sich nach langer Suche endlich gefunden hatte.

Ein gutes Gefühl.

40. Die bessere Gesellschaft

Als er von Evchen und Matthias zurückgekommen war, hatte er noch einen Abstecher in die Rechtsmedizin gemacht. Es brannte ihm auf der Zunge, Andrea die erstaunlichen Entwicklungen des Abends mitzuteilen. Er hatte Glück, sie war im Büro und schrieb an ihren Berichten. Als Oder ins Büro stürmte, schob sie die Berichte beiseite, ging zur Kaffeemaschine, goss eine Tasse ein und reichte sie ungefragt Michael. Sein dankbarer Blick bestätigte sie.

„Danke. Ich habe zwar schon drei Tassen Tee intus, aber es geht doch nichts über einen starken Kaffee. – Du glaubst nicht, was sich alles ergeben hat. Hast du etwas Zeit?"

„Klar, sind nur die Obduktionsberichte, die können eine Weile warten. Vor morgen Mittag erwartet die keiner. Was ist los, du platzt ja fast."

Kommissar Michael Oder berichtete. Es dauerte eine gute Weile, bis er fertig war. Andrea unterbrach ihn nicht. Sie war einfach da. Und das tat ihm so gut. Fast bereute er es, als er ans Ende seiner Geschichte kam. Ende der Geschichte hieß, er würde wieder allein in sein Büro gehen müssen. Auch er hatte Berichte zu schreiben.

Ein Seufzer entfloh ihm. Er wollte jetzt nicht allein sein. Nicht jetzt. Nicht nach dem Bild, das er noch im Herzen trug ... das Bild von Evchen und Matthias an der Schwelle des Gartenhäuschens.

„Sag mal, wie lange musst du noch? Hast du überhaupt schon gegessen? – Hast du Lust, mit mir essen zu gehen? Jetzt? Gleich?“

Es war raus.

Michael Oder hob kurz den Blick, dann blickte er zur Tür, als wollte er vor seinen eigenen Worten flüchten.

Was, wenn sie Nein sagt?

Oder wenn sie ihn vertröstete? Auf irgendwann ... auf nirgendwo ... auf Nimmerwiedersehen ...

Er musste ihr doch schon gewaltig auf den Zeiger gehen mit all seinen Fragen und Problemen und der ewigen Kaffeeschnorrerei ... Was ihn wieder an das Päckchen Kaffee erinnerte, das er längst hatte abgeben wollen, aber immer wieder vergaß ...

„Ja gerne!“

Ja gerne?

„Hast du eben Ja gesagt?“

Andrea lachte. „Zumindest zum Essen. Ich sterbe vor Hunger. Die Berichte können warten.“ Sie griff nach ihrem Mantel, der an der Garderobe neben der Tür hing. Dann hakte sie sich bei dem völlig verdatterten Michael Oder unter und zog ihn auf den Flur.

„Und? Weißt du schon, wohin wir gehen? Ich will ein halbes Schwein auf Toast. Gerne auch ohne Toast.“

Ich glaube, ich liebe sie, schoss es Michael Oder pfeilschnell durch den Kopf. *Oh ja, ich liebe sie. – Na sauber! Man hat ja sonst keine Probleme.*

Aber er grinste über beide Wangen und fühlte sich wie auf Wolken, als er Arm in Arm mit Andrea das Kommissariat verließ.

Kommissar Michael Oder klappte den Aktendeckel zu und griff nach seinem dunklen Mantel. Es wurde Zeit. Er musste noch Andrea abholen.

Nur noch schnell auf die Toilette, denn dort, wo er hinwollte, würde es keine Toilette geben, und in die Ecken oder an Büsche pinkeln mochte er aus Prinzip nicht, zudem war es dort nicht zulässig.

Seine Sohlen machten kaum ein Geräusch auf dem Flur, sodass die Person, die sich ihren Rücken vor dem Spiegel ansah, zusammenschrak und schnell das Hemd fallen ließ.

Nicht schnell genug, als dass nicht Kommissar Oder noch die Striemen sehen konnte, die sich kreuz und quer über den Rücken zogen.

Weber! ... Weber?

„Bist du unter die Räuber gefallen oder hast du Stress zu Hause?“, rutschte es aus ihm heraus, bevor er es sich verkneifen konnte. Es ärgerte ihn immer noch, wie Weber in Pauls Fall in seine Suppe gespuckt hatte.

„Hast du nichts Besseres zu tun? Kümmere dich um deinen Kram! – Meine Güte, bin ich froh, wenn ich hier weg bin! Lieber heut als morgen.“

„Ist ja schon gut. Beruhig dich wieder.“

Weber stopfte noch schnell das Hemd wieder in die Hose, griff sich sein Jackett und verließ den Raum, nicht ohne noch die Tür wütend zuzuknallen.

Oder schüttelte den Kopf. „Welche Laus ist dem denn über die Leber gelaufen?“

Er erledigte sein Geschäft, kontrollierte beim Händewaschen den Sitz seiner Haare, war zufrieden und beeilte sich, Andrea abzuholen. Schon bei der nächsten Ecke hatte er Weber vergessen.

„Bist du fertig?"

„Ja. Wir können gehen."

Das schwarze Kleid stand ihr hervorragend. Nicht zu auffallend, aber schick. Angemessen für eine Beerdigung. Oder konnte es nicht ausstehen, wenn die Beerdigung zu einer Modenschau verkam, weil jede anwesende ‚Dame' die nächste mit einem noch tolleren Hut oder einem noch teureren Pelz übertrumpfen wollte.

Na zumindest damit würde heute nicht zu rechnen sein. Es war Paul Müllers Beerdigung.

Seine echte Beerdigung!

Matthias hatte für die feine Gesellschaft, die Geschäftsbeziehungen, die Presse und die Mitarbeiter nur eine Trauerfeier abgehalten. Das musste er tun, auch wenn er am liebsten darauf verzichtet hätte. Eine reine Pflichtveranstaltung, weil es erwartet wurde.

Das Datum der Erdbestattung hingegen wusste keiner. Na ja, keiner stimmte nicht ganz.

Als Kommissar Oder mit Andrea die Kapelle betrat, wurde klar, wer außer ihnen noch wusste, dass es Pauls letzter Tag über der Erde sein würde.

Über Evchen hatte Matthias den Termin unter den anderen Obdachlosen bekannt gegeben. Damit Paul die Gesellschaft bekam, die er für die bessere empfunden hatte. Die, die seine Freunde waren.

Und sie waren alle gekommen.

Rudi hatte seine langen Haare ordentlich zu einem

Knoten im Nacken zusammengefasst und Odi, seiner Promenadenmischung, eine schwarze Schleife umgebunden, dem Anlass entsprechend. Sie saßen mit Evchen in der vordersten Reihe, gleich neben Matthias. Auf der anderen Seite hatte Kalle Platz genommen, diesmal ausnahmsweise stocknüchtern. Auch er hatte sich die Haare gestriegelt. Keine Ahnung, wo er die Haarcreme herbekommen hatte, aber er sah weniger strubbelig aus als sonst. Neben ihm saß Melvin, der sich einen schicken Zwirn zugelegt hatte. Sein Kunde, der servile ‚Bulle', hatte eine Extrabehandlung angefragt und bekommen, wie sich Melvin ausdrückte. Natürlich hatte er sich die ordentlich bezahlen lassen. Vielleicht war sie etwas heftiger ausgefallen, aber das kratzte Melvin nicht. Als sein Kunde mit schmerzendem Rücken davongeschlichen war, hatte Melvin den nächsten Herrenausstatter aufgesucht. Es stand ihm ausnehmend gut.

Einige Reihen weiter hinten konnte Oder Ronny Nord ausmachen. Er trug zwar noch einen Gips am Arm und bewegte sich vorsichtig, aber er hatte es sich nicht nehmen lassen, Evchens Ruf zu folgen und Paul die letzte Ehre zu erweisen.

Alle, alle waren sie gekommen. Einige kannte Oder, die meisten jedoch nicht, aber sie kamen wegen Paul. Gleich welcher Glaube. Die Trauer um Paul, einen der Ihren, einte sie alle.

Andrea und er klemmten sich in der vollen Kapelle auf einige der hinteren Bänke und lauschten andächtig dem Gottesdienst.

Als sie alle aufstanden für das Gebet und den Segen, griff Andrea nach Michael Oders Hand und drückte sie sanft. Michael lächelte und erwiderte den Druck, während er mit dem Daumen sanft über ihren Handrücken streichelte.

Nach der Kirche hatte Matthias zum Leichenschmaus in eine große beheizte Scheune auf dem Gutsgelände eingeladen. Die Tische bogen sich vor Speisen, und wenn auch kein Alkohol da war, so konnte man die Stimmung trotzdem als gehoben bezeichnen. Alle waren gekommen, und als sie gingen, lagen am Ausgang Decken, Schlafsäcke, warme Jacken und Winterstiefel bereit, die die Gäste mitnehmen konnten. Evchen hatte Matthias bei der Auswahl geholfen, damit er auch das Richtige kaufte. Was übrig blieb, sollte an die Caritas und andere Hilfsorganisationen gespendet werden, die sich um Wohnsitzlose kümmerten.

Als Andrea und Michael sich verabschiedete, fragte Michael leise Matthias: „Und nun? Was wird mit Evchen und wie habt ihr euch geeinigt?“

„Sie bleibt. Ich habe ihr das Gartenhaus auf Dauer überlassen. Dazu erhält sie monatlich eine gewisse Summe, über die sie frei verwalten kann. – Ich hätte sie ja gerne mit ins Herrenhaus genommen, in das ich wieder eingezogen bin, aber dazu ist es noch zu früh. Vielleicht irgendwann.“

Kommissar Oder nickte zustimmend. Sie drückten sich die Hände, dann wandte er sich zu Andrea um, legte den Arm um ihre Schulter und sie sahen sich lächelnd an.

Draußen meinte Andrea: „Eine wirklich schöne Feier. – Aber das nächste Lokal bestimme ich. Einverstanden?“

Michael Oder grinst und stellt fest, dass es schon immer die Frauen waren, die den Lauf der Welt bestimmten.

Er verließ das Gut in der Gewissheit, dass für alles gesorgt war.

Das war es auch. Matthias holte die alten Sachen seiner Mutter wieder vom Speicher und schmiss Aurelias ultramodernes Wohnzimmer raus. Eine Gebrauchtmöbelzentrale staunte nicht schlecht, als die kaum genutzten, modernen Möbel angeliefert wurden. Normalerweise bekamen sie nur ‚Eiche rustikal‘.

Mit den alten Möbeln kehrte auch der alte Charme wieder ins Haus – und die alten Gäste, die noch seine Mutter gekannt hatte, zu Aurelias Zeiten aber weggebissen wurden. Aurelia war schnell vergessen. Fast, als hätte es sie nie gegeben.

Allein in dem großen Kasten, fühlte sich Matthias jedoch einsam. Sicher, er hatte Maria und besuchte regelmäßig Evchen im Gartenhaus, aber es fehlte etwas, was er nicht benennen konnte. Um sich abzulenken, wurde er zum Workaholic. Viele Nächte verbrachte er in der Firma, der die Behandlung zwar gut bekam, aber sie füllte seine Leere nur unvollkommen.

Immer an seiner Seite, auch wenn es mal spät wurde, war seine Sekretärin. An einem lauen Abend im Mai bemerkte er sie endlich. – Aber er traute seinen

Gefühlen nicht, war er doch auch mal auf Aurelia hereingefallen. So stellte er Christin den Damen seines Lebens vor: Maria und Evchen.

Als Christin wieder gefahren war, befragte er die erfahrenen Frauen, die noch auf einen Kaffee in der Küche zusammensaßen. Maria hauchte ein: „Endlich", lächelte und nahm ihn in den Arm. Evchen hingegen wurde deutlicher.

„Wenn du dir die Frau entgehen lässt, bist du dämlicher, als ich von einem Sohn Paules angenommen hätte. Und das mag ich nicht glauben. Worauf wartest du? Wir haben nicht mehr viel Zeit und wir wollen noch deine Kinder verziehen."

Dabei zwinkerte sie Maria zu, die zurückzwinkerte.

Auch Matthias grinste ... und er schaffte Tatsachen.

Zu Weihnachten machte er der bildhübschen, hochintelligenten und hoffnungslos in ihn verliebten Christin einen Antrag, den sie freudig annahm. Bereits zu Silvester zog sie ein und verstand sich, wie erwartet, bestens mit Maria.

Und als übers Jahr doppeltes Babygeschrei die alten Mauern zum Beben brachte, zog auch Evchen ins Haupthaus. Platz war genug und Matthias' Frau für die zusätzliche Hilfe bei den Zwillingen dankbar.

Die Enkelkinder von Paul jedoch liebten ihre ‚Oma Evi', wie man eine Oma nur lieben konnte. Heiß und innig. Und das beruhte auf Gegenseitigkeit.

Nach langer Irrfahrt war Evchen endlich angekommen.

– Ende –

Letzte Gedanken

Autoren schaffen Welten. Dafür sind sie da.

Manche erfinden auf Teufel komm raus. Andere orientieren sich an der Realität. Die Gewichtung variiert. Sie ändert sich von Autor zu Autor und selbst bei dem gleichen Autor kann man sich nie sicher sein, wie weit er den Regler bei einem neuen Buch verschiebt.

Man mag sich fragen, wie viel von diesem Buch der Wahrheit entspricht und wie viel künstlerische Freiheit ich mir geleistet habe.

Ich gestehe: Vieles in diesem Buch ist an die Realität angelehnt, aber ich habe versucht, reale Erlebnisse und Personen so zu verschleiern, dass hoffentlich nur wenige Eingeweihte, die mich sehr gut kennen, das Wahre von der Fantasie trennen können.

Leider ist aber vieles die Wahrheit, wenn auch die Realität mich beim Schreiben eingeholt hat. So ist das beheizte Nachtquartier seit 01.11.2018 von der Hauptwache zur B-Ebene des Eschenheimer Tors gezogen.

Die Gründe für die Einstellung der Speisungen fand ich in einem Artikel der *Frankfurter Rundschau.*

Auch das Schicksal von Stefan stimmt. Er heißt sogar Stefan, nur wohnt er nicht in Frankfurt. Ich habe selbst mit ihm gesprochen und war erschüttert, denn wie im Buch erwähnt, hat er mir gegenüber nie geklagt. Er hat Tatsachen berichtet, was es nicht besser macht.

Ebenso stimmen die Empfehlungen zu Spenden. Wenn man sich genau überlegt, dann ist ein Brötchen, das vielleicht das zehnte an diesem Tag ist, wirklich nicht die sinnvollste Art, um sein Mitgefühl zu besänftigen.

Aber genau da krankt es in unserer Gesellschaft.

- Wir denken nicht nach,
- oder zu wenig,
- sehen nicht tief genug.

Mir hat mein Buch beim Schreiben ein klein wenig die Augen geöffnet. Ich sehe vieles klarer, auch wenn ich nicht von mir behaupten möchte, dass ich alles durchblicke.

ALSO – dieser Roman ist und bleibt bei aller Realität doch ein Konstrukt meiner Fantasie. Denn die Realität kennt wenig Happy Ends. In ihr wäre Evchen vermutlich schon erfroren und Melvin ein Drogentoter mehr in der Statistik oder an AIDS gestorben.

Nennt mich harmoniesüchtig und ich sage Euch: Ihr habt Recht. Es stimmt und ich stehe dazu.

Aber in dieser Welt, die immer kälter wird, möchte ich eine kleine Insel schaffen. Und ich nehme gerne jeden mit, dem es genauso geht.

Herzlich willkommen auf meiner Insel.

Eure
Agatha

Taschenbuch
ISBN (978-3-947221-06-6)
E-Book
ISBN (978-3-947221-07-3)

Leseprobe aus dem Buch
***Morgenmuffel* von Agatha von Wysn**

Er kostete die Stille aus, solange es ging. Nachher im Sender würde es wieder rundgehen. Sein Chef hatte ihm schon angedeutet, dass das Büro von Silvia Fröhlich heute umziehen sollte. Gleich nach der Sendung sollte es losgehen und morgen früh musste alles wieder reibungslos laufen. Eine Menge Arbeit, denn das Büro war voll von Gerümpel, technischem und persönlichem. Hoffentlich hatte Silvia wenigstens schon angefangen, Kisten zu packen. Als er nach dem Wochenende wieder zur Arbeit gekommen war, hatte es nicht so ausgesehen, als hätte sie auch nur einen einzigen Ordner in die entsprechende Kiste geräumt.

Das Studio lag im 5. Stock, Silvias Büro im 4. Mit dem zunehmenden Erfolg war sie jedes Jahr ein Stockwerk höher gerutscht. Nur in dem Jahr, als sie die Beziehung mit dem ehemaligen Moderator der Morgensendung eingegangen war, hatte sie ein Stockwerk übersprungen. Er hatte dafür gesorgt, dass sie wie er in den dritten Stock ziehen konnte. Sie dagegen hatte dafür gesorgt, dass er im nächsten Jahr den Sender verlassen musste und sie seinen Platz bekam und das Büro im 4. Stock.

Herbert hasste die ständigen Umzüge. Neun Uhr war vorbei, es ging bereits auf halb zehn zu, als Silvia endlich auftauchte. Eine Wolke Parfüm kündigte sie schon an, lange bevor sie den Raum betrat. Herbert musste husten.

„Guten Morgen, guten Morgen. Na wie geht es voran, meine kleinen Helferlein!“ Herbert bekam einen Würgereiz.

Helferlein? Wo waren wir denn hier? Bei Schneewittchens Party?

„Frau Fröhlich, es war ausgemacht, dass Sie Ihre privaten Sachen bereits eingepackt haben.“

„Aber das sind sie doch!“ Silvia zeigte auf eine kleine Wanne aus Plastik, die in der Ecke stand, umgeben von Schirmen, Aktenordnern, Topfpflanzen und Unmengen an Stiften, die auf und unter dem Schreibtisch lagen.

„Kann ich dann den Rest entsorgen?“

Silvia ließ ein perlendes, ungläubiges Lachen hören.

„Aber mitnichten. Ich benötige ALLES!“ Sie machte eine weitschweifende Handbewegung und Manuel musste sich ducken, damit sie ihm dabei nicht aus Versehen eine Ohrfeige verabreichte.

Silvia überging die Reaktion. In ihrem Universum gab es außer ihr sowieso keine anderen Menschen.

„Aber das ist doch überhaupt kein Problem. Ein solch schöner Morgen heute, da geht einem die Arbeit doch doppelt so schnell von der Hand.“ Sprach’s und war wieder verschwunden.

Herbert hechtete zur Tür.

„Frau Fröhlich! Frau Fröhlich ... Was ist mit Einpacken?“

Aber Silvia Fröhlich drehte sich nicht mal um. Sie hob nur winkend die Hand und rief laut: „Guten Morgen!“ Und verschwand um die Ecke.

Herbert kochte.

Helferlein … ich geb's dir, Helferlein. Was denkt die, wer sie ist?

Herbert und Manuel schufteten wie die Wilden. Manuel packte und Herbert trug die Kisten einen Stock höher, da Auszubildende nicht so schwer tragen sollten und der Aufzug für solche Lasten nicht benutzt werden durfte.

Das Büro war gerade mal halb leer, als Herbert zum gefühlten hundertsten Mal die Treppe zum 5. Stock hinaufstieg, schwer atmend und schwitzend. Er hätte seinen Kapuzenpulli doch besser im Spind gelassen. Den hatte er aus Gewohnheit angezogen, da er oft aufs Dach musste und der Wind dort ordentlich pfiff.

Wie er so die Stufen hochkeuchte und Silvia innerlich verfluchte, weil sie aber auch „gar nichts" vorbereitet hatte, kam sie ihm mit ihrem Bleistiftrock und den hohen Stilettos auf der Treppe entgegen. Ihre Bleistiftabsätze klapperten ohrenbetäubend.

Komisch, Frau Super-Fröhlich nutzt nicht den Aufzug?

Herbert betrachtete sie sich genauer. Silvia merkte es nicht, da sie sich gerade die Lippen nachzog, die am Rand verschmiert waren.

Aha, wer ist denn diesmal dein Opfer?, überlegte Herbert. Es konnte nur ein anderer Mann sein, für den Silvia die Treppe benutzte. *Das arme Schwein.*

Als sie auf gleicher Höhe waren, versuchte Silvia, sich vorbeizudrücken. Herbert war nicht gerade schlank, aber die Kiste vor seinem Bauch machte ein Vorbeikommen unmöglich.

„Jetzt gehen Sie doch aus dem Weg, Sie dummer Mensch! Sehen Sie nicht, dass ich es eilig habe?"

Sie hatte es eilig? Warum hatte sie es nicht eilig gehabt, ihr ganzes Gerümpel zusammenzupacken? Herbert schnaubte verächtlich.

„Auf, los, Morgenstund hat Gold im Mund. Kommen Sie in die Gänge ... husch, husch!"

Die hatte sie wohl nicht mehr alle im Gebälk. Herbert versuchte erneut, an Silvia vorbeizukommen, nur um sie loszuwerden, aber er hing fest.

„Sie Kretin, Sie ruinieren mein Kostüm! Sie sind diesen Morgen wohl mit dem linken Fuß aufgestanden. Jetzt gehen Sie mir endlich aus dem Weg. Ich muss meine Arbeit machen!"

„Ich auch!", fauchte Herbert und drückte die Kiste der verdutzten Silvia an die Brust, dann riss er sich gewaltsam aus der Umklammerung und stieß Silvia die Treppe herunter.

Silvia war viel zu perplex, um zu schreien. Sie fiel stumm die Treppe bis zum nächsten Absatz und blieb wie eine Schaufensterpuppe mit verschmiertem Mund und ungläubig aufgerissenen Augen liegen. Einige der manikürten Fingernägel waren abgebrochen und lagen auf den Treppenstufen. Einer war tief in Herberts Kapuze gefallen, aber das hatte er nicht gemerkt. Rund um Silvia Fröhlich flatterten die Papiere aus ihrem Büro. Es sah aus, als hätte sie sich am Ausräumen ihres Büros doch noch beteiligt und wäre durch die hohen Absätze auf der Treppe gestolpert.

Herbert betrachtete das Bild. Andächtig. Mit einem Lächeln.

„Vielen Dank, Frau Fröhlich. Na dann kann ich ja jetzt Pause machen. Das Zimmer im 5. Stock werden Sie wohl nicht mehr benötigen. Einen guten Morgen wünsch ich."

Herbert stieg die Treppe hinauf, nahm den Fahrstuhl zurück in den 4. Stock, holte Manuel zum verspäteten Frühstück ab und spendierte ihm eine Bockwurst. Er hatte jetzt Zeit.